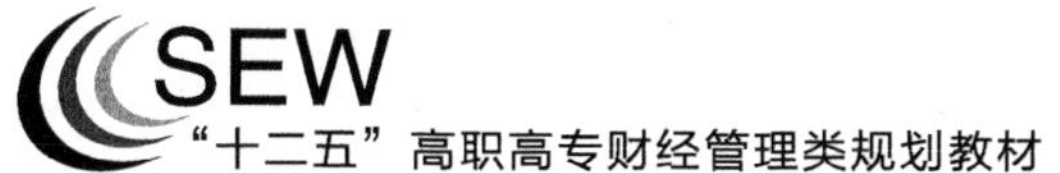

CHENGBEN KUAIJI SHIWU

# 成本会计实务

## （第二版）

主　编◎马莉萍
副主编◎张海英　蔡玲君　原和平
主　审◎徐宝勤

·北京·

**图书在版编目(CIP)数据**

成本会计实务/马莉萍主编.—2版.

北京:中国经济出版社,2016.8

ISBN 978-7-5136-4339-9

Ⅰ.①成… Ⅱ.①马… Ⅲ.①成本会计—会计实务—职业教育—教材 Ⅳ.①F234.2

**中国版本图书馆CIP数据核字(2016)第181159号**

责任编辑　伏建全
责任审读　贺　静
责任印制　马小宾
封面设计　任燕飞设计工作室

**出版发行**　中国经济出版社
**印 刷 者**　北京九州迅驰传媒文化有限公司
**经 销 者**　各地新华书店
**开　　本**　787mm×1092mm　1/16
**印　　张**　18.75
**字　　数**　397千字
**版　　次**　2016年8月第2版
**印　　次**　2019年8月第5次
**定　　价**　36.00元
**广告经营许可证**　京西工商广字第8179号

**中国经济出版社** **网址** www.economyph.com **社址** 北京市西城区百万庄北街3号 **邮编** 100037

本版图书如存在印装质量问题,请与本社发行中心联系调换(联系电话:010-68330607)

# 第二版前言

《成本会计实务》是高职高专财经类会计电算化专业职业核心能力课程规划教材之一，是财经类各专业的专业主干课程教材。作为“十二五”高职高专规划教材《成本会计实务》出版四年来，得到了广大师生的好评，收到了很好的效果。期间，财政部颁布了一些新的法律法规，加之职业教育教学改革等的实际需要，考虑到这些法律法规和教育教学改革对成本会计内容的巨大影响，我们组织修订了《成本会计实务》一书。

此次修订，保持了第一版《成本会计实务》项目化的课程体例，依据新《企业会计准则》、新《中华人民共和国企业所得税法》、新增值税暂行条例等最新法规修订其内容。本教材以就业为导向，以成本会计岗位为核心，以培养学生职业技能必备的基础知识和职业核心能力为主线，按照“工学交替、项目导向、任务驱动”的教学模式，基于成本会计职业岗位的具体工作过程，围绕过程所涉及的相应工作项目和具体任务修订编写。修订过程中将教材内容与成本会计职业岗位能力相结合，与行业成本会计特点相连接，与成本会计职业素质养成相贯通。建立了以成本会计职业能力培养为目标，以项目为导向，以工作任务为核心，以学生为主体，以真实经济业务为载体，以案例实训为手段的内容体系，是一本融教、学、做为一体的项目化、任务化和实践化教材。

本书修订由宝鸡职业技术学院马莉萍担任主编，提出整体思路和修编体例。在反复研讨的基础上，由七位教师分别执笔修订：马莉萍修订编写项目一和项目二，张海英修订编写项目三的任务一和任务三，蔡玲君修订编写项目三的任务二，原和平修订编写项目四，杨登金修订编写项目五，谭蔚霞修订编写项目六任务一和任务二，魏君丽修订编写项目六的任务三和任务四，最后由马莉萍和陕西众福信会计师事务所有限公司的主任会计师宁博一起总纂、定稿；宝鸡职业技术学院经济管理系副主任徐宝勤担任主审。

尽管我们力求谨慎准确，但由于时间仓促，加之编者水平有限，不足之处在所难免，有不妥和疏漏之处，敬请各位专家、同行、读者批评指正。

编　者

2015 年 10 月

# 目　　录

# 项目一 认知成本

## 职业能力目标：

### 技能目标

1. 认识成本及成本会计职业；
2. 能合理确定企业成本、费用和支出的范围；
3. 认识工业企业成本核算的一般程序；
4. 能结合生产特点和管理要求选择正确的成本计算方法。

### 知识目标

1. 掌握成本的经济实质、分类及其作用；
2. 掌握支出、费用和成本之间的关系；
3. 掌握成本会计的对象、职能及任务；
4. 熟悉成本会计人员的职业素养；
5. 熟悉成本核算的要求和一般程序；
6. 掌握生产特点和管理要求对成本计算方法的影响；
7. 熟悉工业企业成本计算的基本方法和辅助方法。

### 案例导入

张华、李彬同为一所高职院校会计专业毕业的学生，二人同时应聘到一家年初开始筹建的纸箱厂做会计工作。筹建三个月后纸箱厂开始投产正式进入生产运营，其中，筹建期内所发生的员工薪酬 8 万元、办公费 2 万元、差旅费 2 万元、业务费 5 万元、注册登记费 1 万元、购买生产设备 150 万元（可用 5 年）、办公设备 10 万元（可用 5 年）；当年生产经营期 9 个月，纸箱生产用料 100 万元、支付罚款 2 万元、职工薪酬 35 万元（行政人员的 10 万元）、产品推介费 5 万元，产品收入 280 万元。张华一看说：“收入 280 万元，成本 320 万元，亏了 40 万元，不用交税。”而李彬算了一下说：“不是成本 320 万元，而应是全年支出 320 万元，转化为当年费用的有 182 万元，其中计入成本的生产费用为 147. 5 万元，期间费用为 34. 5 万元。加上当年应列为营业外支出的罚款 2 万元，所以当年并未亏损而是盈利 96 万元，需要缴纳所得税 24 万元，这笔所得税支出同样表现为费用，但不是成本。”

问题：

1. 张华和李彬的观点谁的合理？为什么？

2. 支出、费用和成本的划分将对企业当期的经营效益产生怎样的影响？

# 任务一　成本会计的理论基础

活动：选择典型工业制造企业，组织学生参观企业的工艺流程，由学生列举产品制造过程中可能发生的各项开支。

## 子任务一　认识成本

成本是一个行为主体为了达到特定目的所失去或者放弃的资源，它表现为一定期间的人力、物力和财力的消耗。这里的“资源”，不仅包括作为生产资料和生活资料的天然资源、还包括经过人类加工的物质资源及人力资源。“行为主体”既包括会计主体，也包括自然人；“特定目的”指需要对成本进行单独测量的任何活动，也就是成本对象，如一件物品、一项设计、一项服务、一个客户、一种商标、一项任务等；“失去”是指资源被消耗，例如材料在生产中被消耗掉、设备在使用中被磨损等；“放弃”是指资源交给其他企业或者个人，例如用货币支付职工薪酬、加工费等。由此可见，成本作为资源的耗费在现实生活中是无处不在，无日不发生的。这些耗费的人力、物力和财力用货币形式把它表现出来，会计上成为费用，也称为广义的成本。狭义的成本仅是指物质生产部门制造产品所发生的成本，也称产品成本。

### 一、成本的经济实质

成本作为市场经济中客观存在的一个价值指标，它遍及各行各业的各项活动，但并不是所有活动的成本都需要通过会计来核算和考核，不同行业的会计对成本的处理是不同的。在不以营利为目的的政府机关和全额预算的事业单位里，虽然也发生成本，但这些成本开支不依靠自身创造的财富来补偿，而是通过国家财政预算拨款来满足，因此不需要进行成本核算和考核，而仅仅通过预算或计划对发生的费用进行控制和约束。在以营利为目的的自收自支、自负盈亏的生产经营部门和企业化管理的事业单位，它们在经营活动中发生的成本开支需要通过自身创造的财富来补偿，这就要求它们必须对发生的耗费进行核算和考核，努力做到以收抵支，保证盈利。成本会计所研究的成本主要是以营利为目的的企事业单位所发生的成本费用，特别是物质生产部门为制造产品所发生的产品生产成本具有典型意义。

成本是商品经济的产物，是商品价值的一个重要组成部分。商品作为用于交换的劳动

产品，其价值由三部分构成，即物化劳动的转移价值也就是已耗费生产资料的转移价值（C）、活劳动中劳动者为自己创造的价值（V）以及劳动者为社会所创造的价值（M）。马克思曾在《资本论》中用一个公式表示商品价值（W）和这三者的关系：W = C + V + M。从理论上讲，产品成本就是 C + V 之和，即以货币表现的为制造产品所耗费的物化劳动和活劳动中必要劳动的价值之和，这是产品价值中的补偿部分，它构成了产品的理论成本。由此可以将成本的经济实质概括为：生产经营过程中所耗费的生产资料的转移价值和劳动者为自己劳动所创造的价值的货币表现，也就是企业在生产经营中所耗费的资金总和。

在实际工作中，一般很难确定这种纯粹的 C + V 理论成本的，它只是一种理论抽象。在会计实务工作中，由国家统一规定了成本开支范围，由这样的成本开支范围确定的成本成为现实成本，即产品成本。为了促使企业加强经济核算，减少生产损失，对于劳动者为社会劳动所创造的某些价值，如财产保险费等，以及一些不形成产品价值的损失性支出，如制造业的废品损失、季节性和修理期间的停工损失等，也计入了成本。这些损失性费用从实质上看，并不形成产品价值，它不是产品的生产性消耗，而是一种纯粹的损耗，从其性质上来说，并不属于成本的范围。但是考虑到经济核算的要求，将其计入成本，可促使企业改进经营管理。

价值 {
物化劳动的转移价值（C）
活劳动中劳动者为自己创造的价值（V）
活劳动中劳动者为社会创造的价值（M）
成本和价值的关系：（成本的经济内涵）
} 成本

按照持续经营会计假设要求，生产者的生产经营活动是不间断地进行的，产品的投入产出也就不间断地发生，根据成本管理和成本核算的要求，产品成本的计算不可能等到全部生产活动结束后再进行。因此，要按照会计期间的划分，结合产品的生产特点，按会计期间或产品的生产周期进行产品成本计算。由于受期初、期末在产品和跨期摊提费用的影响，同一会计期间的生产成本并不一定等于同一时期的生产耗费，因此，需要按照会计分期假设和权责发生制会计基础确认应当归属于一定种类和数量的产品的生产耗费，这种对象化的生产耗费才构成了产品成本。即产品成本是指企业为了生产一定种类和数量的产品或提供一定数量的劳务所消耗而又必须补偿的物化劳动和活劳动中必要劳动的货币表现。产品成本也称为产品生产成本或产品制造成本。

**小提示：**

产品成本的概念需要从耗费和补偿两个角度去理解。从耗费角度看，产品成本是商品生产中所消耗的物化劳动和活劳动中必要劳动的价值，即 C + V 部分，这是产品成本最基本的经济内涵；从补偿角度看，产品成本是补偿商品生产中资本消耗的价值尺度即成本价格，它是产品成本最直接的表现形式，是产品生产中已经耗费，又必须在价值和实物上得以补偿的支出。

## 知识链接 1—1

### 成本开支范围

实际工作中的成本开支范围由国家通过有关法规制度来加以界定。国家为了加强成本管理，正确计算成本，防止滥挤成本、乱摊费用，对计入产品成本的各项费用所作的统一规定。按现行财务制度规定，应该计入成本的包括下列各项：

（1）生产经营过程中为制造产品所消耗的原材料、辅助材料、备品配件、外购半成品、燃料、动力、包装物的原价和运输、装卸、整理等费用；

（2）企业直接从事产品生产人员的工资、奖金、津贴和提取的福利费等；

（3）生产性固定资产的折旧费、租赁费（不包含融资租赁费）、修理费及低值易耗品等周转材料的摊销费等；

（4）因生产原因发生的废品损失、季节性和修理期间的停工损失等损失性费用；

（5）为组织和管理生产而支付的办公费、取暖费、水电费、差旅费、运输费、保险费、设计制图费、实验检验费、劳动保护费等；

（6）其他为组织、管理生产活动所发生的制造费用。

企业发生下列费用，不应计入成本：

（1）企业为组织、管理生产经营活动所发生的管理费用、财务费用、销售费用；

（2）购置和建造固定资产的支出、购入无形资产和其他资产的支出；

（3）对外界的投资以及分配给投资者的利润；

（4）被没收的财物以及违法而支付的各项滞纳金、罚款以及企业自愿赞助、捐赠的支出；

（5）在公积金中开支的支出；

（6）国家法律、法规规定以外的各种付费；

（7）国家规定不得列入成本的其他支出。

## 二、成本的分类

为了加强成本管理，寻求进一步降低成本的途径，企业应按照不同的标准加以分类。物质生产部门的成本分类一般有以下几种：

### （一）按成本的经济用途分类

按经济用途分类，成本分为制造成本和非制造成本两大类，这是成本最基本的分类。

1. 制造成本

制造成本是指产品在制造过程中发生的各项成本。

（1）直接材料。指直接用于产品生产，构成产品实体的原料、主要材料、燃料以及有助于产品形成的辅助材料。例如食品厂生产的面包，面粉为生产用的主要原料，白砂糖、蜂蜜、鸡蛋、奶油等为辅助材料。

（2）直接人工。指直接从事产品生产的工人工资、奖金、津贴和补贴及该部分人员的职工福利费。

（3）制造费用。指在车间范围内为了组织和管理产品的生产而发生的、不便于直接计入产品成本的费用。例如车间设备所提折旧、车间的办公费、修理费、车间管理人员的职工薪酬等。

制造成本包含的各个项目也称成本项目。成本项目由会计制度统一规定，但企业可以在此基础上，根据自己的生产特点，适当增减。

2. 非制造成本

非制造成本是指与一定的会计期间相联系，从某一会计期间的销售收入中扣除，不计入产品的成本而直接计入当期损益的成本。

（1）管理费用。是指企业行政管理部门为组织和管理生产而发生的各种费用。

（2）销售费用。企业专设销售机构发生的各种费用以及在产品销售过程中所发生的展览费、差旅费等。

（3）财务费用。是指企业在筹资等财务活动过程中发生的各种费用。

### （二）按成本与特定产品的关系分类

按成本与特定产品的关系分类，有直接计入成本和间接计入成本。

1. 直接计入成本。指直接为某种特定产品所消耗可以直接计入某种产品的成本。如直接材料、直接人工。

2. 间接计入成本。指与特定产品没有直接联系，需要采用一定的分配标准在各种产品之间进行分配后计入各种产品的成本。如机物料消耗、厂房折旧费等。

一般来说，直接成本大多是直接计入成本，间接成本大多为间接计入成本，但不全都是如此。如在只生产一种产品的单位中，无论是直接成本还是间接成本，均为直接计入成本；而在用同一种材料共同生产多种产品的单位中，直接成本和间接成本都不可能直接计入某种产品成本，而需要按照一定的标准在几种产品之间分配，因而都属于间接计入成本。

### （三）按成本与产量的关系分类

按成本与产量的关系分类，成本可以分为变动成本、固定成本和混合成本。

1. 变动成本。成本总额随产品产量的增减而呈正比例升降，但单位成本却保持不变的成本。如直接材料、计件工资等。

2. 固定成本。指在一定期间的相关产量范围内，成本总额保持不变，但单位成本却随产量增减变化而呈反比例变动的成本。如折旧费、管理人员工资等。

3. 混合成本。既有固定成本又有变动成本的性态，成本总额随着产量的变化而变化，但其变动幅度不与产量保持严格的比例关系。根据具体变动情况，又可分为半变动成本和半固定成本。

（1）半变动成本。通常有一个成本初始量，类似于固定成本；在这个成本基础上，随着产量的增加成本也会相应地增加，又类似于变动成本。如电话费等，如图 1－1。

（2）半固定成本。成本在一定的产量范围内，其发生额是固定的，但产量超过一定限度，其发生额就会跳跃上升，然后固定，再跳跃上升，再固定……呈现一种阶梯形的变化。如检验员工资等，如图 1－2。

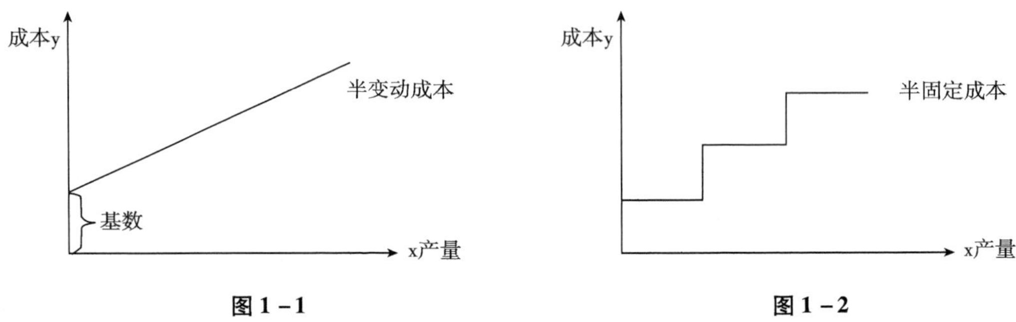


**图 1－1**　　**图 1－2**

混合成本可以按照一定的方法分解为变动成本和固定成本，这也是成本按其性态所进行的分类。变动成本和固定成本的划分有助于企业寻求降低成本的途径，单位变动成本的升降与产品产量的变化没有直接关系，企业若要降低单位变动成本，就应通过改善经营管理、提高技术水平、降低消耗来实现；而固定成本总额虽然不随产品产量变动而变动，但在固定成本总额一定情况下，随着产品产量的增加，单位产品分担的固定成本就会减少，因此，应通过控制固定成本总额和提高产品产量来降低单位产品的固定成本。

**小思考：**

资料：产品的总成本和单位成本的坐标图如下：

要求：请在图中标出固定总成本、变动总成本、单位产品固定成本、单位产品变动成本。

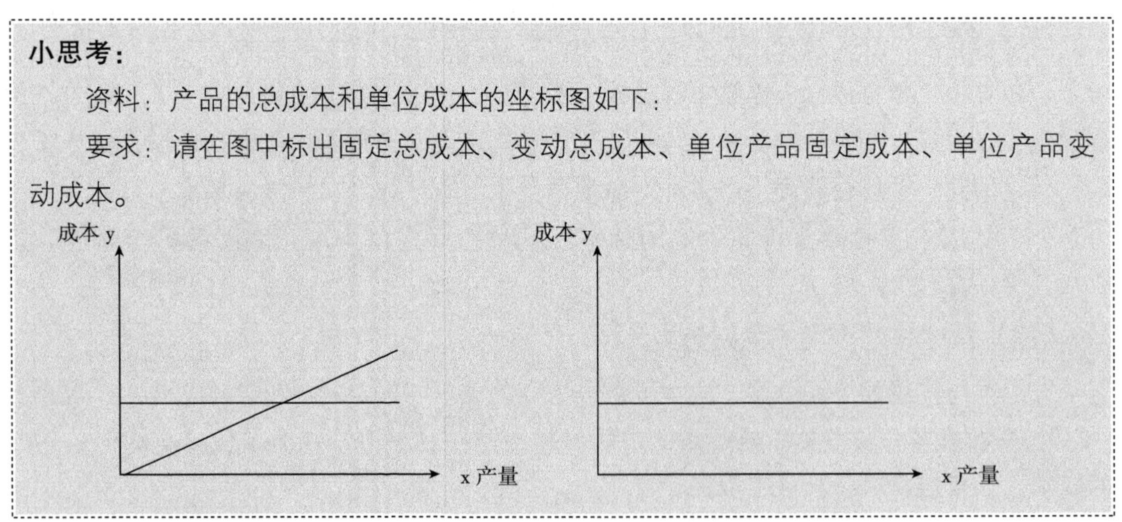


### （四）按成本的可控性分类

按成本的可控性分类，成本分为可控成本和不可控成本。

1. 可控成本。指能被一个单位的行为所制约，并受其工作质量好坏影响的成本。责任单位可能是一个单位、一个部门或某一个人。

2. 不可控成本。指成本的发生不能被某个责任单位的行为所制约，也不受其工作质量好坏影响的成本。

成本是否可控，应从权责上进行区分。某一部门的不可控成本，对另一部门来说可能就是可控成本，所以，所有的成本在一定大的范围内都应是可控成本。明确可控与不可控成本，对于评价和考核责任单位的工作业绩，使其增强其成本意识，积极采取措施，促使可控成本的下降具有重要意义。

**小思考：**

在甲部门被认定为不可控的成本，在乙部门也一定不可控吗？为什么？

## 三、成本的作用

### （一）成本是补偿生产耗费的尺度

企业要想保证再生产过程的不断进行，就必须对再生产过程中所消耗的物化劳动和活劳动进行补偿，补偿份额的多少就需要一个尺度，这个尺度就是成本。如果企业不能按照成本来补偿其生产耗费，企业资金就会短缺，再生产就不能按照原来的规模进行。可见，成本一方面以货币形式对生产耗费进行计量，另一方面为企业的简单再生产提供资金补偿的标准。在企业销售收入一定的情况下，成本越低，企业的利润就越多，企业为自身发展和社会所创造的财富就越多。因此，成本作为补偿生产耗费的尺度，对于企业加强成本管理、促进经济发展有着重要的影响。

### （二）成本是综合反映工作质量、进行业绩评价的重要依据

任何行业、任何部门、任何活动都会发生成本，成本作为一项综合性的经济指标，同企业生产经营中各个方面的工作质量和工作业绩密切相关，工作效果都可以直接或间接地从成本上反映出来。如产品设计是否先进、工艺过程是否合理、生产环节是否协调、固定资产是否充分利用、原料消耗是否节约、劳动生产率是否提高、产品质量的优劣及产品产量的增减，都可以直接或间接地通过成本反映出来。各个部门的工作业绩可以通过成本来体现，因而可以利用责任中心的责任成本对其业绩进行评价，促使企业及企业内部各部门努力降低各种耗费，采取措施挖掘潜力，降低成本，提高经济效益。

### （三）成本是制定产品价格的重要因素

依据价值规律，产品的价格决定于产品的价值，价格是价值的货币表现。而在实际工作中，产品的价值无法直接计算，只能通过计算成本间接地反映产品的价值水平。产品的价格往往是在成本的基础上加上社会平均利润率构成的，因此，成本是制定产品价格的重要依据。但产品的定价是一项复杂工作，在已知耗费的基础上，需要考虑国家的经济政策、市场需求、企业竞争及各种产品的比价关系，等等，所以成本是制定产品价格的重要

因素，但不是唯一因素。

### （四）成本是企业进行经营决策的重要依据

要提高企业在市场上的竞争能力和经济效益，企业必须进行正确的生产经营决策。由于成本的高低直接影响了企业的盈利水平和参与市场竞争的能力，因此，在影响生产经营决策的诸多因素中，成本是其中所要考虑的主要因素。企业应在增加品种、扩大产量、优选加工方式、创造最佳经济效益的前提下，为企业提供有效的成本数据，从而提升企业的竞争能力。

## 子任务二　支出、费用和成本的关系

前述“案例导入”中的项目开支恰好反映出了支出、费用和成本三者之间极为密切的关系。“案例导入”中的三个项目分别为：

支出 =8 +2 +2 +5 +1 +150 +10 +100 +2 +35 +5 =320（万元）

当期的生产经营费用 =8 +2 +2 +5 +1 + （150 +10）/5 ×9/12 +35 +5 +100 =182（万元）

其中：计入成本的费用 =150/5 ×9/12 +100 +25 =147.5（万元）

期间费用 =8 +2 +2 +5 +1 +10/5 ×9/12 +10 +5 =34.5（万元）

营业外支出 =2（万元）

所得税费用 =（280 −147.5 −34.5 −2） ×25% =24（万元）

要深刻理解上述计算过程，就必须对支出、费用和成本三者之间的关系有一个明确的认识。

### 一、支出、费用和成本

#### （一）支出

企业在经济活动过程中发生的所有开支和耗费均属于支出范畴，主要包括：资本性支出、投资性支出、收益性支出、所得税支出、营业外支出和利润分配支出六大类。

资本性支出是指支出不仅与取得本期收益相关，同时也与其他会计期间的收益相关，即支出的效益涉及到几个会计期间或几个营业周期的就为资本性支出，如构建固定资产支出、取得无形资产支出、发生的长期待摊费用支出等。

收益性支出是指该项支出的发生仅仅是为了取得本期收益，并由当期收益补偿的支出，即支出的效益仅及于本会计期间或一个营业周期的就为收益性支出，如企业生产产品时发生的材料耗费、职工薪酬、招待费、销售费用等开支。

投资性支出是指企业为通过分配增加财富，或为谋求其他经济利益而让渡本企业资产的支出，如交易性金融资产、持有至到期投资、可供出售金融资产、长期股权投资、投资性房地产等。

所得税支出是指企业就其取得的生产经营所得和其他所得，按照企业所得税法的规定对应纳税所得额计算缴纳的税金支出。所得税支出作为企业当期的一种费用，应直接冲减当期收益，最终形成企业的净利润。

营业外支出是指与企业的生产经营活动没有直接关系的各项支出，如各种罚款支出、捐赠支出、违约金、赔偿金等。

利润分配支出是指企业在利润分配过程中将税后净利、公积金等按照一定比例支付给股东所发生的支出，如支付的现金股利等。

### （二）费用

费用是指企业在日常活动中发生的、会导致所有者权益减少、与向所有者分配利润无关的经济利益的总流出，也就是企业在获取收入的过程中，对所拥有或控制的资源发生的耗费。费用按照与产品生产有无直接关系分为生产费用和期间费用两大类。

生产费用是企业在一定时期内为生产产品所发生的直接材料、直接人工和制造费用等与产品生产直接相关的耗费，生产费用随着产品的加工完成最终构成了产品成本。

期间费用是指企业在一定期间内为了维持生产经营活动的正常进行而发生的与企业经营管理活动密切相关的耗费。它是本期发生的、不能直接或间接归入某种产品成本的、直接计入当期损益的各项费用，通常由收益性支出的发生和资本性支出的转化而形成，由当期收益予以补偿，包括管理费用、销售费用和财务费用。

### （三）成本

成本作为一种耗费，按照前面内容所述有广义和狭义之分。广义的成本是指生产中耗费的人力、物力和财力的货币形式，包括了生产费用和期间费用；狭义的成本仅是指产品成本，即对象化的费用。

## 二、支出、费用和产品成本的关系

综上所述，支出是企业在生产经营活动过程中发生的所有开支和耗费。费用是企业支出的主要构成部分，支出中凡是与生产经营活动有关部分则转化为费用。费用中的生产费用是确定产品成本的基础，而产品成本则是对象化的生产费用，产品成本是生产费用的最后归宿。考虑期初期末在产品成本的影响，本期生产费用与完工产品成本的关系可以表示为：

本期完工产品成本 = 期初在产品成本 + 本期生产费用 − 期末在产品成本

支出、费用与产品成本关系如下图 1 − 3 所示：

**小思考：**

1. 本期完工产品成本小于本期生产费用时，意味着什么？
2. 如果单位成本不变，依据下面情况：

（1）本期生产费用 50 000 元

（2）本期完工产品成本60 000元

（3）本期产品销售成本80 000元

分析：（1）与（2）的差额受哪些因素影响？（2）与（3）的差额可能受哪些因素影响？影响金额的大小？

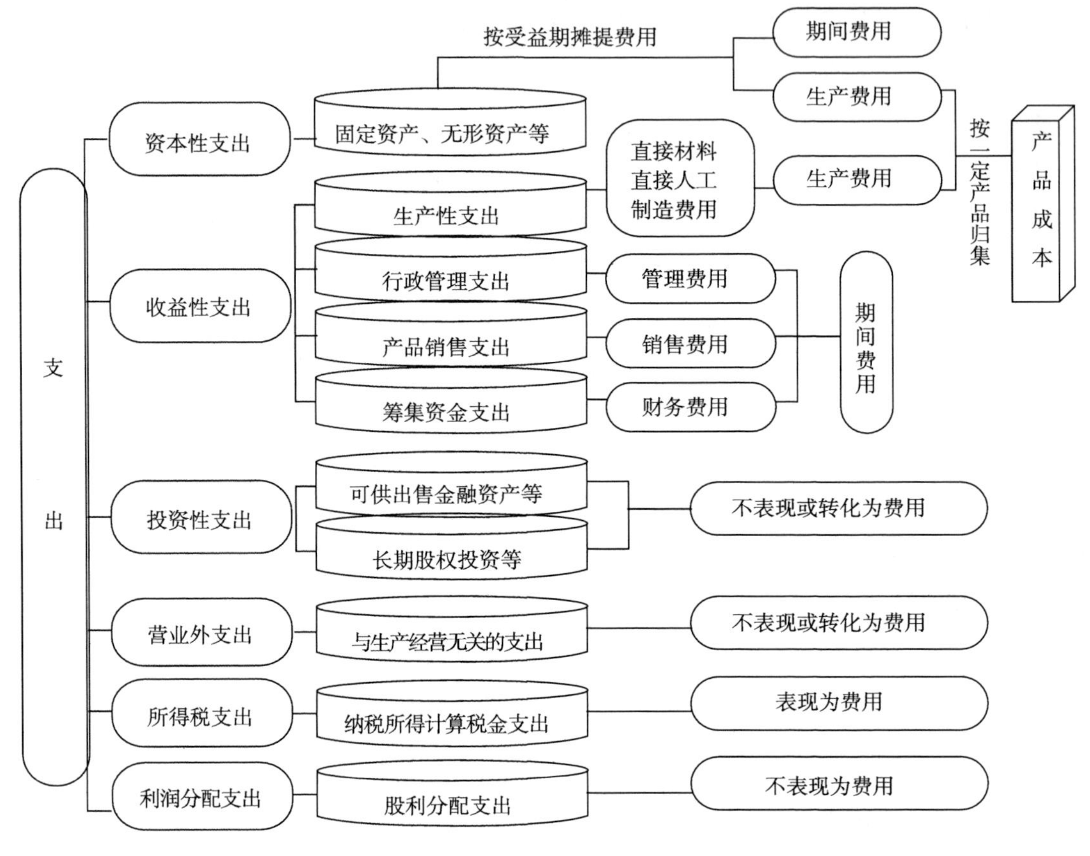


**图1-3**

# 子任务三　成本会计

## 一、成本会计

成本会计是随着商品经济的发展而逐步形成、发展和完善起来的，是以企业的生产经营业务成本和经营管理费用为主要对象的一种专业会计。最初阶段的成本会计仅是指成本核算，在较长的一段时期一直作为财务会计的重要组成部分，按照财务会计的核算要求来进行成本计算，这也是狭义的成本会计。随着商品经济不断发展，成本会计与企业内部管理的结合日益缜密，它根据成本核算和其他资料，采用现代数学、运筹学和数理统计的原理和方法，建立起数量化的管理技术，按照成本最优化要求，对企业的生产经营过程中发生的成本进行预测、决策、计划、控制、核算、分析和考核，促使企业生产经营实现最优化的运转，以提高企业的经济效益和市场适应能力与竞争能力，这就形成了现代成本会计，也就是广义的成本会计，实际上也就是成本管理。

## 二、成本会计对象

成本会计对象就是指成本会计核算和监督的内容。根据前述成本经济实质知道，成本的内容包括生产经营过程中所耗费的生产资料的转移价值和劳动者为自己劳动所创造的价值，这两部分的内容按照经济用途又可以分为生产经营业务成本和经营管理费用。不同性质的企业，其生产经营业务成本和经营管理费用的具体内容不同。

### （一）工业制造企业成本会计的内容

工业制造业的基本生产经营活动就是生产和销售工业产品。因此，工业制造业的生产经营业务成本是指产品的生产成本，包括了产品在制造过程中发生的原料及主要材料、辅助材料、燃料、生产单位固定资产折旧、生产工人及生产单位管理人员的职工薪酬和其他一些货币支出，这些耗费按照具体项目可以归纳为直接材料、直接人工和制造费用等，这是工业制造业成本会计反映和监督的主要内容。同时，工业制造业在产品产销过程中，其行政管理部门为组织和管理生产经营活动而发生工会经费、业务招待费、行政部门人员的职工薪酬、行政固定资产折旧费等管理费用，为销售产品而发生运输费、装卸费、保险费、展览费、广告费等销售费用，为筹集生产经营资金而发生的利息净支出、汇兑净损失、金融机构手续费等财务费用，这三部分费用分布面广、综合性强，与产品的制造没有直接联系，不计入产品成本，按发生期间归集，直接计入当期损益，从当期收入中扣除，它们构成了工业制造业的经营管理费用。

工业制造业成本会计对象的具体内容包括：

1. 产品生产成本

（1）直接材料

（2）直接人工

（3）制造费用

2. 经营管理费用

（1）管理费用

（2）销售费用

（3）财务费用

### （二）其他行业企业成本会计的内容

1. 商品流通企业成本会计的具体内容

（1）经营业务成本

①商品采购成本

②商品销售成本

（2）经营管理费用

①管理费用

②销售费用

③财务费用

2. 施工企业成本会计的具体内容

（1）经营业务成本

①施工企业工程成本

②机械作业成本

（2）经营管理费用

①管理费用

②财务费用

3. 房地产开发企业成本会计的具体内容

（1）经营业务成本

①土地开发成本

②房屋开发成本

③配套设施开发成本

④代建工程开发成本

（2）经营管理费用

①管理费用

②销售费用

③财务费用

4. 物流企业成本会计的具体内容

（1）经营业务成本

①运输成本

②装卸成本

③仓储成本（或堆存成本）

④配送成本

（2）经营管理费用

①管理费用

②财务费用

**小提示：**

成本会计的对象，总括地说包括各行各业企业的经营业务成本和经营管理费。

## 知识链接 1—2

### 成本会计的产生与发展

成本会计先后经历了早期成本会计、近代成本会计、现代成本会计和战略成本会计四个阶段。成本会计的方式和理论体系，随着发展阶段的不同而有所不同。

1. 早期成本会计阶段（1880—1920）——初级阶段

随着英国产业革命完成，用机器代替了手工劳动，用工厂制代替了手工工场，会计人员为了满足企业管理上的需要，起初是在会计账簿之外，用统计的方法来计算成本。此时，成本会计出现了萌芽，当时的成本会计仅限于对生产过程中的生产消耗进行系统的汇集和计算。从成本会计的方式来看，在早期成本会计阶段，主要是采用分批法或分步法成本会计制度；从成本会计的目的来看，计算产品成本以确定存货成本及销售成本。所以，初创阶段的成本会计也称为记录型成本会计。

2. 近代成本会计阶段（1921—1945）——发展阶段

19 世纪末、20 世纪初在制造业中发展起来的以泰勒为代表的科学管理，对成本会计的发展产生了深刻的影响。标准成本法的出现使成本计算方法和成本管理方法发生了巨大的变化，成本会计进入了一个新的发展阶段。近代成本会计主要采用标准成本制度和成本预测，为生产过程的成本控制提供条件。

3. 现代成本会计阶段（1946—1980）——崭新阶段

20 世纪 50 年代起，西方国家的社会经济进入了新的发展时期。随着生产社会化程度的提高、社会资本的高度集中、市场竞争的日趋激烈，成本管理也加速了现代化。运筹学、系统工程和电子计算机等各种科学技术成就在成本会计中得到广泛应用，从而使成本会计发展到一个新的阶段，即成本会计发展重点已由如何对成本进行事中控制、事后计算和分析转移到如何预测、决策和规划成本，形成了新型的以管理为主的现代成本会计。

4. 战略成本会计阶段（1981 年以后）—— 信息阶段

20 世纪 80 年代以来，随着电脑技术的进步，生产方式的改变，产品生命周期的缩短，以及全球性竞争的加剧，大大改变了产品成本结构与市场竞争模式。成本管理的视角应由单纯的生产经营过程管理和重股东财富，扩展到与顾客需求及利益直接相关的、包括产品设计和产品使用环节的产品生命周期管理，更加关注产品的顾客可察觉价值；同时要求企业更加注重内部组织管理，尽可能地消除各种增加产品价值的内耗，以获取市场竞争优势。此时，战略相关性成本管理信息已成为成本管理系统不可缺少的部分。

# 任务二 成本会计的职能和组织形式

## 子任务一 成本会计的职能

成本会计的职能是指成本会计所具有的功能。最初的成本会计的职能仅是成本核算，随着经济的发展、生产复杂程度的增加和企业管理要求的提高，成本会计的工作内容在不断地发展变化，社会对成本会计的要求越来越高，成本会计的职能也在不断地扩大。现代成本会计的职能包括：成本预测、成本决策、成本计划、成本控制、成本核算、成本分析和成本考核七个方面。

## 一、成本预测

成本预测是在认真分析企业现有技术条件、市场状况及其发展趋势的基础上，根据与成本有关的各种数据，运用一定的技术方法，对企业未来的成本水平及其变化趋势进行科学的测算。通过成本预测，有助于企业选择最优方案合理组织生产，减少生产经营的盲目性，提高成本管理的科学性和可预见性。成本预测是成本决策和编制成本计划的基础。

## 二、成本决策

成本决策是在成本预测的基础上，制订各种备选方案，运用一定专门方法进行比较分析，从中选出最优方案的过程。成本决策是编制成本计划的前提，是进行事前控制、实现经济效益的重要途径。

## 三、成本计划

成本计划是在成本预测和成本决策的基础上，为保证成本决策目标的实现，具体确定计划期内为完成计划产量应发生的耗费和各种产品的成本水平，并提出为了达到该成本水平而应采取的措施和方法。成本计划是进行目标成本管理的基础，一般以“书面文件”形式下达，是成本控制、成本分析和成本考核的依据，对控制成本、挖掘降低成本的潜力具有重要的作用。

## 四、成本控制

成本控制是指根据预先指定的成本目标，对整个成本发生和形成过程中的各种耗费进行监督、引导和限制，及时揭示实际和计划之间的差异，采取措施消除不利因素的影响，使实际成本能达到计划目标的一种管理活动。成本控制包括事前控制、事中控制和事后控制。通过成本控制，可以保证成本计划目标的实现。

## 五、成本核算

成本核算是根据企业所确定的成本计算对象，借助于专门的方法，对生产经营过程中发生的各种生产费用按照成本项目进行归集和分配，计算出各种产品的总成本和单位成本。成本核算既可以反映成本计划的完成情况，评价成本控制情况，又可以为下期进行成本预测、编制下期成本计划提供可靠资料，同时也为以后的成本分析和成本考核提供依据，这是成本会计工作的核心。

## 六、成本分析

成本分析是指利用成本核算资料和其他相关资料，与本期计划成本、上年同期实际成本和国内外同类产品的先进成本进行比较，系统研究成本变动的水平并分析产生差异的原因，制定有效办法和措施，以便于企业改进管理，挖掘潜力，降低成本，提高效益。成本分析也可以为成本考核、未来的成本预测、决策和编制计划提供依据。

## 七、成本考核

成本考核是在成本分析基础上，定期对成本计划的执行情况或成本控制任务的完成情况进行总结、检查和评价，并联系责任单位的业绩给予必要的奖惩，以充分调动各责任单位和责任人完成责任成本的积极性。

上述成本会计的各职能是相互联系、相互补充的，从而构成了一个有机整体。它们在生产经营活动的各个环节、成本发生的各个阶段，相互配合地发挥着作用。成本预测是成本决策的前提；成本决策既是成本预测的结果，也是成本计划的依据；成本计划是成本决策的具体化，是成本分析和考核的依据；成本控制是对成本计划实施的监督，是实现决策目标的保证；成本核算是成本会计的基础，也是对成本计划的检验；成本分析与成本考核是实现成本决策目标和完成计划的有效手段。其中，成本核算是最基本的职能，成本预测、决策、计划必须以过去的成本核算为依据，成本控制和成本考核必须以成本核算为资料，没有成本核算就没有其他职能，也就没有成本会计。

# 子任务二　成本会计任务

成本会计的任务是成本会计职能的具体化，是人们期望成本会计应达到的目的。成本会计的任务一方面取决于企业成本管理的要求，同时受成本会计的对象所制约。成本会计的根本任务是促进企业尽可能地减少产品生产经营过程中物化劳动和活劳动的消耗，以达到降低成本，不断提高经济效益的目的。

根据企业经营管理的要求，适应成本会计对象和职能的特点，成本会计的具体任务是：

## 一、正确核算产品成本和经营管理费用，及时提供成本信息

按照国家有关法规、制度的要求和企业经营管理的需要，及时、正确地进行成本核算，提供真实、有用的成本信息，是成本会计的基本任务。成本数据正确可靠，才能满足管理的需要。成本核算所提供的信息，不仅是企业正确地进行存货计价、正确地确定利润和制定产品价格的依据，同时也是企业考核成本计划的完成情况和进行成本决策、成本分

析和成本考核的的基本依据。在成本管理中，对各项费用的监督与控制也主要是在成本核算过程中利用有关核算资料来进行的。

### 二、实施成本预测，优化成本决策，确立成本控制的目标

在市场经济中，企业应按照市场规律的要求，在分析过去成本资料的基础上，科学地预测未来，在经营管理中加强成本的预见性和计划性。为了使企业成本管理工作有计划地进行和对费用开支有效地进行控制，成本会计工作应在企业各有关方面的配合下，根据历史成本资料、市场调查情况以及其他有关方面（如生产、技术、财务等）的资料，采用科学的方法来预测成本水平及其发展趋势，同时，要在科学的成本预测基础上，收集整理各种成本信息，在现实和可能的条件下，拟订各种降低成本的方案，在若干可行方案中选择物化劳动和活劳动消耗最少的方案，使成本最低化作为制定目标成本的基础，确定目标成本。然后再根据目标成本编制成本计划，制定成本费用的控制标准以及降低成本应采取的主要措施，以作为对成本实行计划管理，建立成本管理的责任制，开展经济核算和控制费用支出的基础。

### 三、加强成本控制，努力节约开支，不断降低成本

成本控制首先应进行目标成本控制。以企业的有关计划、预算、规定、定额等为依据，主要依靠执行者自主管理，严格控制各项费用的开支，监督内部各单位严格按照计划、预算和规定办事，并积极探求节约开支、降低成本的途径和方法，以促进企业经济效益的不断提高。其次企业必须遵守国家有关成本费用开支范围和开支标准，控制各项费用支出、营业外支出等挤占成本。

### 四、建立责任成本制度，开展成本分析，加强责任成本的考核

在企业的经营管理中，成本是一个极为重要的经济指标，它可以综合反映企业以及企业内部有关单位的工作业绩。因此，成本会计必须按照成本计划等的要求，进行成本考核，肯定成绩，找出差距，鼓励先进，鞭策落后。责任成本制度是其中一项有效办法。责任成本制度是对企业各部门、各层次和执行人在成本方面的职责所作的规定，是降低成本和提高职工责任心、发挥其主动性、积极性和创造力的有效办法。建立责任成本制度，要把完成成本降低任务的责任落实到每个部门、层次和责任人，使职工的责、权、利相结合，职工的劳动所得同劳动成本相结合；责任单位与个人要承担降低成本之责，执行成本计划之权，获得奖惩之利。核算时应按照责任归属对发生的可控成本进行记录、汇总、分配、计算、传递和报告，并将实际可控成本与其目标成本进行比较，揭示差异，分析原因，据以确定奖惩并挖掘进一步降低成本的潜力。

## 子任务三 成本会计工作组织形式

为了实现成本会计的目标，充分发挥成本会计的职能作用，圆满完成成本会计的任务，企业必须建立与之相适应的组织机构和工作环境，科学地组织成本会计工作。成本会计组织机构设置得是否合理，直接影响成本会计工作的效率和质量。企业应根据单位生产经营特点、规模大小和成本管理的要求等因素来组织成本会计工作，决定是否单独设置成本会计组织机构、组织机构的大小及组织机构的内部分工。一般来说，企业规模越大，成本会计工作越复杂，工业制造业、施工企业、房地产开发企业成本会计工作又较其他类型企业更复杂一些。企业应在大中型企业中专设的会计机构中单独设置成本会计机构（科、组）等，配备必要的成本会计人员，专门从事成本会计工作；在规模较小、会计人员不多的企业，一般在会计部门指定专人负责处理成本会计工作。另外，企业的有关职能科室和生产车间，也应根据工作需要设置成本会计工作组（室）或者配备专职或兼职的成本会计人员从事成本会计工作。

成本会计工作组织形式一般有集中式和分散式两种。

### 一、集中形式

集中形式是指成本计划与定额的制定，费用的审核和分配，消耗资源的控制，产品成本的核算，成本报表的编制及成本分析全部集中到厂部的成本会计机构进行，其他职能部门、生产车间等单位的成本会计机构和人员只负责原始记录和原始凭证的填制，并对它们进行初步审核、整理和汇总，为厂部成本会计机构的工作提供基础资料。

这种形式可以使成本核算资料集中在厂部成本会计机构，便于厂部成本会计机构及时掌握整个企业与成本有关的全面信息，便于使用电子计算机集中进行成本的处理，同时，减少成本会计机构的核算层次，精减成本会计人员。但这种形式不便于直接从事生产经营的车间等基层单位及时掌握本部门的成本信息，不利于成本的及时控制和责任成本制度的推行，不利于调动基层人员控制成本和费用的积极性。因此，这种组织形式一般只适用于成本会计工作较为简单的企业。

### 二、分散形式

分散形式也称非集中形式，是指将成本会计工作中的计划、控制、核算和分析等具体工作分散到车间等基层单位的成本会计机构和人员分别进行，厂部成本会计机构一般负责对车间等基层单位成本会计工作的指导和监督，负责成本预算的制定、下达和考核，负责成本数据的最后汇总，处理那些不便于分散到基层单位处理的成本会计工作，成本的预测和决策工作一般也由厂部成本会计机构来完成。基层单位的成本会计人员一般在厂部下达的预算范围内制订成本计划，实施成本控制，组织成本核算，进行成本分析。

这种形式可以克服集中方式的不足，但往往会相应增加成本会计工作的层次和人员。这种组织形式适用于成本会计工作较为复杂且各部门之间独立性较强的企业。

## 知识链接 1—3

### 制定成本会计法规和制度

成本会计法规和制度是组织和从事成本会计工作的依据和行为规范，是会计法规和制度的重要组成部分。执行和制定成本会计法规制度可以使企业成本会计工作合法、有序，从而保证成本会计资料的真实性、规范性、及时性和有效性。成本会计应遵循的法规和制度分为以下两大层次：

### 一、全国性成本会计法规和制度

全国性的成本会计法规和制度是国家统一制定的，主要包括由全国人民代表大会常务委员会制定的《中华人民共和国会计法》、由国务院批准财政部发布的《企业会计准则》和《企业财务通则》、由财政部按照《企业会计准则》的要求制定并颁布的《企业会计准则指南》。这三个层次的会计法规制度，是企业进行会计工作的基本要求，其中与成本会计工作有关的部分，也是规范成本会计工作的重要依据，企业在成本会计工作中必须严格执行。

### 二、特定企业成本会计制度

不同行业的企业由于生产经营特点和成本管理的要求不同，各企业应以国家制定的各种成本法规和制度为依据，结合本企业的生产经营特点和管理要求的具体情况，制定本企业的成本会计制度和办法，作为本企业进行成本会计工作的直接依据。企业内部成本会计制度内容一般包括：

1. 成本会计工作的组织分工和职责权限；
2. 成本预测和成本决策制度；
3. 成本定额的制定、成本计划和费用预算的编制方法；
4. 成本核算的具体规程，包括成本计算对象的确定、成本项目的设置、生产费用的归集与分配、在产品成本的计算、成本计算方法的确定等；
5. 成本控制和成本分析制度；
6. 责任成本制度；
7. 企业内部结算方面的制度；
8. 成本报表制度；
9. 其他相关成本会计制度等。

企业内部成本会计制度一经制定，应当保持相对稳定。但随着客观形势的发展，成本会计制度也应进行适当的修订和完善，以保证成本会计制度的合理性、科学性和先进性。

## 阅读材料

### 配备成本会计人员

成本会计职业的从业者是成本会计人员。在成本会计机构中，企业根据成本管理的要求配备适当数量的品格优秀、业务精通的成本会计人才是做好会计工作的关键。选用要求是既精于核算，又善于管理；既精通有关政策法规和制度，又熟悉企业的生产工艺流程；既能很好履行国家有关法律法规赋予成本会计人员的职责和权限，又能结合企业实际创造性地开展工作。

#### 一、成本会计人员的职责和权限

成本会计人员应在总会计师和会计机构负责人的领导下，严格遵守成本会计法规和制度，忠实地履行自己的职责，认真做好成本核算、成本预测、成本决策、成本计划、成本控制、成本分析和成本考核等工作，参与企业生产经营决策，提出改进生产经营管理、降低成本、节约费用的建议和措施，真正当好企业领导的参谋，及时提供成本信息。实际工作中，成本会计人员应按照国家财会法规、公司财会制度和成本管理有关规定，负责拟订公司成本核算实施细则，在上级批准后组织执行；主动会同有关人员对公司重大项目、产品等进行成本预算、编制项目成本计划，提供有关的成本资料。当公司推行全面成本核算管理和内部银行等制度时，协助有关主管部门制订总体方案和实施办法，确定各类成本定额、标准，并协助各部门和下属企业的推广培训；不断监督、调查各部门执行成本计划情况，并就出现问题及时上报；学习、掌握先进的成本管理和成本核算方法及计算机操作，提出降低成本的控制措施和建议；做好相关成本资料的整理、归档、数据库建立、查询、更新工作；完成财务部领导临时交办的其他任务。

根据成本会计人员的职责，应赋予他们相应的权限。成本会计人员有权要求企业有关单位和人员认真执行成本计划，严格遵守国家的有关法规、制度和财经纪律；有权参与制定企业生产经营计划和各项定额，参与成本管理有关的生产经营管理会议；有权督促检查企业各单位对成本计划和有关法规、制度、财经纪律的执行情况。

#### 二、成本会计人员的职业素质要求

成本会计人员作为一名专职会计人员，具有多层面的素质要求：一方面，作为会计职业体系中的重要组成部分，成本会计人员必须具备会计行业从业者所共有的素质；另一方面，由于工作性质、岗位要求和技能水平的特殊性，成本会计人员又应具有其特定的素质要求。

##### （一）具有高尚的会计职业道德

成本会计人员天天与成本、费用打交道，这些指标直接影响到企业职工、广大投资者、债权人及国家的利益，在工作中可能每天都面临道德问题。因此，成本会计人员应当

遵守职业道德，提高业务素质。目前成本会计人员应遵守的会计职业道德规范包括：爱岗敬业、诚实守信、廉洁自律、客观公正、坚持准则、提高技能、参与管理和强化服务。

**（二）具有丰富的成本会计专业知识**

成本会计工作是一种高智力活动，它的正常运作离不开相应的知识储备和必要的技能水平。在成本会计人员职业活动中，厚实的专业知识是从事成本会计工作和实践活动的基础。从事该工作的人员除了掌握会计经常性业务处理的基本方法和基本技能外，还应掌握会计准则和会计制度中所有与成本核算有关的知识；掌握增值税、营业税、所得税等相关税法中与成本有关的知识；掌握现金流相关知识；掌握财务软件中成本相关的知识；熟悉产品工艺流程、生产的相关知识；掌握产品成本分析与成本报告编制等相关知识。除此之外，还应具备统计、管理会计、会计电算化、财政与金融等方面的知识。

**（三）具有娴熟的业务技能**

成本会计工作是非常讲究实际经验和专业技巧的，动手能力很重要。一般在单位从事成本会计工作的人员在其他会计岗位上已经有3—5年的工作经验才可胜任，这就要求成本会计岗位的人员在获得一定专业理论知识的基础上，更注重实际操作能力及岗位所要求的业务素质。具体表现为：在成本会计岗位上能进行成本、费用的归集和分配，计算产品成本的能力；日常财务分析在成本中的运用能力；编制成本报告的能力；Excel软件的运用能力；数据库的运用能力；会计核算软件和ERP系统的运用能力；还应具有预测目标成本、参与经营决策、控制成本过程、评价经营业绩的能力。

**（四）具有较强的组织管理能力**

成本会计作为一种经济管理活动，除了具备精湛的业务能力外，还应具有内外协调能力和组织管理能力。由于成本会计人员在确认、计量、记录成本会计信息及其相关的会计资料时，必然与企业的采购、生产、库管、销售等部门发生财务关系，因此，成本会计人员应具有良好的人际交往能力和吃苦耐劳、团队协作精神，从整体战略出发，公正地组织、协调各部门关系，形成合力，降低成本，实现成本的有效控制。同时，还应积极主动地分析生产经营管理活动中存在的问题，提出合理化建议，参与管理、参与监控，做好决策层的参谋和助手。

## 任务三　成本核算的要求和程序

### 子任务一　成本核算的一般原则和要求

#### 一、成本核算的一般原则

产品成本是企业生产经营管理的重要信息资料，而产品成本的核算是提供其信息资料的手段。为了使产品成本资料符合规定，达到正确、真实和及时的要求，核算必须讲究质量。要提高成本核算质量，必须遵守成本核算的原则。产品成本核算主要有以下原则。

1. 实际成本核算原则

产品成本核算时，可以采用不同的计价方法进行，如计划成本、定额成本和标准成本等。但在进行最后的成本计算时，必须调整为实际成本，这是成本核算的基本原则。

具体体现在三个方面：
- 某项成本发生时按实际耗费数确认；
- 完工入库的产品按实际负担额计价；
- 当期销售的产品成本按实际数结账。

2. 可靠性原则

为了使产品信息真实，对其核算要求遵循可靠性原则。可靠性原则包括真实性和可核实性两个方面。真实性是指成本数据与客观的经济事实一致；可核实性是指同一成本资料由不同的人员按一定要求计算出的结果应该相同。

3. 重要性原则

产品成本的构成要素尽管很多，但每一要素在整个成本中占的分量和对成本管理所起影响差别却很大。从成本核算效益考虑，在成本核算过程中就不应对每一成本构成要素的核算都要求十分准确，这就提出了成本核算的重要性原则要求。对重要的内容作为重点项目单独反映并力求准确；对次要的成本项目所占比重较小可从简处理。

4. 及时性原则

无论对内从成本分析和成本考核来看，还是对外从按期编制会计报表来说，都对成本核算提出了及时性原则要求。及时性原则要求包括：成本项目发生时及时处理；特殊成本项目及时提供；编制的财务报表能及时提供成本核算资料。

5. 一致性原则

成本核算是成本分析、成本考核的基础。成本分析、成本考核不仅分析考核本期计划完成情况，还要与上期实际进行对比分析，以考核成本变动情况，这对与成本核算所采用的成本计算方法及其成本核算有关的会计处理方法等提出了一致性原则要求。一致性原则的要求包括四个方面：成本要素发生时，确认方法前后各期应该一致；费用分配方法前后各期应该一致；同一产品成本计算方法前后各期应该一致；成本核算对象、成本项目的确定前后各期应该一致。

## 二、成本核算的要求

成本核算过程，既是对生产经营过程中各种耗费发生进行归类反映的过程，也是为满足企业管理要求进行信息反馈的过程，还是对成本计划的实施进行检验和控制的过程。因此，成本核算应满足以下要求：

### （一）算管结合，算为管用

“算管结合，算为管用”是指成本核算应当与加强企业经营管理相结合，所提供的成本信息应当满足企业经营管理的决策的需要。

为此，成本核算不仅要对各项费用支出进行事后的核算，提供事后的成本信息，而且必须以国家有关的法规、制度和企业成本计划和相应的消耗定额为依据，加强对各项费用支出的事前、事中的审核和控制，并及时进行信息反馈。

同时，在成本计算中，既要防止片面追求简化，以致不能为管理提供所需资料的做法；也要防止为计算而计算，脱离管理实际需要的做法。

### （二）正确划分各种费用界限

产品的生产成本是企业的一种费用支出，但企业发生的各项费用支出并不都属于产品的生产成本。为了正确核算产品的生产成本，必须划清各项费用支出的界限。

#### 1. 正确划分生产经营管理费用和非生产经营管理费用的界限

企业经营活动的广泛性，决定了发生各种耗费的用途是多方面的，有的是用于生产经营活动的，有的则是用于生产经营活动以外的其他方面。因而，在成本核算时，不能把企业所有的费用支出都记入到产品成本和期间费用（即生产经营管理费用）中，而必须按其用途进行合理的划分，以保证成本费用的真实性、客观性。

#### 2. 正确划分产品生产费用与期间费用的界限

正确划分生产费用和期间费用，是保证正确计算产品成本和核算各项损益的基础。划分的原则是：用于产品生产的原材料费用、生产工人的工资费用和制造费用等应该记入生产费用，并据以计算产品成本；用于产品销售、组织和管理生产经营活动，以及为筹集短期生产经营资金而发生的费用，归集为期间费用，直接记入当期损益。

#### 3. 正确划分各月份的费用界限

成本核算是建立在权责发生制的基础上的。因此，为了正确计算产品成本，在正确划分上述费用界限的基础上，还应划清应由本月产品成本、期间费用负担和应由其他月份产品成本、期间费用负担的费用界限。

#### 4. 正确划分各种产品的费用界限

对于生产两种及两种以上产品的生产企业，还要对记入当月产品成本的生产费用在各种有关产品之间进行划分，以便分析和考核各种产品成本计划和成本定额的执行情况。

#### 5. 正确划分完工产品与在产品的费用界限

通过以上费用界限的划分，确定了各种产品本月应负担的生产费用。月末计算产品成本时，如果某种产品到月末部分完工、部分未完工，那就要将该产品的生产成本在完工产品与在产品之间采用适当的方法进行分配，以分别计算完工产品成本和在产品成本。

**小思考：**

如果某种产品均已完工或均未完工，是否需要把生产成本在完工产品与在产品之间分配？

### （三）正确确定财产物资的计价和价值结转的方法

工业企业的生产过程，同时也是各种劳动的耗费过程。在各种劳动耗费中，财产物资的耗费占用相当的比重。因此，这些财产物资计价和价值结转方法是否恰当，会对成本计算的正确性产生重要的影响。为了正确计算成本，对于各种财产物资的计价和价值的结转，都应采用既较为合理又较为简便的方法；国家有统一规定的，应采用国家统一规定的方法。各种方法一经确定，应保持相对稳定，不能随意改变，以保证成本信息的可比性。

### （四）做好各项基础工作

产品成本核算工作较复杂，为了保证成本核算的及时和准确，必须做好各项基础工作。

1. 建立和健全定额管理制度

定额是企业在正常的生产条件下，对人力、物力、财力的配备以及利用和消耗等所应遵守的标准或应达到的水平，它是成本计划、成本控制、成本分析和考核的主要依据。定额管理是成本管理的基础，也是加强企业全面管理的基础。

2. 建立和健全材料的计量、收发、领退和盘点制度（包括在产品盘点制度）

成本核算是以价值形式来核算企业生产经营管理中的各项费用的。但价值形式的核算是以实物计量为基础的。因此，为了进行成本核算，正确地计算成本，必须建立和健全材料物资的计量、收发、领退和盘点制度。

3. 建立和健全原始记录制度

原始记录是反映生产经营活动的原始资料，是进行成本预测、编制成本计划、进行成本核算、分析消耗定额和执行成本计划的依据。成本会计工作的原始记录是成本、费用业务发生的证明，这些是成本核算和管理的原始依据。原始记录设置总的原则是：既要满足成本核算和管理的需要，又要简便易行。

4. 建立和健全企业内部结算制度

为了明确企业内部各有关单位的经济责任，对财产物资的内部流转及相互提供劳务，可以采用内部结算的办法进行核算的管理。内部结算价格是企业内部核算的依据。内部结算价格要尽可能符合实际，保持相对稳定，一般在年度内不变。在制定了内部结算价格的企业中，各种原材料的耗用、半成品的转移，以及各车间与部门之间相互提供劳务等，都要首先按计划价格计算成本。月末计算实际成本时，再在计划价格成本的基础上，采用适当的方法计算应负担的价格差异（如材料成本差异），将计划价格成本调整为实际成本。这样，既可以加速和简化核算工作，又可以分清内部和各单位的经济责任，真正地落实责任成本制度。

5. 选用适当的成本计算方法

产品成本是在生产过程中形成的，产品的生产工艺过程和生产组织不同，所采用的产品成本计算方法也应该有所不同。因此，企业只有按照产品生产特点和管理要求，选用适当的成本计算方法，才能正确、及时地计算产品成本，为成本管理提供有用的成本信息。

## 子任务二　产品成本核算的基本程序

产品成本核算应遵循的一般程序为：

### 一、区分应计入产品成本的费用和不应计入产品成本的费用

即对企业的各项支出、费用进行严格的审核和控制，并按照国家统一会计制度来确定计入产品成本的直接材料、直接人工和制造费用（产品成本的构成项目）。

1. 直接材料，是指为生产产品而耗用的原材料、辅助材料、备品备件、外购半成品、燃料、动力、包装物、低值易耗品以及其他直接材料。

其中燃料、动力等占用比重大时，也可单独设置项目。另外如有自制半成品，一般也要单独设置项目。

2. 直接人工，是指企业直接从事产品生产人员的工资、奖金、津贴和补贴等费用。

3. 制造费用，是指企业各生产车间为组织和管理生产所发生的各项间接费用。包括各生产单位管理人员（如车间主任等）工资和福利费、折旧费、机物料消耗、办公费、水电费、保险费等。

### 二、确定成本计算期

成本计算期是指成本计算的间隔期，即多长时间计算一次成本。产品成本计算期的确定，主要取决于企业生产组织的特点。

### 三、生产费用的归集和分配

将应计入本月产品的各项生产成本，在各种产品之间进行归集和分配，计算出每种产品的成本。如果同一车间同时生产多种产品时，能按产品区分的材料及人工费用分别核算；不能区分的，实际工作中一般可按各产品的定额消耗量等对材料进行分配，按定额工时等对人工费进行分配。

### 四、计算完工产品成本与月末在产品成本

对于月末未全部完工的产品，要将该种产品的生产费用（月初在产品生产费用与本月生产费用之和），在完工产品与月末在产品之间进行分配，计算出该种完工产品的总成本和单位成本。

企业应当根据在产品数量的多少、各月在产品数量变化的大小、各项成本比重的大小，以及定额管理基础的好坏等具体条件，采用适当的分配方法将生产成本在完工产品和在产品之间进行分配。

### 子任务三　设置产品成本核算的主要账户

为了按成本核算程序归集生产费用，核算产品成本，应设置一定的总账账户及必要的明细账户。总账账户一般设置“生产成本”账户，用以核算企业进行产品生产、自制材料、自制工具等发生的各项生产费用。为了分别核算基本生产成本和辅助生产成本，还应在总账账户下设置明细账户。为了简化核算手续，企业也可以将两个二级账户提升为一级账户。另外，一般还应设置“制造费用”、“销售费用”、“管理费用”、“财务费用”等账户。如果需要单独核算废品损失、停工损失等，还应设置“废品损失”、“停工损失”等账户。

#### 一、“基本生产成本”总账账户及明细账的设立

应按产品品种或产品批别、生产步骤等成本计算对象设置产品成本明细账，账内可按成本项目分设专栏进行明细登记。该账也称产品成本明细账或产品成本计算单。

#### 二、“辅助生产成本”账户和其他有关账户的设立

应按辅助生产车间或生产产品品种等设置产品成本明细账，账内按成本项目或费用项目分设专栏进行明细登记。

#### 三、“制造费用”账户

应按车间、部门设置明细账，主要用来核算车间为组织、管理活动而发生的各项费用。包括车间的间接费用和未专设成本项目的直接费用。账内按费用项目分设专栏进行明细登记。除季节性生产企业外一般无余额。

#### 四、“废品损失”账户

应按产品品种设置明细账，账内按成本项目分设专栏进行明细登记。

## 任务四　认知生产工艺和组织特点，选择成本计算方法

### 子任务一　企业生产类型及其特点

工业企业计算产品成本有不同的方法，在实际工作中，各个企业究竟采取什么样的成本计算方法应根据工业企业的生产特点和管理要求来确定，即产品成本的核算方法必须与企业的生产类型相适应。

工业企业的生产是比较复杂的，每个工业企业都有其自身的特点。工业企业的生产特

点可以按生产工艺技术过程和生产组织特点两个方面进行分类。

## 一、按工艺过程的特点分类

工业企业按生产工艺技术过程可分为单步骤生产（简单生产）企业和多步骤生产（复杂生产）企业两类。

### （一）单步骤生产

即生产工艺过程不能间断，或不能分散在不同地点进行的生产。通常只由一个生产单位整体进行，不需要多个生产单位协作生产。生产周期较短，工艺较简单。如发电，玻璃制品的熔制等。

### （二）多步骤生产

产品的生产工艺过程由若干可以间断的生产步骤所组成的生产。生产活动可以分别在不同的时间、不同的地点进行，可以由一个企业的不同车间进行。生产周期较长，工艺较复杂。按加工方式可分为：

1. 连续加工式生产：指原材料投入生产到产品完工，要依次经过各生产步骤的连续加工的生产。如纺织、冶金等生产。

2. 装配式生产：是先将原材料平行加工成零部件，然后将零件、部件装配成产成品。如机械、仪表等生产。

**小资料：**

工艺过程是指制造各种产品的具体方法，即工人使用劳动手段直接改变劳动对象的形状、尺寸、成分、性质等，使其成为预期产品的过程，如机械制造过程中的铸造、锻压、机械加工、热处理、装配等过程，又称工艺过程或工艺流程。

## 二、按生产类型的特点分类

按生产类型的特点可以将企业生产分为大量生产、成批生产和单件生产三种类型。

### （一）大量生产

指不断地大量重复生产相同产品的生产。陆续投入、陆续产出，品种稳定，产品品种少、产量较大。如纺织、面粉等的生产。

### （二）成批生产

是按照事先规定的产品批别和数量进行的生产。产品品种较多、产量较大，生产具有重复性。如服装、机械的生产。又可分为：

1. 大批生产：产品批量较大，往往重复生产，性质上接近大量生产。

2. 小批生产：产品批量较小，一批产品一般可同时完工，性质上接近单件生产。

### （三）单件生产

是指根据订货单位的要求，生产个别的、性质特殊的产品。如船舶、飞机、新产品试制等。

## 子任务二　生产特点和管理要求对成本计算方法的影响

### 一、生产特点对成本计算的影响

#### （一）对成本计算对象的影响

成本计算对象是为计算产品成本而确定的归集生产费用的各个对象，也就是成本的承担者。

1. 从生产工艺过程特点看

单步骤生产生产工艺不可间断，必须以产品品种为成本计算对象；

多步骤连续加工式生产应以生产步骤为成本计算对象，既按步骤又按品种计算各步骤半成品和产成品成本；

多步骤装配式生产：因零部件无独立的核算意义，不需按步骤计算半成品成本，而以产品品种为成本计算对象。

2. 从产品生产组织特点看

大量连续不断地生产相同产品，只能以产品品种为成本计算对象；

大批生产可视具体情况，按产品品种或产品批别计算产品成本；

单件、小批生产中一批产品一般可同时完工，可按产品批别计算产品成本。

#### （二）对成本计算期的影响

成本计算期，是生产费用计入产品成本所规定的起止时期。

大量、大批生产成本计算定期于月末进行，与会计报告期一致，与生产周期不一致；

单件、小批生产产品成本只能在某批、某件产品完工后计算，故成本计算不定期，与生产周期一致，与会计报告期不同。

#### （三）对完工产品与在产品之间费用分配的影响

单步骤大量、大批生产的生产过程不能间断，生产周期短，在产品很少或没有，故不必计算月末在产品成本；

多步骤大量、大批生产经常有在产品，需要将生产费用在完工产品与在产品之间进行分配；

多步骤单件、小批生产成本计算期通常与生产周期一致，在每批、每件产品完工前，产品成本明细账的月末余额就是月末在产品的成本；完工后，产品成本明细账所归集的费用就是完工产品的成本。

## 二、管理要求对产品成本计算方法的影响

单步骤生产或管理上不要求分步骤计算成本的多步骤生产，以品种或批别为成本计算对象，采用品种法或分批法。

管理上要求分步骤计算成本的多步骤生产，以生产步骤为成本计算对象，采用分步法。

在产品品种、规格繁多的企业，管理上要求尽快提供成本资料，简化成本计算工作，可采用分类法计算产品成本。在定额管理基础较好的企业，为加强定额管理工作，可采用定额法。

# 子任务三　产品成本计算的基本方法和辅助方法

成本计算即按照成本计算对象分配和归集生产费用并计算其总成本和单位成本的过程。

成本计算方法的确定，主要是为了适应企业的生产特点和管理要求，正确提供产品成本资料，为成本管理服务。成本计算对象、成本计算期和生产费用在完工产品与在产品之间的分配三者有机结合在一起，就构成了不同的成本计算方法。由于成本计算方法是以成本计算对象命名的，所以，在实际工作中就形成了三种基本的成本计算方法：品种法、分批法和分步法。

## 一、基本方法

品种法：以产品品种为成本计算对象的产品成本计算方法。一般适用于单步骤的大量大批生产，如发电等；也可用于管理上不需分步骤计算成本的多步骤的大量大批生产，如水泥厂等。

分批法：以产品批别为成本计算对象的产品成本计算方法。一般适用于单件、小批生产，如重型机械制造、船舶制造等。

分步法：以产品生产步骤为成本计算对象的产品成本计算方法。一般适用于大量大批且管理上要求分步骤计算成本的生产，如纺织、冶金等。

## 二、辅助方法

在实际工作中，除了上述三种成本计算的基本方法外，企业还采用一些其他成本计算方法，如分类法和定额法等。但这些成本计算方法都不是一种独立的成本计算方法，它们必须与三种基本方法结合起来才能使用。

分类法：以产品类别归集生产费用，再按一定标准在类内各产品之间进行分配，计算产品成本。一般适用于产品品种、规格繁多的企业，如灯泡厂、钉厂等，可简化成本计算。

定额法：以产品的定额成本为基础，加、减脱离定额差异和定额变动差异，进而计算产品实际成本的方法。此方法目的在于加强成本管理，进行成本控制。定额法适用于定额管理基础较好的企业，定额管理制度比较健全，产品生产定型，消耗定额制定得合理且稳定的生产企业，如机械制造企业。

**小提示：**

分类法和定额法与生产特点没有直接关系，不论哪种生产类型的生产，只要具备这些条件，都可以采用分类法或定额法核算生产费用，计算产品成本。

## 阅读材料

### 如何学习《成本会计实务》课程

《成本会计实务》课程是会计电算化专业的职业核心能力课程，是一门课程内容与工作任务相结合、校内实训与校外实习相贯通，以工作任务为导向，基于工作过程的项目化课程。在会计电算化专业职业核心能力课程体系中，《成本会计实务》课程承上启下，对学生职业能力的培养和职业素养的养成起着支撑作用。

学习《成本会计实务》，方法很重要，掌握适合自己的学习方法，是学习本门课程的总纲，纲举目张。学习的方法很多，不同的方法解决不同的问题，学生应根据自身的学习特点去寻找、摸索一套有助于自己成本会计职业能力养成与提高的方法，使自己在将来的职业岗位上终身受益。建议“四个”结合学习成本会计实务课程。

1. 理论与实际相结合

成本会计实务专业性、实用性、操作性很强，它集企业成本核算的基本理论、成本核算实务和成本管理于一体，来源于企业实际工作过程和业务，是实际的概括和总结。因此，学习时应先实际后理论，先知道实际业务的现场流程和情景，熟悉业务，获得感性认识，再根据业务来理解和认识成本会计核算、控制、分析和考核等的理论与方法。

2. 课上与课下相结合

以课堂学习为主，以课后学习为辅。课堂上学懂学会，课堂下巩固提高。立足课堂，提高听课效果。课堂上没有听懂的，及时向老师请教。课下主要做必不可少的复习和技能操作训练，回顾思考，研读教材，完成作业，融会贯通，形成成本会计岗位应有的技能。

3. 学与做相结合

高职成本会计实务课程的学习采用校企合作、工学交替的模式，因此，学生学习的场所不一定完全是理论教室，而是专业教室、教学做一体化教室、校内模拟实训室和校外实训基地交替使用，因此，学生不要将理论学习和实践操作完全割裂开来，而应做到做中有学，学中有做，在做中学，在学中做，学做一体。实际操作中重点关注成本会计职业能力的培养，要充分利用成本会计模拟实训室和实习基地提高自己的职业技能。

4. 想与练相结合

想是指思考，要勤于思考。上课时边听边想，下课后先回顾，再看书，再做作业，后小结，最后进行默想、消化、理解与提高。知识转化为能力的重要环节是练习，多练、反复练、加快速度、熟能生巧，把专业技能转化为自己的专业素质。

怎样阅读《成本会计实务》教材

成本会计实务是一门技术性较强的业务课程，阅读教材时一定要把基本的业务方法，例如各种成本计算和账务处理方法、各种成本账表的结构和所记数字的来龙去脉等，搞得一清二楚，理解得扎扎实实。不要因为有些计算方法、账表结构和账务处理复杂、难懂而“怕”；也不要因为数字多，来龙去脉头绪繁，读起来费时间而“烦”。同时要关注课本中的“案例导入”、“小提示”、“小思考”和“小讨论”等内容，这些都是学习成本会计实务课程所要特别注意的。

## 项目小结

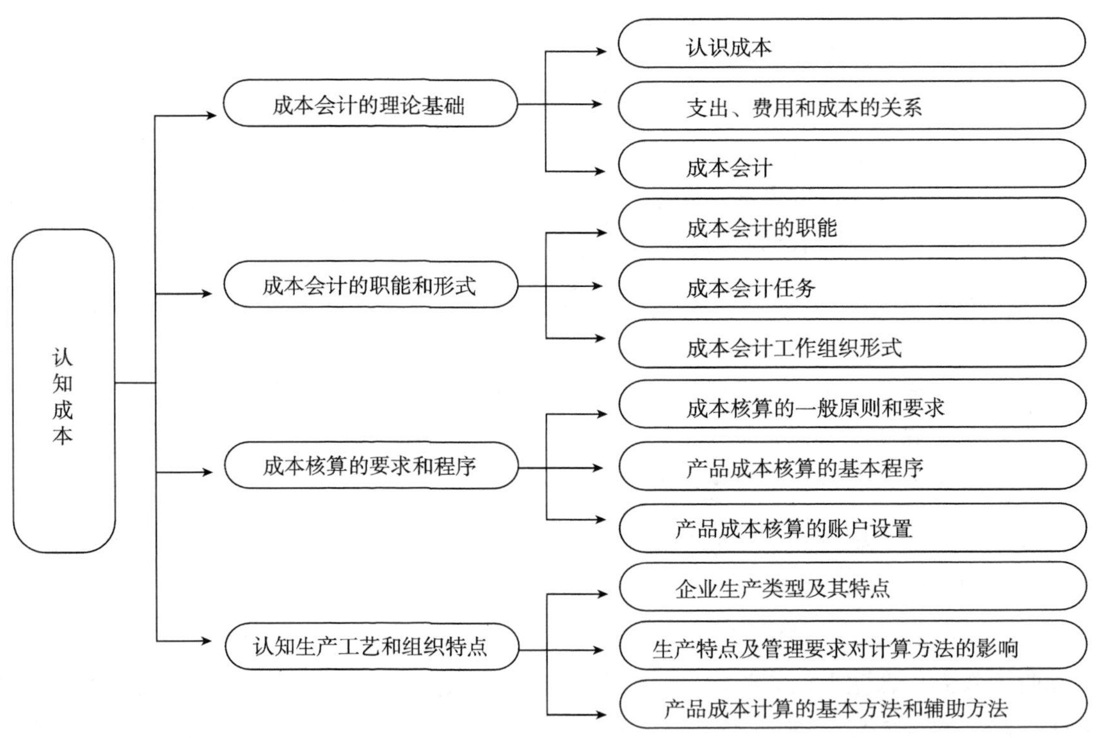


## 职业能力训练

### 一、单项选择题

1. 产品的理论成本由（　　）构成。

A. 耗费的生产资料的价值　　B. 劳动者为社会创造的价值

C. 劳动者为自己的劳动所创造的价值　　D. 以上的 A 和 C

2. 下列各项不应计入产品成本的是（　　）。

A. 废品损失　　B. 管理费用

C. 修理期间的停工损失　　D. 季节性停工损失

3. 成本会计最基本的职能是（　　）。

A. 成本预算　　B. 成本决策

C. 成本核算　　D. 成本考核

4. 成本会计的对象是（　　）。

A. 产品成本的形成过程

B. 各项生产费用的归集和分配

C. 各行业企业生产经营业务的成本和有关的期间费用

D. 制造业的成本

5. 从管理角度来看，成本会计是（　　）的一个组成部分。

A. 管理会计　　B. 财务会计

C. 财务管理　　D. 预算会计

6. 成本会计的任务主要决定于（　　）。

A. 企业经营管理的要求　　B. 成本核算

C. 成本控制　　D. 成本决策

7. 成本会计最基本的任务和中心环节是（　　）。

A. 进行成本预测，编制成本计划　　B. 审核和控制各项费用的支出

C. 进行成本核算，提供实际成本的核算资料　　D. 参与企业的生产经营决策

8. 成本的经济实质是（　　）。

A. 生产经营过程中所耗费生产资料转移价值的货币表现

B. 劳动者为自己劳动所创造价值的货币表现

C. 劳动者为社会劳动所创造价值的货币表现

D. 企业在生产经营过程中所耗费的资金的总和

9. 划分产品成本计算方法的首要标志是（　　）。

A. 成本计算期　　B. 成本计算对象

C. 产品的生产工艺过程　　D. 生产组织

10. 大中型企业的成本会计工作组织一般采取（　　）。

A. 集中工作方式　　B. 统一领导方式

C. 分散工作方式　　D. 会计岗位责任制

**二、多项选择题**

1. 下列关于成本会计职能的说法中，正确的有（　　）。

A. 成本预测是成本决策的前提

B. 成本计划是成本决策目标的具体化

C. 成本控制对成本计划的实施进行监督

D. 成本分析和考核对以后的预测和决策以及编制新的成本计划提供依据

2. 下列会计法规制度中，属于企业内部的成本会计制度、规程和办法的有（　　）。

A. 关于成本预测和决策的制度

B.《企业会计准则》

C. 关于成本定额、成本计划的编制制度

D.《企业会计制度》

3. 下列关于成本会计、财务会计和管理会计之间的关系的描述中，正确的有（　　）。

A. 成本会计提供的成本信息既可以为财务会计编制财务报表之用，也可满足企业内部管理人员进行决策或业绩评价的需要

B. 就财务报表的编制而言，成本会计附属于财务会计

C. 从管理角度来看，成本会计也是管理会计的一个组成部分

D. 财务会计与管理会计，两者都必须依赖于成本会计系统所提供的信息

4. 下列方法中，不属于成本计算的基本方法有（　　）。

A. 品种法　　B. 分类法

C. 分步法　　D. 定额法

5. 成本计算的辅助方法（　　）。

A. 不能单独使用

B. 能单独使用

C. 必须与基本方法结合应用

D. 根据需要确定是否与基本方法结合应用

6. 企业按照产品的生产工艺技术过程特点，可分为（　　）。

A. 大量生产　　B. 单件生产　　C. 简单生产　　D. 复杂生产

7. 下列属于产品生产成本构成内容的费用有（　　）。

A. 直接材料　　B. 直接人工　　C. 制造费用　　D. 管理费用

8. 为了正确计算产品成本，企业应做好的基础工作包括（　　）。

A. 建立健全定额管理制度　　B. 做好原始记录工作

C. 建立健全内部结算制度　　D. 正确选择各种成本计算方法

9. 成本具有哪些重要作用（　　）。

A. 是生产经营耗费的补偿尺度

B. 是制定产品价格的重要因素

C. 是企业进行经营决策的重要依据

D. 是综合反映工作质量评价业绩的重要依据

10. 下列支出中，最终表现或转化为费用的有（　　）。

A. 投资性支出　　B. 固定资产支出

C. 所得税支出　　D. 捐赠支出

**三、判断题**

1. 分类法和定额法必须结合成本计算的基本方法使用。(　　)

2. 成本是指企业为生产产品、提供劳务而发生的各种耗费。(　　)

3. 成本是为实现一定目的而发生的耗费，是对象化的耗费。(　　)

4. 在成本会计工作组织上，大中型企业一般采用分散工作方式，小型企业一般采用集中工作方式。(　　)

5. 一个企业可以对不同的产品采用不同的成本计算方法。(　　)

6. 品种法一般适用于大量大批多步骤的生产。(　　)

7. 生产类型不同，管理要求不同，产品计算对象也应该有所不同。(　　)

8. 成本会计的各个职能之间是相互联系、相互补充的。(　　)

9. 产品成本按照成本与产品产量之间的关系划分主要分为直接成本和间接成本。(　　)

10. 不同性质的企业，其生产经营成本和经营管理费的具体内容依据各自的业务特点有所区别。(　　)

**四、实务操作**

1. 周五，李清和张慧同学在王老师安排的讨论课上，为了一个案例的支出、费用、生产费用和产品成本结果争论。李清同学认为案例中该公司该月份的支出总额为708万元，费用应为619.5元，生产费用为464.25万元，产品成本为464.25万元。张慧同学认为李清同学说的结果都不对。以下是该案例的详细资料：

中贸公司8月份购买了一台设备，支出50万元，为购买该设备支付增值税8.5万元，该设备预计使用10年，无残值；支付公司行政人员工资30万元，计提了福利费4.2万元，还提取了工会经费、教育经费1.05万元；支付公司办公等费用10万元；支付本月生产产品的工人工资100万元，生产管理人员工资10万元，并按规定比例提取了职工福利费、工会经费和教育经费；支付广告费50万元，销售产品差旅费5万元；支付运动会赞助费20万元、行政罚款10万元；本月折旧费50万元，其中公司管理部门15万元，车间35万元；本月应交所得税20万元；应分配给投资人利润20万元；生产领用材料300万元；购进材料500万元。

你认为李清同学划分的结果对吗？为什么？正确的各项目应为多少？

2. 长青电器制造公司是一个拥有60名职工的小型企业，主要生产消毒柜。晁刚是刚分配到该公司担任成本核算的会计人员。晁刚接手此工作后，觉得公司成本核算比较粗，成本计算的基础工作也不健全，不能满足企业成本管理要求。于是他根据学校所学，仔细规划了成本核算方案。其中产品成本项目设计为“直接材料”、“直接人工”、“燃料及动力”、“制造费用”4个成本项目。其中“直接材料”成本项目设计为多栏式明细项目，分为“原材料”、“主要材料”、“燃料”、“辅助材料”等小栏目详细反映其所耗，为考核所有材料耗费提供资料。但由于其中的辅助材料所占比例非常小，决定不按实际成本计价而按计划成本计价。

要求：请你用产品成本核算的有关原则评价晁刚的做法是否合适。

# 项目二　生产费用的归集和分配

## 职业能力目标：

### 技能目标

1. 能对不同的要素费用根据实际情况采取适当标准进行分配并编制费用分配表；
2. 能正确归集辅助生产费和制造费用，并编制相应费用分配表的能力；
3. 能根据企业实际情况选择不同的生产费用分配方法计算完工产品成本和在产品成本的能力；
4. 能根据费用分配表和成本计算单登记相应的成本明细账的能力。

### 知识目标

1. 掌握各种要素费用的归集和分配方法；
2. 掌握辅助生产费用的归集和分配方法；
3. 掌握制造费用的归集和分配方法；
4. 掌握在产品成本的计算方法。

### 案例导入

宝鼎公司是一个从事粗加工的铸造企业，只有一个产品生产车间大量生产甲铸件和乙铸件，201×年10月甲、乙两种铸件的产量记录资料分别为：月初在产品50件、70件；本月投入700件、580件；本月完工产品450件、550件，月末在产品的完工程度均为50%。甲、乙两种铸件的月初在产品成本分别为：直接材料10 000元、9 000元；直接人工4 000元、7 000元；制造费用6 000元、3 000元。两种产品本月的生产工时分别为4 000小时和4 600小时。10月份发生的生产费用如下：

材料费用：甲铸件耗费A材料40 000元，乙铸件耗费A材料50 000元，，甲、乙共同耗用B材料210 000元（甲、乙两种铸件的定额耗用量之比为1∶1.1），甲、乙铸件耗材均是产品开工时一次投入，车间修理设备耗用C材料9 400元。

职工薪酬：生产工人职工薪酬86 000元，车间管理人员工资15 000元。

其他费用：生产车间厂房、设备折旧费用为5 000元，车间办公费6 000元，车间水电费9 000元。

问题：

1. 如果你是宝鼎公司的成本核算员，如何计算甲铸件和乙铸件的成本？
2. 请采用所选的方法正确计算甲铸件和乙铸件的成本，并编制成本计算单。

# 任务一　核算要素费用

## 子任务一　材料费用归集与分配

材料是指企业通过采购或其他方式取得的，用于制造产品并构成产品主要实体的原料及主要材料，以及取得的供生产使用但不构成产品实体的辅助材料、修理用备件、燃料和外购半成品、周转材料等。

### 一、原材料费用分配核算

原材料经过加工后主要构成了产品实体，其价值也转移到最终所形成实体的产品中，由该产品承担。这部分原材料费用在产品成本中一般占有较大的比重，按照重要性原则，规定有单独的成本项目，即“直接材料”。企业计算产品成本时，产品耗用原材料若是按照各种产品分别领用，则这部分原材料费用属于直接计入费用，可以直接计入各种产品成本明细账的“直接材料”成本项目。对于由几种产品共同耗用的原材料费用，属于间接计入费用，则应采用适当的分配方法，在各种产品之间进行分配，然后计入各种产品成本明细账的“直接材料”成本项目。

企业在分配间接计入的原材料费用时，费用标准的选择是影响费用分配方法是否合理的一个重要因素。分配标准应当与被分配费用有比较密切的关系，而且分配标准的资料比较容易取得。在产品生产过程中，原材料的耗用量一般与产品的重量、体积等有关，因此，原材料费用一般可以按照产品的重量、体积分配。在材料消耗定额比较准确的情况下，原材料费用按照材料定额消耗量或材料定额费用为标准比较好。对于联产品生产的企业也可用以采用将各种产品的产量按系数法折合成标准产量，再按照标准产量的比例分配原材料费用。

**小提示：**

常用的费用分配标准主要有三类：一是成果类，如产品的产量、重量、体积、产值等；二是消耗类，如生产工时、机器工时、生产工人工资、原材料消耗量、原材料费用等；三是定额类，如定额消耗量、定额费用、定额工时等。

#### （一）定额消耗量比例法

定额消耗量比例法是指按照产品原材料定额消耗量比例分配材料费用的方法。它适用

于各种材料消耗定额比较健全而且相对准确的材料费用的分配。其分配程序为：

1. 计算各种原材料定额消耗量

某种产品原材料定额消耗量＝该种产品的实际产量×单位产品原材料消耗定额

2. 以原材料定额消耗量为标准，计算原材料费用分配率

$$原材料费用分配率=\frac{原材料费用总额}{\sum 各种产品原材料定额消耗量}$$

3. 计算各种产品应分配的原材料费用

某种产品应分配的原材料费用＝该种产品的原材料定额消耗量×原材料费用分配率

> **小提示：**
>
> 消耗定额是指单位产品可以消耗的数量限额，可以根据企业的有关指标确定；定额消耗量是指一定产量下按照消耗定额计算的可以消耗的数量。费用定额和定额费用则是消耗定额和定额消耗量的货币表现。

**【例2－1】**　新华公司生产甲、乙、丙三种产品，8月份产量分别为400件、600件、200件，甲、乙、丙产品的单位消耗定额分别为20千克、15千克、60千克，共同耗用A材料11 600千克，每千克4元，共计46 400元。分配A材料费用如下：

甲产品的定额消耗量＝400×20＝8 000（千克）

乙产品的定额消耗量＝600×15＝9 000（千克）

丙甲产品的定额消耗量＝200×60＝12 000（千克）

原材料定额消耗总量＝8 000＋9 000＋12 000＝29 000（千克）

原材料费用分配率＝46 400/29 000＝1.6（元/公斤）

甲产品应分配的材料费用＝400×20×1.6＝12 800（元）

乙产品应分配的材料费用＝600×15×1.6＝14 400（元）

丙产品应分配的材料费用＝200×60×1.6＝19 200（元）

> **小提示：**
>
> 为了考核原材料消耗定额的执行情况，加强原材料的实物管理，实务操作中也可以先按定额消耗量的比例分配计算各种产品实际消耗原材料的数量，然后再根据原材料的单价计算各种产品应分配的原材料费用。请分析该种情况下的计算程序和公式。

**小操作：**

大庆服装厂用毛料生产男士风衣和女士套裙。12 月份实际用料 650 米，每米 121 元，共计 78 650 元。其中，生产男士风衣 150 套，单位消耗定额 2.7 米，女士套裙 100 套，单位消耗定额 2 米。请用定额消耗量比例法计算男士西服和女士套裙耗用的材料费用并编制会计分录。

### （二）定额费用比例法

材料定额费用比例法是以产品的原材料定额成本为标准分配材料费用的一种方法。它主要用于多种产品共同耗用多种原材料的分配。其分配程序为：

1. 计算各种产品原材料定额费用

某种产品原材料定额费用 = 该种产品的实际产量 × 单位产品该种材料费用定额

2. 计算原材料费用分配率

$$原材料费用分配率 = \frac{\sum 原材料实际费用总额}{\sum 各种产品原材料定额费用总额}$$

3. 计算各种产品应分配的原材料费用

某种产品应分配的原材料费用 = 该种产品的原材料定额费用 × 原材料费用分配率

**【例 2－2】** 秦丰公司有一个基本生产车间和两个辅助生产车间，基本车间生产加工 A、B 两种产品。201×年 1 月，公司仓库送来“发出材料明细表”如表 2－1 所示：

**表 2－1　秦丰公司发出材料明细表**　　附领料单 15 张

201×年 1 月　　金额单位：元

| 材料类别 | 品名 | 发出数量 | 单位成本 | 金 额 | 用途 |
|---|---|---|---|---|---|
| 主要材料 | 甲材料 | 9 000 千克 | 10 | 90 000 | A、B 产品耗用 |
| 主要材料 | 乙材料 | 4 500 千克 | 12 | 54 000 | B 产品领用 |
| 主要材料 | 丙材料 | 2 000 千克 | 60 | 120 000 | A 产品领用 |
| 主要材料 | 丙材料 | 150 千克 | 60 | 9 000 | 公司办公室领用 |
| 燃料 | 大同煤 | 22 吨 | 400 | 8 800 | 供热车间领用 |
| 辅助材料 | 010 材料 | 80 千克 | 25 | 2 000 | 机修车间领用 |
| 辅助材料 | 011 材料 | 500 千克 | 13 | 6 500 | 机修车间领用 |
| 修理备件 | E 配件 | 15 只 | 30 | 450 | 基本车间修理领用 |
| 修理备件 | F 配件 | 12 只 | 60 | 720 | 基本车间修理领用 |
| 合计 | | | | 291 470 | |

当月 A、B 产品产量分别为 1 000 件、2 000 件；A、B 产品的甲材料单耗定额为 5 千克、2 千克。

秦丰公司材料费用分配表见表2－2。

**表2－2 原材料费用分配表**

201×年1月　　　　金额单位：元

| 应借账户 | | 成本或费用项目 | 间接计入费用 | | | 直接计入费用 | 合计 |
|---|---|---|---|---|---|---|---|
| 总账账户 | 明细账户 | | 定额消耗量 | 分配率 | 分配额 | | |
| 基本生产成本 | A产品 | 直接材料 | 5 000 | | 50 000 | 120 000 | 170 000 |
| | B产品 | 直接材料 | 4 000 | | 40 000 | 54 000 | 94 000 |
| | 小计 | | 9 000 | 10 | 90 000 | 174 000 | 264 000 |
| 辅助生产成本 | 供热车间 | 材料 | | | | 8 800 | 8 800 |
| | 机修车间 | 材料 | | | | 8 500 | 8 500 |
| | 小计 | | | | | 17 300 | 17 300 |
| 制造费用 | 基本车间 | 物料消耗 | | | | 1 170 | 1 170 |
| 管理费用 | | 物料消耗 | | | | 9 000 | 9 000 |
| 合计 | | | | | 90 000 | 201 470 | 291 470 |

根据原材料费用分配表填制转账凭证，登记有关总账和明细账。

借：基本生产成本——A产品　　170 000
　　　　　　　　——B产品　　94 000
　　辅助生产成本——供热车间　　8 800
　　　　　　　　——机修车间　　8 500
　　制造费用——基本生产车间　　1 170
　　管理费用　　9 000
　　贷：原材料——主要材料（甲材料）　　90 000
　　　　　　　——主要材料（乙材料）　　54 000
　　　　　　　——主要材料（丙材料）　　129 000
　　　　　　　——燃　料　　8 800
　　　　　　　——辅助材料（010材料）　　2 000
　　　　　　　——辅助材料（011材料）　　6 000
　　　　　　　——修理备件　　1 170

若原材料采用计划成本计价进行日常核算，则原材料的收、发凭证和借、贷方均应体现其计划成本。入库材料实际成本与计划成本之间的差异，通过“材料成本差异”账户进行核算，月终时再将发出材料的计划成本调整为实际成本，以正确反映产品成本的实际金额。

**【例2－3】** 红光工厂生产A、B两种产品，共同领用甲、乙两种材料共计269 500

元。本月投产A、B两种产品分别为1 000件和500件。A产品的消耗定额为：甲材料5千克，乙材料4千克；B产品的消耗定额为：甲材料6千克，乙材料3千克。甲、乙两种材料的单价分别为10元、30元。本月原材料分配如下：

A产品原材料的定额费用 = 1 000 × （5 × 10 + 4 × 30） = 170 000（元）

B产品原材料的定额费用 = 500 × （6 × 10 + 3 × 30） = 75 000（元）

A、B两种产品材料费用定额总计 = 170 000 + 75 000 = 245 000（元）

$$原材料费用分配率 = \frac{269\ 500}{245\ 000} = 1.1$$

A产品应负担的材料费用 = 170 000 × 1.1 = 187 000（元）

B产品应负担的材料费用 = 75 000 × 1.1 = 82 500（元）

**小操作：**

某机床厂3月份实际耗用A材料6 000千克，每千克单价6元，共计36 000元。生产甲产品20件，单位消耗定额为440千克，生产乙产品40件，单位消耗定额为80千克。

操作要求：分别采用定额消耗量比例法和定额费用比例法分配A材料的实际费用。

原材料费用在实际工作中通常是通过编制“原材料费用分配表”进行的，这种材料费用分配表是按照车间、部门、材料类别，根据领料凭证和其他有关资料编制。若有余料退库或废料收回业务，应根据退料凭证和废料交库凭证，抵减原领用的材料费用。月末已领未用的材料，如果下月生产还需用，应办理假退料手续，以冲减当月生产费用。

**小思考：**

如果企业改变生产用原材料的用途，将其用于办公楼的改建，企业对改变用途的原材料应如何进行核算？若领用的是企业所生产的库存商品呢？

## 知识链接2—1

### 材料发出的领退料凭证

原材料费用分配表主要是依据材料发出时的领退料凭证编制的。材料的领退料凭证主要有以下四种：

### 一、领料单

领料单是一种一次凭证，适用于不常领用或未制定消耗定额的材料领用。领料单一般一式三联，其中一联留存领料单位；一联留存发料仓库，据以登记原材料明细账；一联送交会计部门据以进行原材料发出和费用的核算。领料单格式如下表：

**领料单**

领料单位：________　　　　　　　　　　　　　　　　　　　　　　编号：________

用　　途：________　　　　　201×年　月　日　　　　　　　　　　仓库：________

<table>
<tr><td rowspan="2">材料类别</td><td rowspan="2">材料编号</td><td rowspan="2">材料名称及规格</td><td rowspan="2">计量<br>单位</td><td colspan="2">数量</td><td>单价</td><td>金额</td></tr>
<tr><td>请领</td><td>实领</td><td></td><td></td></tr>
<tr><td></td><td></td><td></td><td></td><td></td><td></td><td></td><td></td></tr>
<tr><td></td><td></td><td></td><td></td><td></td><td></td><td></td><td></td></tr>
<tr><td>合计</td><td></td><td></td><td></td><td></td><td></td><td></td><td></td></tr>
</table>

记账________　　发料________　　领料部门负责人________　　领料 ________

## 二、限额领料单

限额领料单是一种在一定时期和一定限额内多次领用材料可以使用的累计凭证，具体格式如下表。

**限额领料单**

领料部门：　　　　　　　　　　　　　　　　　　　库房：________　　编号：________

用途：　　　　　　　　　　　　　年　　月　　　　　　　　　单位消耗定额：________

<table>
<tr><td>名称及规格</td><td>计量单位</td><td colspan="3">领用限额</td><td colspan="4">全月实额</td></tr>
<tr><td rowspan="2"></td><td rowspan="2"></td><td colspan="3" rowspan="2"></td><td colspan="2">数量</td><td>计划单价</td><td>金额</td></tr>
<tr><td colspan="2"></td><td></td><td></td></tr>
<tr><td rowspan="2">领料日期</td><td>请领数</td><td colspan="3">实发数</td><td colspan="3">退库</td><td rowspan="2">限额<br>结余</td></tr>
<tr><td>数量</td><td>数量</td><td>发料人</td><td>领料人</td><td>数量</td><td>收料人</td><td>退料人</td></tr>
<tr><td></td><td></td><td></td><td></td><td></td><td></td><td></td><td></td><td></td></tr>
<tr><td></td><td></td><td></td><td></td><td></td><td></td><td></td><td></td><td></td></tr>
<tr><td></td><td></td><td></td><td></td><td></td><td></td><td></td><td></td><td></td></tr>
<tr><td>合计</td><td></td><td></td><td></td><td></td><td></td><td></td><td></td><td></td></tr>
</table>

供应处材料供应员：________　　生产处材料计划员：________　　仓库负责人：________

限额领料单适用于经常领用并已制定消耗定额的材料，可以反映出一定时期内领用材料的累计数，便于同定额比较，有效地控制材料领用的数量。如果超过限额领料，应通过有关部门批准后另行填制领料单据以领料。

## 三、领料登记簿

如果领料的材料次数多，数量零星，而且价值不高，为了简化手续，领料时可以不填制领料单，而由领料人在领料登记簿上登记领用数量并签名，据以办理发料，月末由发料仓库人员根据领料登记簿按领料单位和用途填制领料单。

**秦岭公司领料登记表**

材料类别：________　　领料单位：________　　库　房：________

材料名称：________　　计量单位：________　　编　号：________

用　　途：________　　　年　　月

| 日期 | 领料数量 | | 发料人 | 领料人 | 备注 |
|---|---|---|---|---|---|
| | 当日 | 累计 | | | |
| | | | | | |
| | | | | | |
| | | | | | |
| | | | | | |
| 材料计划单价 | | | 金额 | | |

主管：________　　复核：________　　制表：________

## 四、退料单

月末生产车间有多余材料，如下月不再使用，应填制本月退料单，并办理退料手续；下月若继续使用，应同时填制本月退料单和下月领料单，但不需办理实物退料手续。退料单一般一式三联：一联留存领料单位；一联留存仓库，据以登记原材料明细账；一联送交会计部门据以进行原材料发出和材料费用的核算。

**退料单**

年　　月　　日　　　　编号：________

| 退料部门：________ | | | 生产通知单：________<br>退料原因：________ | | |
|---|---|---|---|---|---|
| 序号 | 原料名称 | 批号 | 单位 | 数量 | 备注 |
| | | | | | |
| | | | | | |
| | | | | | |
| | | | | | |

主管：________　　退料人：________　　复核：________　　制单：________

## 二、周转材料的核算

周转材料是指企业能够多次使用、逐渐转移其价值仍保持原有形态但不符合固定资产定义的材料，如包装物、低值易耗品、钢木模板、脚手架等。

### （一）包装物成本的结转

包装物是指企业为了包装本企业产品而储备的各种包装容器，如桶、箱、瓶、坛、

罐、袋等。为了反映和监督包装物的增减变化及其结存情况，企业应设置“周转材料——包装物”账户进行核算。包装物的采购、入库等与原材料的采购、入库核算相类似，既可以按实际成本核算也可以按计划成本核算。包装物的发出核算应选择一次转销法或五五摊销法将其价值计入相关成本、费用账户。包装物按其经济用途可分四种情况，结转时应根据具体的用途分别反映，即：生产过程领用，用以包装本企业产品构成产品组成部分的，应计入“基本生产成本”账户的“直接材料”成本项目；随同产品出售单独计价的包装物，领用时应转入“其他业务成本”账户；随同产品出售不单独计价的包装物，领用时应转入“销售费用”账户；出租包装物，转入“其他业务成本”账户，出借包装物，应转入“销售费用”账户。若包装物采用计划成本进行日常核算，发出包装物时，还应结转包装物所分摊的成本差异。

**小提示：**

各种包装材料（如铁丝、纸张、绳线、铁皮等）应在“原材料”账户核算；用于储存和保管商品、产品、材料而不对外出售、出租、出借的包装物按其价值和使用年限长短分别在“固定资产”和“周转材料——低值易耗品”账户核算；单独列作产品、商品的自制包装物，应在“库存商品”账户核算。

### （二）低值易耗品成本的结转

低值易耗品是指作为流动资产核算和管理的劳动手段，包括一般工具、管理用具、专用工具、替换设备、劳保用品和生产经营中周转使用的包装容器等。为了反映低值易耗品的收发、摊销和结存情况，企业应设置“周转材料——低值易耗品”账户，可以比照原材料采用实际成本计价或计划成本计价进行核算。

低值易耗品领用后，其价值应摊销计入相关的成本、费用。低值易耗品的摊销方法应根据具体情况采用一次摊销法或五五摊销法。若价值较低或极易损坏的低值易耗品，在领用时按其账面价值一次摊销计入当月成本、费用；若价值较大，可反复多次使用的，采用五五摊销法，领用时摊销一半价值，报废时摊销另外一半价值。若采用计划成本核算，还应在领用月末调整低值易耗品的成本差异。

低值易耗品成本一般按照用途、部门和受益对象来确定应转入的账户。某种产品生产直接领用的低值易耗品，应直接计入“基本生产成本”账户及“直接材料”成本项目；若多种产品共同耗用无法直接确定具体产品品种以及辅助生产部门领用的低值易耗品，应先计入“制造费用”账户，再分配转入各种产品成本中；若是企业管理部门耗用的低值易耗品，其价值应转入“管理费用”账户。

包装物和低值易耗品的摊销方法、具体的会计核算方法，在“财务会计实务”课程已经作了详细的介绍和说明，这里不再赘述。

# 子任务二　燃料动力费用归集与分配

## 一、燃料费用的归集和分配

燃料实际上也是材料，如果燃料费用在产品成本中所占比重较小，燃料费用归集和分配的账务处理程序和方法与原材料费用归集和分配的账务处理程序和方法相同；如果燃料费用在产品成本中所占比重较大，可以与动力费用一起在“基本生产成本”账户下专设“燃料及动力”成本项目，同时在“原材料”账户外增设“燃料”账户进行核算，用以反映燃料的增减变动、分配和结存情况。

在分配燃料费用时，如果燃料直接用于产品生产，且只生产一种产品或者是虽生产多种产品但按照产品分别领用的，属于直接计入费用，可根据领料凭证直接计入该种产品基本生产成本明细账中的“直接材料”或“燃料及动力”成本项目；如果未按产品品种分别领用，而是几种产品共同领用的燃料，则应采用适当的分配标准和分配方法，在各种产品之间分配后计入各产品成本明细账中的“直接材料”或“燃料及动力”成本项目。对于直接用于辅助生产并有专设成本项目的燃料费用，应计入“辅助生产成本”账户和相应的专栏；若基本生产和辅助生产耗用但未专设成本项目的燃料费用，应计入“制造费用”账户；若是企业管理部门、销售部门领用的燃料应根据用途计入“管理费用”、“销售费用”账户。同时贷记“燃料”或“原材料”账户。

**【例 2－4】**　秦丰公司生产过程中消耗的燃料动力费用比重较大，对购入的燃料单设“燃料”账户核算，并在成本明细账中专设了“燃料及动力”成本项目。201×年 1 月生产的 A、B 产品共同耗用燃料费 23 760 元，按 A、B 产品所耗用的原材料费用比例分配，A 产品材料费 170 000 元，B 产品材料费 94 000 元。则燃料费用的分配如下：

$$燃料费用分配率 = \frac{23\ 760}{170\ 000 + 94\ 000} = 0.09$$

甲产品应分担的燃料费 = 170 000 × 0.09 = 15 300（元）

乙产品应分担的燃料费 = 94 000 × 0.09 = 8 460（元）

假定管理部门耗用燃料费 1 500 元，机修车间耗用燃料费 3 500 元，供热车间耗用 19 732元，则企业编制的“燃料动力费用分配表”如下表 2－3 所示：

**表 2－3　燃料动力费用分配表**

201×年 1 月　　　　金额单位：元

| 应借账户 | | 成本或费用项目 | 间接计入费用 | | | 直接计入费用 | 合计 |
|---|---|---|---|---|---|---|---|
| 总账账户 | 明细账户 | | 原材料费用 | 分配率 | 分配额 | | |
| 基本生产成本 | A 产品 | 燃料及动力 | 170 000 | | 15 300 | | 15 300 |
| | B 产品 | 燃料及动力 | 94 000 | | 8 460 | | 8 460 |
| | 小计 | | 126 000 | 0.09 | 23 760 | | 23 760 |

续表

| 应借账户 | | 成本或费用项目 | 间接计入费用 | | | 直接计入费用 | 合计 |
|---|---|---|---|---|---|---|---|
| 总账账户 | 明细账户 | | 原材料费用 | 分配率 | 分配额 | | |
| 辅助生产成本 | 机修车间 | 燃料及动力 | | | | 3 500 | 3 500 |
| | 供热车间 | 燃料及动力 | | | | 19 732 | 19 732 |
| | 小计 | | | | | 23 232 | 23 232 |
| 管理费用 | | 其他 | | | | 1 500 | 1 500 |
| 合计 | | | | | 23 760 | 24 732 | 48 492 |

会计主管：__________　　复核：__________　　制单：__________

根据上述“燃料动力费用分配表”，填制转账凭证：

借：基本生产成本——A 产品　　15 300

——B 产品　　8 460

辅助生产成本——机修车间　　3 500

——供热车间　　19 732

管理费用　　1 500

贷：燃料　　48 492

## 二、动力费用的归集和分配

外购动力就是指企业从外部购入的电力、蒸汽、煤气等所支付的费用。

实际工作中，由于外购动力费用付款日期往往是下月初，而成本、费用的核算期一般是在月末进行，因此，企业支付外购动力款时先计入“应付账款”账户，月末时再将其分配计入各有关的成本、费用账户。月末分配外购动力费时应按其用途进行，如外购动力有的直接用于产品生产的工艺过程，有的是车间一般耗用间接服务于产品生产，有的用于企业的行政管理耗用等，企业应分别用途，选择账户进行分配。在车间、部门分别安装有仪器、仪表记录的情况下，应按照仪器仪表所示耗用的动力数量以及动力单价直接计算应计入相关成本、费用账户的金额；在没有安装仪器、仪表以及车间生产用动力无法按产品品种分别安装情况下，则应选择适当的分配标准和分配方法在受益对象之间进行分配。外购动力费常用的分配标准有：生产工时、机器工时、机器功率时数（机器功率 × 机器开工时数）、定额耗用量等。

会计核算上，对于产品生产耗用的外购动力费，应直接计入或分配计入“基本生产成本”账户的“直接材料”或“燃料及动力”成本项目；对于用于辅助生产的外购动力费，应计入“辅助生产成本”账户和相应的专栏；生产车间、管理和销售等部门的一般消耗按其用途应计入“制造费用”、“管理费用”、“销售费用”等账户。

外购动力费的分配应通过编制“外购动力费用分配表”进行。

**小思考：**

若上述外购动力费用分配表中基本生产成本明细账中未专门设置“燃料及动力”成本项目，你认为应该将动力费用计入哪个成本项目呢？

**【例2-5】** 秦丰公司201×年1月用电记录70 000度，每度0.8元。其中基本生产车间生产的A、B产品共同耗用动力电45 000度，基本生产车间照明用电3 000度；公司管理部门用电6 000度；机修车间用电4 800度，供热车间用电11 200度。该公司对产品生产用电按机器工时在A、B产品之间分配，A、B产品机器工时分别为6 000小时和4 000小时。

根据上述资料编制“外购动力费用分配表”如下表2-4所示，并根据分配表填制转账凭证：

借：基本生产成本——A产品　　21 600
　　　　　　　　——B产品　　14 400
　　辅助生产成本——机修车间　　3 840
　　　　　　　　——供热车间　　8 960
　　制造费用——基本生产车间　　2 400
　　管理费用　　4 800
　　贷：应付账款

**表2-4　外购动力费用分配表**

201×年1月　　　　金额单位：元

| 应借账户 | | 成本或费用项目 | 耗用电量分配 | | | 电费单价 | 合计 |
|---|---|---|---|---|---|---|---|
| 总账账户 | 明细账户 | | 机器工时 | 分配率 | 分配电量 | | |
| 基本生产成本 | A产品 | 燃料及动力 | 6 000 | | 27 000 | 0.8 | 21 600 |
| | B产品 | 燃料及动力 | 4 000 | | 18 000 | 0.8 | 14 400 |
| | 小计 | | 10 000 | 4.5 | 45 000 | | 36 000 |
| 辅助生产成本 | 机修车间 | 燃料及动力 | | | 4 800 | 0.8 | 3 840 |
| | 供热车间 | 燃料及动力 | | | 11 200 | 0.8 | 8 960 |
| | 小计 | | | | 16 000 | | 12 800 |
| 制造费用 | 基本车间 | 水电费 | | | 3 000 | 0.8 | 2 400 |
| 管理费用 | | 水电费 | | | 6 000 | 0.8 | 4 800 |
| 合计 | | | | | 70 000 | | 56 000 |

会计主管：＿＿＿＿　　复核：＿＿＿＿　　制单：＿＿＿＿

## 子任务三 职工薪酬费用归集与分配

案例资料：会计专业毕业生李慧被招聘到一家电子器材公司做会计，月末编制职工薪酬结算表时发现企业付给自己的工资是1 100元，另付加班费120元，物价补贴60元，单位为自己还缴纳医疗保险、养老保险、工伤保险、失业保险住房公积金等共计380元，为自己支付住房租赁费150元。请帮李慧分析一下，上述所列项目是否均为李慧的职工薪酬？哪些项目是应付给她的工资？

### 一、职工薪酬的内容

职工薪酬是指企业为获得职工提供的服务而给予各种形式的报酬以及其他相关支出。它既是企业必须付出的人力代价，也是职工对企业投入劳动所获得的报酬，主要包括企业为职工在职期间和离职后提供给的所有货币性薪酬和非货币性福利，也包括了企业提供给职工配偶、子女或其他被赡养人的福利等。具体来说，职工薪酬主要包括以下八项内容：

#### （一）职工工资、奖金、津贴和补贴

职工工资、奖金、津贴和补贴是指按照国家统计局的规定构成工资总额的计时工资计件工资、支付给职工的超额劳动报酬和增收节支的劳动报酬、为补偿职工特殊或额外的劳动消耗和其他原因支付给职工的津贴，以及为保证职工工资水平不受物价影响而支付给职工的各种物价补贴等。企业按规定支付给职工的加班工资和加点工资，以及根据国家法律、法规、政策规定，企业在非工作时间，如生病、工伤、产假、计划生育假、探亲假、定期休假、停工学习等期间按照一定标准和比例支付给职工的工资及其他工资也都属于职工薪酬的范围，应在工资总额范畴中核算。

**小提示：**

工资、奖金、津贴和补贴实质上就是指国家统计局原规定的职工工资总额，主要由六个方面组成，即：计时工资、计件工资、奖金、津贴和补贴、加班加点工资和特殊情况下支付的工资。

#### （二）职工福利费

职工福利费是指企业为职工提供的专门用于职工医疗以及其他方面的福利补助，如职工生活困难补助、职工医药费、丧葬补助费、独生子女保健费等。

#### （三）社会保险费

社会保险费是指企业按照国家规定的基准和比例计算，向社会保险经办机构缴纳的医疗保险、养老保险、失业保险、工伤保险、生育保险等社会保险费。同时包括企业以商业保险形式提供给职工的各种保险待遇和根据《企业年金试行办法》、《企业年金基金管理

试行办法》等相关规定计算，向企业年金基金账户管理人缴纳的补充养老保险费。

### （四）住房公积金

住房公积金是指企业按照国家《住房公积金管理条例》规定的基准和比例计算，向住房公积金管理机构缴存的住房公积金。

### （五）工会经费和职工教育经费

工会经费和职工教育经费是指企业为了改善职工的文化生活、提高职工业务素质，根据国家规定的基准和比例，从成本费用中提取的，用于开展工会活动和职工教育经费及职业技能培训。

### （六）非货币性福利

非货币性福利是指企业以自产产品或外购商品发放给职工作为福利、将自身拥有的资产或租赁资产无偿提供给职工使用，以及无偿提供给职工的医疗保健服务、向职工提供企业支付了一定补贴的商品或服务等。

### （七）辞退福利

辞退福利是指企业因解除与职工的劳动关系给予的补偿。在企业与职工签订的劳动合同未到期之前，企业由于实施主辅业分离、辅业改制、分流安置富余人员、重组或改组计划、职工不能胜任等原因，需要提前终止劳动合同而辞退员工，根据劳动合同，企业需要提供一笔资金作为对被辞退员工的补偿，或者为了鼓励职工自愿接受裁减而提出补偿建议的计划中给予职工的经济补偿。

### （八）其他与获得职工提供的服务相关的支出

其他相关支出是指除上面七项薪酬以外与获得职工提供的服务相关的支出，如企业提供给职工以权益形式结算的认股权、以现金形式结算单但以权益工具公允价值为基础确定的现金股票增值权等。

## 二、职工薪酬的分配

职工薪酬费用是企业产品成本的重要组成部分。为了如实反映职工薪酬的内容，便于职工薪酬分配的核算，会计部门应设置“应付职工薪酬”总账账户来总括反映职工薪酬总额的提取、结算、使用和分配情况，并在该总账户下按照“工资”、“职工福利”、“社会保险费”、“住房公积金”、“工会经费”、“职工教育经费”、“非货币性福利”等设置明细账，进行明细核算。为了掌握整个企业职工薪酬结算和支付情况，企业应根据车间、部门分别编制职工薪酬结算单汇总编制职工薪酬结算汇总表，同时据以编制职工薪酬费用分配表。

企业给职工支付薪酬时，大部分企业是以货币形式支付的，也有部分企业在支付货币形式同时，还支付一部分非货币性福利。我们这里主要说明货币性职工薪酬的分配。

对于货币性职工薪酬，企业一般应根据职工提供服务的情况和职工货币薪酬的标准，计算应计入职工薪酬的金额，并编制职工薪酬费用分配表，按职工提供服务的受益对象计入有关的成本、费用账户。具体来说，基本生产车间直接从事产品生产的工人发生的职工薪酬，应由各产品负担计入“基本生产成本”账户的“直接人工”成本项目；辅助车间生产工人发生的职工薪酬，应由辅助车间的产品或劳务承担，计入“辅助生产成本”账户的“直接人工”成本项目；各生产部门管理人员、技术人员等发生的职工薪酬计入“制造费用”账户；其他部门人员的职工薪酬，按照用途分别计入“管理费用”、“销售费用”“在建工程”、“研发支出”等账户。

职工薪酬中占比重比较大的是工资类部分。由于工资的计算形式不同，该部分计入产品成本的方法也不同。

1. 计件工资制下，生产工人的工资与具体产品直接相关，因此，发生时直接计入该种产品的“基本生产成本”账户的“直接人工”成本项目，而对于生产工人的奖金、津贴和补贴等应采用一定的分配标准分配后计入各种产品成本的“直接人工”成本项目。分配方法一般采用直接计入各种产品的生产工人计件工资比例分配。

2. 计时工资制下，如果基本生产车间只生产一种产品，发生的生产工人工资、奖金、津贴和补贴直接计入该产品的“基本生产成本”账户的“直接人工”成本项目；如果基本生产车间生产两种或两种以上的产品，企业应选择一定的比例标准（一般为生产工时或定额工时）分配后计入各产品的“基本生产成本”账户的“直接人工”成本项目。计算公式为：

$$\text{工资费用分配率} = \frac{\text{某车间待分配的生产工人计时工资}}{\text{该车间各种产品实际生产工时(或定额工时)之和}}$$

某产品应分担的计时工资费用 = 该产品实际生产工时（或定额工时）× 费用分配率

**【例2－6】**　秦丰公司201×年1月支付的职工工资134 000元，其中：基本生产车间生产A、B两种产品，两种产品的计件工资分别为6 000元和9 000元，计时工资共计63 000元，车间管理人员工资6 000元，机修车间和供热车间工人工资分别为5 800元、8 200元，行政管理部门人员工资24 000元，销售人员工资12 000元。A、B两种产品本月实际耗用生产工时分别为3 000小时和3 300小时。

按生产工时比例分配如下：计时工资费用分配率 = $\frac{63\ 000}{3\ 000 + 3\ 300} = 10$

A产品应分担的计时工资费用 = 3 000 × 10 = 30 000（元）

B产品应分担的计时工资费用 = 3 300 × 10 = 33 000（元）

编制“职工薪酬（工资）费用分配表”如表2－5所示：

**表 2－5　职工薪酬（工资）费用分配表**

201×年 1 月　　　　金额单位：元

| 应借账户 | | 成本或费用项目 | 直接计入金额 | 分配计入金额 | | | 合计 |
|---|---|---|---|---|---|---|---|
| 总账账户 | 明细账户 | | | 生产工时 | 分配率 | 分配金额 | |
| 基本生产成本 | A 产品 | 直接人工 | 6 000 | 3 000 | | 30 000 | 36 000 |
| | B 产品 | 直接人工 | 9 000 | 3 300 | | 33 000 | 42 000 |
| | 小计 | | 15 000 | 6 300 | 10 | 63 000 | 78 000 |
| 辅助生产成本 | 机修车间 | 直接人工 | 5 800 | | | | 5 800 |
| | 供热车间 | 直接人工 | 8 200 | | | | 8 200 |
| | 小计 | | 14 000 | | | | 14 000 |
| 制造费用 | 基本车间 | 工资费 | 6 000 | | | | 6 000 |
| 管理费用 | | 工资费 | 24 000 | | | | 24 000 |
| 销售费用 | | 工资费 | 12 000 | | | | 12 000 |
| 合计 | | | 71 000 | | | 63 000 | 134 000 |

会计主管：__________　　复核：__________　　制单：__________

根据上述“职工薪酬（工资）费用分配表”，填制转账凭证：

借：基本生产成本——A 产品　　36 000
　　　　　　　——B 产品　　42 000
　　辅助生产成本——机修车间　　5 800
　　　　　　　——供热车间　　8 200
　　制造费用——基本生产车间　　6 000
　　管理费用　　24 000
　　销售费用　　12 000
　　贷：应付职工薪酬——工资　　134 000

除工资以外的其他货币性职工薪酬，国家规定了计提基础和计提比例的职工薪酬项目，企业应当按照规定的计提标准，确定应计入成本费用的职工薪酬，如“五险一金”、工会经费和职工教育经费等就有明确的计提标准。对于国家相关法律法规没有明确规定计提基础和计提比例的职工福利费，企业应根据历史经验数据和自身实际情况，合理预计应付职工薪酬金额和应计入成本费用的薪酬金额。每个资产负债表日，企业应对实际发生的福利费金额和预计的福利费金额进行调整。当期实际发生金额大于预计金额的，应当补提应付职工薪酬；当期实际发生金额小于预计金额的，应当冲回多提的应付职工薪酬。

**【例 2－7】**秦丰公司 201×年 1 月根据企业历史经验数据和自身实际情况，按应付职工薪酬（工资）的 14% 计提职工福利费。按上例资料，企业编制的“职工薪酬（职工福利费）分配表”如下表 2－6 所示：

**表 2-6　职工薪酬（职工福利费）费用分配表**

201×年 10 月　　　　　　　　　　　　　　　　金额单位：元

| 应借账户 | | 成本或费用项目 | 应分配工资费 | 职工福利费的计提比例% | 计提的职工福利费 |
|---|---|---|---|---|---|
| 总账账户 | 明细账户 | | | | |
| 基本生产成本 | A 产品 | 直接人工 | 36 000 | 14 | 5 040 |
| | B 产品 | 直接人工 | 42 000 | 14 | 5 880 |
| | 小计 | | 78 000 | 14 | 10 920 |
| 辅助生产成本 | 机修车间 | 直接人工 | 5 800 | 14 | 812 |
| | 供热车间 | 直接人工 | 8 200 | 14 | 1 148 |
| | 小计 | | 14 000 | 14 | 1 960 |
| 制造费用 | 基本车间 | 工资费 | 6 000 | 14 | 840 |
| 管理费用 | | 工资费 | 24 000 | 14 | 3 360 |
| 销售费用 | | 工资费 | 12 000 | 14 | 1 680 |
| 合计 | | | 134 000 | 14 | 18 760 |

会计主管：__________　　　复核：__________　　　制单：__________

根据上述“职工薪酬（职工福利费）费用分配表”，填制转账凭证：

借：基本生产成本——A 产品　　5 040
　　　　　　　　——B 产品　　5 880
　　辅助生产成本——机修车间　　812
　　　　　　　　——供热车间　　1 148
　　制造费用　　——基本生产车间　　840
　　管理费用　　3 360
　　销售费用　　1 680
　　贷：应付职工薪酬——职工福利　　18 760

**【例 2-8】**　承接【例 2-7】，假定秦丰公司 201×年 1 月根据国家有关规定，结合企业历史经验数据和自身实际情况，按应付职工薪酬（工资）的 28.5% 计提了各种社会保险费，按 8% 计提了住房公积金，按 2% 和 2.5% 计提了工会经费和职工教育经费。按上例资料，企业编制的“职工薪酬（社保及其他费用）分配表”如下表 2-7 所示，根据分配表填制转账凭证：

借：基本生产成本——A 产品　　14 400
　　　　　　　　——B 产品　　16 800
　　辅助生产成本——机修车间　　2 320
　　　　　　　　——供热车间　　3 280
　　制造费用　　——基本生产车间　　2 400

管理费用　　9 600
销售费用　　4 800
贷：应付职工薪酬——社会保险费　　38 190
——住房公积金　　10 720
——工会经费　　2 680
——职工教育经费　　2 010

**表 2－7　职工薪酬（社保及其他费用）分配表**

201×年 1 月　　金额单位：元

| 应借账户 | | 成本或费用项目 | 应分配工资费 | 社会保险费（28.5%） | 住房公积金（8%） | 工会经费（2%） | 教育经费（2.5%） | 合计 |
|---|---|---|---|---|---|---|---|---|
| 总账账户 | 明细账户 | | | | | | | |
| 基本生产成本 | A 产品 | 直接人工 | 36 000 | 10 260 | 2 880 | 720 | 900 | 14 760 |
| | B 产品 | 直接人工 | 42 000 | 11 970 | 3 360 | 840 | 1 050 | 17 220 |
| | 小计 | | 78 000 | 22 230 | 6 240 | 1 560 | 1 950 | 31 980 |
| 辅助生产成本 | 机修车间 | 直接人工 | 5 800 | 1 653 | 464 | 116 | 145 | 2 378 |
| | 供热车间 | 直接人工 | 8 200 | 2 337 | 656 | 164 | 205 | 3 362 |
| | 小计 | | 14 000 | 3 990 | 1 120 | 280 | 350 | 5 740 |
| 制造费用 | 基本车间 | 工资费 | 6 000 | 1 710 | 480 | 120 | 150 | 2 460 |
| 管理费用 | | 工资费 | 24 000 | 6 840 | 1 920 | 480 | 600 | 9 840 |
| 销售费用 | | 工资费 | 12 000 | 3 420 | 960 | 240 | 300 | 4 920 |
| 合计 | | | 134 000 | 38 190 | 10 720 | 2 680 | 3 350 | 54 940 |

会计主管：＿＿＿＿　　复核：＿＿＿＿　　制单：＿＿＿＿

**小提示：**

企业提取的职工福利费主要用于职工医药费、医务经费、职工因工负伤赴外地就医路费、职工生活困难补助、丧葬补助费、独生子女保健费等。企业实际发生这些费用时，应由计提的职工福利费开支，不再计入成本、费用，以避免重复计算。

## 实务操作

祥瑞公司 201×年 7 月份发生工资资料如下。并根据应付职工薪酬的 14% 计提职工福利费。企业共生产甲乙丙三种产品，其中甲乙产品由第一车间生产，丙产品由第二车间生产；产品产量分别为甲：3 000 件，乙：2 000 件，丙：5 000 件。工时定额分别为甲：8 小时，乙：6 小时，丙：4 小时；各车间基本生产工人工资为一车间 630 000 元，第二车间基本生产工人工资 250 000 元；其他管理、销售人员工资如下表所示。

**职工薪酬（工资、福利费）分配表**

201×年7月　　　　金额单位：元

<table>
<tr><th colspan="2"></th><th colspan="5">应付职工薪酬（工资）</th><th>职工福利费(14%)</th><th rowspan="2">合计</th></tr>
<tr><th>总账</th><th>明细科目</th><th>分配标准（工时）</th><th>分配率</th><th>基本生产工人工资</th><th>管理人员工资</th><th>工资合计</th><th>金额</th></tr>
<tr><td rowspan="4">基本生产成本</td><td>甲产品</td><td></td><td>–</td><td></td><td></td><td></td><td></td><td></td></tr>
<tr><td>乙产品</td><td></td><td>–</td><td></td><td></td><td></td><td></td><td></td></tr>
<tr><td>小计</td><td></td><td></td><td></td><td></td><td></td><td></td><td></td></tr>
<tr><td>丙产品</td><td></td><td>–</td><td></td><td></td><td></td><td></td><td></td></tr>
<tr><td rowspan="3">辅助生产成本</td><td>机修</td><td></td><td></td><td>20 000</td><td></td><td></td><td></td><td></td></tr>
<tr><td>供热</td><td></td><td></td><td>40 000</td><td></td><td></td><td></td><td></td></tr>
<tr><td>小计</td><td></td><td></td><td>60 000</td><td></td><td></td><td></td><td></td></tr>
<tr><td rowspan="5">制造费用</td><td>一车间</td><td></td><td></td><td></td><td>8 000</td><td></td><td></td><td></td></tr>
<tr><td>二车间</td><td></td><td></td><td></td><td>5 000</td><td></td><td></td><td></td></tr>
<tr><td>机修</td><td></td><td></td><td></td><td>3 000</td><td></td><td></td><td></td></tr>
<tr><td>供热</td><td></td><td></td><td></td><td>2 800</td><td></td><td></td><td></td></tr>
<tr><td>小计</td><td></td><td></td><td></td><td>18 800</td><td></td><td></td><td></td></tr>
<tr><td colspan="2">管理费用</td><td></td><td></td><td></td><td>45 000</td><td></td><td></td><td></td></tr>
<tr><td colspan="2">营业费用</td><td></td><td></td><td></td><td>115 000</td><td></td><td></td><td></td></tr>
<tr><td colspan="2">合计</td><td></td><td></td><td></td><td></td><td></td><td></td><td></td></tr>
</table>

要求：填表并编制转账凭证。

## 知识链接 2—2

### 计时工资的计算

在实行计时工资条件下，企业每月应付职工的计时工资，通常根据上月考勤记录登记的职工出、缺勤日数，按照每人的工资标准进行计算。我国计时工资一般采用月工资制。应付计时工资的计算通常可以采用以下两种方式：

①日薪制：应付计时工资 = 出勤日数 × 日工资率

② 月薪制：应付计时工资 = 月工资标准 – 缺勤日数 × 日工资率

日工资率是指每日平均的工资额。其计算方法如下：

$$日工资率 = \frac{月标准工资}{20.83\text{ 天或 }30\text{ 天}}$$

计算时应该注意的几个问题：

① 日工资率的计算可以采用20.83（365－52×2－11）÷12＝20.83天或30天计算，而实务中更多采用的是20.83天。

② 若日工资率的计算是按照20.83来计算时，意味着休假日和法定节日不付工资，职工缺勤期间遇有休假日和法定节日也不扣工资。

③ 若日工资率的计算是按照30天计算的，则意味着休假日和法定节日也支付工资，缺勤期间的休假日和法定节日也包括在内照扣工资。

企业应付职工薪酬中的工资总额，可采用以下方法计算：

① 应付职工薪酬（工资）＝出勤日数×日工资率＋奖金＋津贴和补贴＋加班加点工资＋特殊情况下支付全额工资的日数×日工资率＋病假日数×日工资率×病假应发工资比例。

② 应付工资薪酬（工资）＝月工资标准－事假或旷工日数×日工资率－病假日数×日工资率×病假应减工资比例＋奖金＋津贴和补贴＋加班加点工资。

## 知识链接2—3

### 非货币性职工薪酬的核算

非货币性职工薪酬应当区分具体情况进行处理：

1. 企业以自产产品或外购商品发放给职工作为非货币性福利的，应当根据受益对象，按照产品的公允价值和相关税费，计入相关成本费用或当期损益，同时确认应付职工薪酬。

企业决定发放非货币性福利时：

借：基本生产成本

　　制造费用

　　管理费用等

　　贷：应付职工薪酬——非货币性福利

实际发放非货币性福利时：

借：应付职工薪酬

　　贷：主营业务收入

　　　　应交税费——应交增值税（销项税额）

借：主营业务成本

　　贷：库存商品

2. 将拥有的房屋等资产提供给职工无偿使用，或租赁住房等资产无偿给职工使用的，企业应按照受益对象，将住房每期应计提的折旧计入相关资产成本费用，同时确认应付职工薪酬；租赁住房等资产供职工无偿使用的，应根据受益对象，将每期应付租金计入相关资产成本费用，同时确认应付职工薪酬。难以认定受益对象的，直接计入当期损益 。另外，辞退福利与产品成本计算无关，发生时直接计入当期损益“管理费用”账户。

借：基本生产成本
　　制造费用
　　管理费用等
　　贷：应付职工薪酬——非货币性福利
借：应付职工薪酬——非货币性福利
　　贷：累计折旧
　　其他应付款等

## 子任务四　其他费用归集与分配

### 一、折旧费用的归集和分配

固定资产在长期使用过程中会不断地发生损耗，无论是有形损耗还是无形损耗，它们都会减少的固定资产价值，而减少的这部分价值最终都以折旧费的形式计入了产品成本或相关费用。由于企业各生产单位或部门使用固定资产的用途不同，因此，核算时先按照固定资产的使用车间、部门等进行归集，然后采用一定的分配方法计入各有关的产品成本和费用账户。固定资产折旧费用的归集和分配通常是通过编制“固定资产折旧计算分配表”形式进行的。

**【例 2 –9】**　秦丰公司 201 × 年 1 月“固定资产折旧计算分配表”如下表 2 – 8 所示：

**表 2 – 8　固定资产折旧计算分配表**

201 × 年 1 月　　金额单位：元

| 应借账户 | 使用单位 | 上月折旧额 | 上月增加折旧额 | 上月减少折旧额 | 本月应计折旧额 |
|---|---|---|---|---|---|
| 制造费用 | 基本生产车间 | 20 000 | 2 000 | 1 500 | 20 500 |
| 辅助生产成本 | 机修车间 | 2 000 | 500 | | 2 500 |
| | 供热车间 | 1 500 | | 300 | 1 200 |
| | 小计 | 3 500 | 500 | 300 | 3 700 |
| 管理费用 | 行政管理部门 | 3 800 | 600 | 400 | 4 000 |
| 销售费用 | 专设销售机构 | 2 600 | | 300 | 2 300 |
| 合计 | | 29 900 | 3 100 | 2 500 | 30 500 |

会计主管：__________　　复核：__________　　制单：__________

根据表 2 – 8“固定资产折旧计算分配表”，填制转账凭证：

借：制造费用　　——基本生产车间　　20 500
　　辅助生产成本——机修车间　　2 500
　　　　　　　　——供热车间　　1 200
　　管理费用　　4 000

销售费用　　2 300
贷：累计折旧　　30 500

**小提示：**

企业在编制“固定资产折旧计算分配表”时应遵循固定资产计提折旧的范围和起止时间的规定。计提范围：除了已提足折旧仍然继续使用的固定资产及按规定单独作为固定资产入账的土地不计提折旧费外，其他所有已达到可使用状态的在账固定资产均要计提折旧。起止时间：当月增加的固定资产，当月不提折旧，从下月起计提折旧；当月减少的固定资产，当月照提折旧，从下月起不提折旧。

## 二、其他费用的归集和分配

其他费用主要是指除了本项目前述的几大要素费用外的费用，包括利息费用、税金和办公费、邮电费、租赁费、印刷费、报刊费、差旅费、保险费、修理费、劳动保护费、运输费、业务招待费等。这些费用种类繁多，业务发生比较频繁，但数额不大，一般在发生时，按费用发生的车间、部门和用途归类，分别借记“制造费用”、“辅助生产成本”、“管理费用”、“销售费用”等账户，贷记“库存现金”、“银行存款”等账户。其中属于产品成本的这类费用，也没有专设的成本项目，因此，发生时一般计入“制造费用”账户，辅助生产部门发生的，若车间未单设“制造费用”账户则计入“辅助生产成本”账户。其他不计入成本的这类费用，发生时计入“财务费用”、“管理费用”、“销售费用”等有关账户。

### 知识链接 2—4

#### 要素费用中的利息费用与税金处理

1. 利息费用的处理

要素费用中的利息费用应计入财务费用，不够成产品成本。利息费用一般按季支付、按月预提。按月预提时，借记“财务费用”账户，贷记“应付利息”账户；按季支付时，借记“应付利息”账户，贷记“银行存款”账户。

2. 相关税金的处理

要素费用中的税金主要是指印花税、房产税、车船使用税、土地使用税等，这些税金也不构成产品成本，而是管理费用的组成内容。印花税在购买时直接借记“管理费用”账户，贷记“库存现金”或“银行存款”等账户；对于需要预先计算应交税金的房产税、车船使用税、土地使用税等，计算应交税金时，借记“管理费用”账户，贷记“应交税费”账户，缴纳税金时，借记“应交税费”账户，贷记“银行存款”账户。

**【例 2－10】**　秦丰公司 201×年 1 月以银行存款支付修理费 8 600 元、办公费 3 2500 元。现编制“其他费用分配表”如下表 2－9 所示：

表 2 – 9　其他费用分配表

201×年 1 月　　　　金额单位：元

| 应借账户 | | 成本或费用项目 | | 合计 |
|---|---|---|---|---|
| 总账账户 | 明细账户 | 修理费 | 办公费 | |
| 辅助生产成本 | 机修车间 | 950 | 278 | 1 228 |
| | 供热车间 | 1 150 | 330 | 1 480 |
| | 小计 | 2 100 | 608 | 2 710 |
| 制造费用 | 基本生产车间 | 3 500 | 520 | 4 020 |
| 管理费用 | | 1 200 | 1 620 | 2 820 |
| 销售费用 | | 1 800 | 750 | 2 550 |
| 合计 | | 8 600 | 3 498 | 12 098 |

会计主管：__________　　复核：__________　　制单：__________

根据表 2 – 9 “其他费用分配表”，填制转账凭证：

借：制造费用　　——基本生产车间　　4 020
　　辅助生产成本——机修车间　　1 228
　　　　　　　　——供热车间　　1 480
　　管理费用　　2 820
　　销售费用　　2 550
　　贷：银行存款　　12 098

**小思考：**

社会保险费的内容有哪些？你知道企业缴纳的哪些税金应计入管理费用？

# 任务二　核算综合费用

通过前面任务的完成，我们已经将企业发生的各种要素费用按照部门、用途归集和分配到了基本生产成本、辅助生产成本、制造费用以及相关的期间费用总账和明细账中，在此基础上，就需要继续将归集在辅助生产成本和制造费用等账户中的金额按照受益对象进行分配，以真实、完整地反映本期应计入产品成本的生产费用。

## 子任务一　辅助生产费用的归集与分配

案例资料：惠利公司有两个辅助生产车间，分别向全公司提供机修和供热劳务，两个辅助车间也互相提供劳务，且用量较大。成本核算员王斌为了简化核算工作量，决定将各辅助车间归集的费用一次性分配给辅助车间以外的受益对象，直接计入基本生产成本、制造费用、管理费用等账户。你认为王斌的做法合适吗？如果你是这个公司的成本核算员，请提出理想的处理方法。

## 一、辅助生产费用的归集

辅助生产是指为基本生产和行政管理等部门提供产品和劳务的生产。辅助生产包括产品性的辅助生产和劳务性的辅助生产两种类型，产品性的辅助生产提供的产品主要包括工具、模具、修理用备件等；而劳务性的辅助生产提供的劳务主要有供电、供水、供气、运输 、修理等。辅助生产车间在提供这些产品和劳务过程中会发生各种各样的耗费，如原材料费、职工薪酬、折旧费、修理费、办公费、水电费等，这些耗费之和就构成了辅助生产成本。对于耗用这些产品和劳务的基本生产车间和管理部门来说，这些辅助车间的产品和劳务成本又是一种耗费，即辅助生产费用。

辅助生产费用应按车间及产品和劳务的类别来归集，归集的过程实质上就是辅助生产产品和劳务的计算过程。企业为了归集所发生的辅助生产费用，应设置“辅助生产成本”账户，按辅助车间及其生产的产品、劳务种类设置明细账，并按成本项目或费用项目设立专栏进行明细核算。在只生产一种产品或提供一种劳务的辅助生产车间，其所发生的一切耗费均属于直接计入费用，发生时直接计入“辅助生产成本”相关产品或劳务明细账的成本项目。在提供多种产品或劳务的辅助生产车间，能分清由具体产品或劳务负担的费用，发生时直接计入该种产品或劳务的辅助生产明细账；不能分清需由两个或两个以上的产品或劳务负担的共同费用，应先按辅助生产车间分别归集，然后再采用适当的分配标准和方法在各受益对象之间分配，分别计入“辅助生产成本”相关产品或劳务明细账的成本项目。辅助生产费用的归集程序按照是否设置“制造费用——辅助生产车间”明细账，可分为两种不同的方法。

### （一）单独设置“制造费用——辅助生产车间”明细账的归集程序

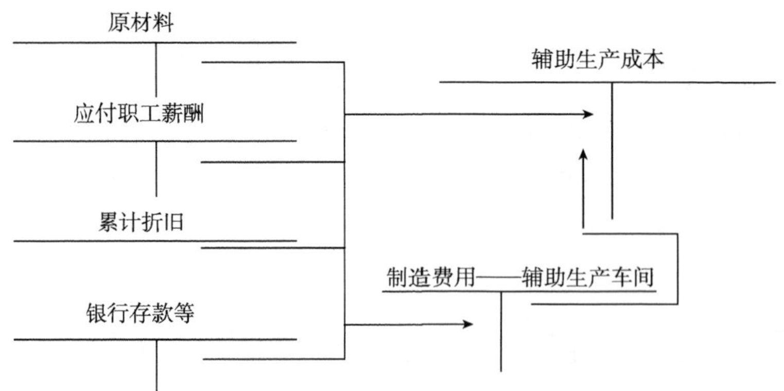


若辅助生产规模较大，制造费用较多，对外提供产品、劳务情况下，企业一般单独设置“制造费用——辅助生产车间”明细账来归集辅助生产车间发生的制造费用。此种情况

下，辅助生产费用的归集可以比照基本生产车间一样处理。

### （二）不单独设置“制造费用——辅助生产车间”明细账的归集程序

若辅助生产车间规模较小，制造费用较少，又不对外提供产品、劳务情况，企业可不单独设置“制造费用——辅助生产车间”明细账来归集辅助生产车间发生的制造费用，而是将辅助生产过程中发生的制造费用直接计入“辅助生产成本”账户。此种情况下，辅助生产费用的归集可以比照基本生产车间一样处理。

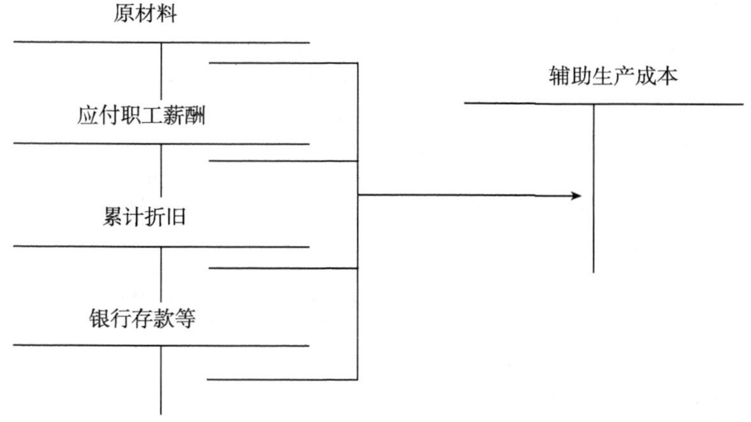


前述秦丰公司辅助生产车间未单独设置“制造费用——机修车间”和“制造费用——供热车间”账户，两个辅助生产车间发生的费用都直接计入了“辅助生产成本——机修车间”和“辅助生产成本——供热车间”明细账中，具体归集登记内容如表2－10和表2－11所示。

**表2－10　辅助生产成本明细账**

车间名称：机修车间　　　　单位：元

| 201×年 | | 凭证字号 | 摘要 | 直接材料 | 燃料动力 | 职工薪酬 | 折旧费 | 修理费用 | 办公费 | 合计 |
|---|---|---|---|---|---|---|---|---|---|---|
| 月 | 日 | | | | | | | | | |
| 1 | 31 | 略 | 材料费用分配表（表2－2） | 8 500 | | | | | | 8 500 |
| | 31 | | 燃料费用分配表（表2－3） | | 3 500 | | | | | 3 500 |
| | 31 | | 动力费用分配表（表2－4） | | 3 840 | | | | | 3 840 |
| | 31 | | 职工薪酬工资分配表（表2－5） | | | 5 800 | | | | 5 800 |
| | 31 | | 职工薪酬福利费分配表（表2－6） | | | 812 | | | | 812 |
| | 31 | | 职工薪酬社保分配表（表2－7） | | | 2 320 | | | | 2 320 |
| | 31 | | 折旧费用计算表（表2－8） | | | | 2 500 | | | 2 500 |
| | 31 | | 其他费用分配表（表2－9） | | | | | 950 | 278 | 1 228 |
| | 31 | | 合计 | 8 500 | 7 340 | 8 932 | 2 500 | 950 | 278 | 28 500 |

**表 2-11 辅助生产成本明细账**

车间名称：供热车间　　　　　　　　　　　　　　　　　　　　单位：元

| 201×年 | | 凭证字号 | 摘要 | 直接材料 | 燃料动力 | 职工薪酬 | 折旧费 | 修理费用 | 办公费 | 合计 |
|---|---|---|---|---|---|---|---|---|---|---|
| 月 | 日 | | | | | | | | | |
| 1 | 31 | 略 | 材料费用分配表（表 2-2） | 8 800 | | | | | | 8 800 |
| | 31 | | 燃料费用分配表（表 2-3） | | 19 732 | | | | | 19 732 |
| | 31 | | 动力费用分配表（表 2-4） | | 8 960 | | | | | 8 960 |
| | 31 | | 职工薪酬工资分配表（表 2-5） | | | 8 200 | | | | 8 200 |
| | 31 | | 职工薪酬福利费分配表（表 2-6） | | | 1 148 | | | | 1 148 |
| | 31 | | 职工薪酬社保分配表（表 2-7） | | | 3 280 | | | | 3 280 |
| | 31 | | 折旧费用计算表（表 2-8） | | | | 1 200 | | | 1 200 |
| | 31 | | 其他费用分配表（表 2-9） | | | | | 1 150 | 330 | 1 480 |
| | 31 | | 合计 | 8 800 | 28 692 | 12 628 | 1 200 | 1 150 | 330 | 52 800 |

## 二、辅助生产费用的分配

辅助生产费用的分配，是指将归集在各“辅助生产成本”明细账的借方金额，采用一定的分配标准和方法，分配到各受益对象，计入相关成本和费用的过程。由于辅助生产有产品性和劳务性两种类型，其分配转出的程序和方法也就各不相同。若是提供工具、模具等产品性的辅助生产，在产品完工时，应从“辅助生产成本”账户的贷方转入“周转材料”、“原材料”等账户的借方，结转程序和方法类似于基本生产车间产品成本的计算和结转；若是提供修理、水、电、汽、运输等劳务性的辅助生产，应将归集的费用按照适当的方法在各受益单位之间进行分配，从“辅助生产成本”账户的贷方转入“基本生产成本”、“制造费用”、“管理费用”、“销售费用”等账户的借方，一般是通过编制辅助生产费用分配表进行分配。

辅助生产费用的分配是一个比较复杂的过程，分配时应遵循谁受益谁承担的原则，选择既要简便又要合理的方法进行分配。分配辅助生产费用的方法很多，主要有直接分配法、交互分配法、代数分配法、计划分配法和顺序分配法等。

### （一）直接分配法

直接分配法是指将归集在“辅助生产成本”明细账借方的金额，直接在辅助生产车间以外的各受益单位进行分配，辅助生产车间互相提供和耗用的劳务忽略不考虑，辅助生产车间之间不相互分配费用，既不转入，也不转出。计算公式如下：

$$\text{某辅助车间费用分配率} = \frac{\text{该辅助车间待分配的费用总额}}{\text{该辅助车间对外提供好的劳务总量}}$$

某受益对象应分配的费用 = 该受益对象耗用的劳务数量 × 辅助生产费用分配率

**小提示：**

直接分配法的特点：不考虑内部提供劳务情况；全部费用都直接对外分配。即费用分配只对外，不对内。

**【例 2-11】** 秦丰公司 201×年 1 月机修车间发生的费用总额为 28 500 元（见表 2-10），供热车间的费用总额为 52 800 元（见表 2-11）。根据"辅助生产车间提供劳务量汇总表"采用直接分配法分配各辅助生产车间的费用。两个辅助车间本月提供的劳务情况如下表：

**表 2-12　辅助生产车间提供劳务量汇总表**

201×年 1 月

| 耗用单位 | | 劳务项目 | |
|---|---|---|---|
| | | 修理（工时） | 蒸汽（$m^3$） |
| 辅助生产车间 | 机修车间 | | 4 000 |
| | 供热车间 | 500 | |
| 基本生产车间 | | 2 150 | 17 500 |
| 行政管理部门 | | 350 | 2 500 |
| 合计 | | 3 000 | 24 000 |

制表：郭伟

分配过程如下：

机修车间费用分配率 = $\frac{28\ 500}{2\ 500}$ = 11.40

基本车间应负担的费用 = 2 150 × 11.40 = 24 510（元）

管理部门应负担的费用 = 350 × 11.40 = 3 990（元）

供热车间费用分配率 = $\frac{52\ 800}{20\ 000}$ = 2.64

基本车间应负担的费用 = 17 500 × 2.64 = 46 200（元）

管理部门应负担的费用 = 2 500 × 2.64 = 6 600（元）

根据计算结果编制"辅助生产费用分配表（直接分配法）"如表 2-13 所示：

**表 2-13　辅助生产费用分配表**

201×年 1 月　　　　金额单位：元

| 项目 / 数量和金额 / 辅助生产 | 机修车间 | 供热车间 | 合计 |
|---|---|---|---|
| 待分配的辅助生产费用 | 28 500 | 52 800 | 81 300 |

续表

| 项目 \ 数量和金额 \ 辅助生产 | | | 机修车间 | 供热车间 | 合计 |
|---|---|---|---|---|---|
| 提供给辅助车间以外的劳务量 | | | 2 500 | 20 000 | |
| 费用分配率 | | | 11.40 | 2.64 | |
| 受益单位 | 基本车间 | 受益数量 | 2 150 | 17 500 | |
| | | 分配金额 | 24 510 | 46 200 | 70 710 |
| | 管理部门 | 受益数量 | 350 | 2 500 | |
| | | 分配金额 | 3 990 | 6 600 | 10 590 |
| 分配金额合计 | | | 28 500 | 52 800 | 81 300 |

会计主管：__________　　复核：__________　　制单：__________

根据表 2－13 编制转账凭证，所做会计分录如下：

借：制造费用——基本生产车间　　70 710
　　管理费用　　10 590
　　贷：辅助生产成本——机修车间　　28 500
　　　　　　　　　——供热车间　　52 800

采用直接分配法分配辅助生产费用时，它仅是对外一次分配，因此计算工作简便。但由于分配时没有考虑辅助生产车间之间互相提供劳务的情况，费用分配的金额不够全面，计算结果也就不够客观，准确性差一些。因此，该种方法适用于辅助车间之间互相提供劳务不多的情况。

### （二）交互分配法

交互分配法是指在分配辅助生产费用时，首先将各辅助车间发生的费用，在受益的辅助车间之间进行分配，然后在此基础上，将各辅助生产车间交互分配后的实际生产费用直接分配给辅助车间以外的其他受益部门的一种分配方法。

**小提示：**

分配两次：先对内（即交互分配），后对外。

交互分配法的分配步骤：

1. 对内分配：（交互分配）

$$某辅助生产车间费用交互分配率=\frac{该辅助生产车间待分配费用总额}{该辅助生产车间提供的劳务总量}$$

某辅助生产车间应分配转入的费用

＝该辅助生产车间耗用其他辅助车间的劳务量×其他辅助生产车间交互分配率

某辅助生产车间分配转出的费用

=其他辅助生产车间耗用本辅助车间的劳务量×本辅助生产车间交互分配率

2. 对外分配：

某辅助生产车间对外分配费用额（即交互分配后的实际费用）

=该辅助生产车间待分配费用总额+交互分配转入费用-交互分配转出费用

$$某辅助生产车间对外费用分配率=\frac{该辅助生产车间对外分配费用额}{该辅助生产车间对外提供的劳务总量}$$

某受益部门应分担的辅助生产费用

=该部门耗用的某辅助生产劳务×该辅助生产车间的对外费用分配率

**【例2-12】** 秦丰公司201×年1月机修车间发生的费用总额为28 500元，供热车间的费用总额为52 800元。两个辅助生产车间本月提供的劳务情况如表2-12所示。

要求：采用交互分配法，分配机修和供热两个车间的生产费用。

计算过程如下：

1. 对内分配：（交互分配）

（1）机修车间费用交互分配率 $=\frac{28\ 500}{3\ 000}=9.5$

供热车间费用交互分配率 $=\frac{52\ 800}{24\ 000}=2.2$

（2）机修车间应分配转入的蒸汽费用（即供热车间分配转出的费用）

=4 000×2.2=8 800（元）

（3）机修车间分配转出的修理费用（即供热车间分配转入的费用）

=500×9.5=4 750（元）

2. 对外分配：

（1）机修车间交互分配后的实际费用=28 500+8 800-4 750=32 550（元）

供热车间交互分配后的实际费用=52 800+4 750-8 800=48 750（元）

（2）机修车间对外费用分配率 $=\frac{32\ 550}{3000-500}=13.02$

供热车间对外费用分配率 $=\frac{48\ 750}{24000-4000}=2.4375$

（3）基本生产车间负担的修理费用=2 150×13.02=27 993（元）

基本生产车间负担的蒸汽费用=17 500×2.4375=42 656.25（元）

行政管理部门负担的修理费用=350×13.02=4 557（元）

行政管理部门负担的蒸汽费用=2 500×2.4375=6 093.75（元）

根据计算结果编制“辅助生产费用分配表（交互分配法）”如表2-14所示：

**表 2－14　辅助生产费用分配表**

201×年 1 月　　　　金额单位：元

<table>
<tr><td colspan="4">项目</td><td colspan="3">交互分配</td><td colspan="3">对外分配</td></tr>
<tr><td colspan="4">辅助生产车间</td><td>机修车间</td><td>供热车间</td><td>合计</td><td>机修车间</td><td>供热车间</td><td>合计</td></tr>
<tr><td colspan="4">待分配的辅助生产费用</td><td>28 500</td><td>52 800</td><td>81 300</td><td>32 550</td><td>48 750</td><td>81 300</td></tr>
<tr><td colspan="4">提供的劳务总量</td><td>3 000</td><td>24 000</td><td></td><td>2 500</td><td>20 000</td><td></td></tr>
<tr><td colspan="4">费用分配率</td><td>9.50</td><td>2.20</td><td></td><td>13.02</td><td>2.4375</td><td></td></tr>
<tr><td rowspan="8">受益单位</td><td rowspan="4">辅助生产车间</td><td rowspan="2">机修车间</td><td>受益数量</td><td></td><td>4 000</td><td>4 000</td><td></td><td></td><td></td></tr>
<tr><td>分配金额</td><td></td><td>8 800</td><td>8 800</td><td></td><td></td><td></td></tr>
<tr><td rowspan="2">供热车间</td><td>受益数量</td><td>500</td><td></td><td>500</td><td></td><td></td><td></td></tr>
<tr><td>分配金额</td><td>4 750</td><td></td><td>4 750</td><td></td><td></td><td></td></tr>
<tr><td rowspan="2">基本车间</td><td colspan="2">受益数量</td><td></td><td></td><td></td><td>2 150</td><td>17 500</td><td></td></tr>
<tr><td colspan="2">分配金额</td><td></td><td></td><td></td><td>27 993</td><td>42 656.25</td><td>70 649.25</td></tr>
<tr><td rowspan="2">管理部门</td><td colspan="2">受益数量</td><td></td><td></td><td></td><td>350</td><td>2 500</td><td></td></tr>
<tr><td colspan="2">分配金额</td><td></td><td></td><td></td><td>4 557</td><td>6 093.75</td><td>10 650.75</td></tr>
<tr><td colspan="4">分配金额合计</td><td></td><td></td><td></td><td>32 550</td><td>48 750</td><td>81 300</td></tr>
</table>

会计主管：＿＿＿＿　　复核：＿＿＿＿　　制单：＿＿＿＿

根据表 2－14 填制转账凭证，做会计分录如下：

交互分配：

借：辅助生产成本——供热车间　　4 750

　　　　　　　　——机修车间　　8 800

　　贷：辅助生产成本——机修车间　　4 750

　　　　　　　　　　——供热车间　　8 800

对外分配：

借：制造费用——基本生产车间　　70 649.25

　　管理费用　　10 650.75

　　贷：辅助生产成本——机修车间　　32 550

　　　　　　　　　　——供热车间　　48 750

采用交互分配法分配辅助生产费用，由于先要对各辅助车间之间互相提供劳务进行交互分配，因此，分配结果比较准确、客观，但辅助生产费用经过两次分配，在辅助车间较多时，增大了计算的工作量。该种方法一般适用于各辅助生产车间之间相互提供劳务较多的企业。

**小思考：**

直接分配法与交互分配法在计算分配率上有什么区别?

比较两种分配方法在填制转账凭证时有什么不同?

### （三）代数分配法

代数分配法是指运用多元一次方程组的原理，计算出各辅助生产车间单位劳务（或产品）的实际成本，再按照辅助生产车间为各受益单位提供的劳务量分配辅助生产费用的一种方法。

**【例2-13】** 秦丰公司201×年1月机修车间发生的费用总额为28 500元，供热车间的费用总额为52 800元。两个辅助生产车间本月提供的劳务情况如表2-12所示。

要求：采用代数分配法，分配机修和供热两个车间的生产费用。

假设机修车间每个修理工时成本为x，供热车间每方蒸汽的成本为y，则：

$28\,500 + 4\,000y = 3\,000x$

$52\,800 + 500x = 24\,000y$

求解得：$x = 12.788571$

$y = 2.466429$

根据计算结果编制“辅助生产费用分配表（代数分配法）”如表2-15所示：

**表2-15　辅助生产费用分配表**

201×年1月　　　　金额单位：元

| 项目 | | | | 机修车间 | 供热车间 | 合计 |
|---|---|---|---|---|---|---|
| 待分配的辅助生产费用 | | | | 28 500 | 52 800 | 81 300 |
| 提供的劳务总量 | | | | 3 000 | 24 000 | |
| 费用分配率 | | | | 12.788571 | 2.466429 | |
| 受益单位 | 辅助生产车间 | 机修车间 | 受益数量 | | 4 000 | |
| | | | 分配金额 | | 9 865.72 | 9 865.72 |
| | | 供热车间 | 受益数量 | 500 | | |
| | | | 分配金额 | 6 394.29 | | 6 394.29 |
| | 基本车间 | 受益数量 | | 2 150 | 17 500 | |
| | | 分配金额 | | 27 495.43 | 43 162.50 | 70 657.93 |
| | 管理部门 | 受益数量 | | 350 | 2 500 | |
| | | 分配金额 | | 4 476 | 6 166.07 | 10 642.06 |
| 分配金额合计 | | | | 38 365.72 | 59 194.29 | 97 560.01 |

会计主管：＿＿＿＿　　复核：＿＿＿＿　　制单：＿＿＿＿

根据表2-15编制转账凭证，所做会计分录如下：

借：辅助生产成本——供热车间　　6 394.29
　　　　　　　　——机修车间　　9 865.72
　　制造费用——基本生产车间　　70 657.93
　　管理费用　　10 642.06
　　贷：辅助生产成本——机修车间　　38 365.72
　　　　　　　　　　——供热车间　　59 194.29

采用代数分配法分配辅助生产费用，分配结果最准确。但在分配时需要求解多元一次方程，在辅助生产车间较多情况下，需要设置的未知数较多，则计算工作就比较复杂，因此这种分配方法适用于已经实行会计电算化的企业。

**小思考：**

上表 2－15 中的辅助生产费用分配金额合计值为 97 560.01 元，比机修车间和供热车间的待分配费用合计 81 300 元多出 16 260.01 元，请说说多出的理由。

### （四）顺序分配法

顺序分配法是将辅助生产车间按照受益多少的顺序排列，受益少的排在前，先分配费用，受益多的排在后，后分配费用。分配时，排在前面的辅助生产车间将费用分配给排在后的辅助车间和其他受益部门，排在后的辅助生产车间将其已归集费用加上前面辅助车间分配转入的费用再分配给其后的辅助车间和其他受益部门，一直到最后一个车间分配结束。

采用顺序分配法分配辅助生产费用，各辅助生产车间不需要进行交互分配，只给排在后的辅助生产车间和其他受益部门进行一次分配，因此计算比较简单，但分配结果没有交互法分配法准确。这种分配方法一般适用于辅助生产车间较多、辅助车间之间相互提供劳务金额相差较大、各车间之间受益程度有明显顺序的企业。

**小提示：**

1. 分配特点：排在前面的分配给排在后面的，排在后面的不再分配给排在前面的。
2. 排列顺序：按照受益金额的多少从小到大排序，而不是受益数量的大小。

**【例 2－14】**　秦丰公司 201×年 1 月机修车间发生的费用总额为 28 500 元，供热车间的费用总额为 52 800 元。两个辅助生产车间本月提供的劳务情况如表 2－12 所示。

要求：采用顺序分配法，分配机修和供热两个车间的生产费用。

根据前面的分析计算得知，供热车间的受益金额为：$\frac{28\ 500}{3\ 000}\times 500 = 4\ 750$ 元，机修车间的受益金额为：$\frac{52\ 800}{24\ 000}\times 4\ 000 = 8\ 800$ 元，所以供热车间受益少先分配，机修车间受益多后分配，按此方法编制“辅助生产费用分配表（顺序分配法）”如下表2－16，并根据表2－16编制转账凭证，所做会计分录如下：

借：辅助生产成本——机修车间　　8 800
　　制造费用——基本生产车间　　70 578
　　管理费用　　10 722
　　贷：辅助生产成本——机修车间　　37 300
　　　　　　　　　　——供热车间　　52 800

**表2－16　辅助生产费用分配表**

201×年1月　　　　金额单位：元

<table>
<tr><th colspan="3">项目</th><th>供热车间</th><th>机修车间</th><th>合计</th></tr>
<tr><td colspan="3">待分配的辅助生产费用</td><td>52 800</td><td>28 500</td><td>81 300</td></tr>
<tr><td colspan="3">提供的劳务总量</td><td>24 000</td><td>3 000</td><td></td></tr>
<tr><td rowspan="6">辅助生产车间</td><td rowspan="3">供热车间</td><td>劳务量</td><td>24 000</td><td></td><td></td></tr>
<tr><td>分配金额</td><td>52 800</td><td></td><td></td></tr>
<tr><td>分配率</td><td>2.20</td><td></td><td></td></tr>
<tr><td rowspan="3">机修车间</td><td>劳务量</td><td></td><td>2 500</td><td></td></tr>
<tr><td>分配金额</td><td></td><td>37 300</td><td></td></tr>
<tr><td>分配率</td><td></td><td>14.92</td><td></td></tr>
<tr><td rowspan="6">受益单位</td><td rowspan="2">机修车间</td><td>受益数量</td><td>4 000</td><td></td><td></td></tr>
<tr><td>分配金额</td><td>8 800</td><td></td><td>8 800</td></tr>
<tr><td rowspan="2">基本车间</td><td>受益数量</td><td>17 500</td><td>2 150</td><td></td></tr>
<tr><td>分配金额</td><td>38 500</td><td>32 078</td><td>70 578</td></tr>
<tr><td rowspan="2">管理部门</td><td>受益数量</td><td>2 500</td><td>350</td><td></td></tr>
<tr><td>分配金额</td><td>5 500</td><td>5 222</td><td>10 722</td></tr>
<tr><td colspan="3">分配金额合计</td><td>52 800</td><td>37 300</td><td>90 100</td></tr>
</table>

会计主管：＿＿＿＿＿　　复核：＿＿＿＿＿　　制单：＿＿＿＿＿

## （五）计划成本分配法

计划成本分配法是指在分配辅助生产车间所归集的费用时，根据事先所确定的计划单位成本和其他辅助车间、部门实际耗用的劳务量，在各受益单位进行分配，再将按计划成本分配的辅助生产费用与实际的辅助生产费用之间的差额，在辅助生产车间以外的各受益部门进行分配，若差额较小，为简化计算，也可以一次列入“管理费用”账户。

**小提示：**

各辅助生产车间实际费用＝本辅助生产车间归集的费用＋其他辅助车间按计划成本分配转入的费用。

计划成本分配法特点：先分配差异，再调整差异。第一次按很早劳务总量采用计划成本分配，第二次对计算的成本差异采用直接分配法给辅助车间以外的受益部门分配或直接计入“管理费用”。

计划成本分配法的计算步骤如下：

1. 按预先制订的计划单位成本分配（包含其他辅助生产车间）

各受益单位应负担的某项劳务成本＝受益单位实际耗用该劳务的数量×该劳务的计划单位成本

2. 分配成本差异（辅助车间以外的受益部门）

成本差异额＝辅助生产车间实际费用－按计划成本分配转出的费用

$$成本差异分配率=\frac{成本差异额}{辅助生产车间劳务总量-其他辅助车间耗用量}$$

辅助车间以外的各受益单位应分摊的差异额＝各受益单位受益量×该劳务的成本差异分配率

**【例2－15】** 沿用【例2－11】资料，两个辅助生产车间本月提供的劳务情况如表2－12所示，要求采用计划成本分配法分配辅助生产费用。假定机修车间计划单位成本为12元，供热车间计划单位成本为2.5元。“辅助生产费用分配表（计划成本分配法）”如下表2－17所示：

**表2－17 辅助生产费用分配表**

201×年1月　　　　单位：元

<table>
<tr><th colspan="4" rowspan="2">项目</th><th colspan="2">机修车间</th><th colspan="2">供热车间</th><th rowspan="2">合计</th></tr>
<tr><th>劳务量</th><th>费用</th><th>劳务量</th><th>费用</th></tr>
<tr><td colspan="4">待分配的辅助生产费用</td><td></td><td>28 500</td><td></td><td>52 800</td><td>83 100</td></tr>
<tr><td colspan="4">提供的劳务总量</td><td>3 000</td><td></td><td>24 000</td><td></td><td></td></tr>
<tr><td colspan="4">计划单位成本</td><td></td><td>12.00</td><td></td><td>2.50</td><td></td></tr>
<tr><td rowspan="5">受益单位</td><td rowspan="4">受益单位</td><td rowspan="2">辅助车间</td><td>机修车间</td><td></td><td></td><td>4 000</td><td>10 000</td><td>10 000</td></tr>
<tr><td>供热车间</td><td>500</td><td>6 000</td><td></td><td></td><td>6 000</td></tr>
<tr><td colspan="2">基本生产车间</td><td>2 150</td><td>25 800</td><td>17 500</td><td>43 750</td><td>69 550</td></tr>
<tr><td colspan="2">行政管理部门</td><td>350</td><td>4 200</td><td>2 500</td><td>6 250</td><td>10 450</td></tr>
<tr><td colspan="3">按计划成本分配合计</td><td></td><td>36 000</td><td></td><td>60 000</td><td>96 000</td></tr>
<tr><td colspan="4">辅助生产实际成本</td><td></td><td>38 500</td><td></td><td>58 800</td><td>97 300</td></tr>
</table>

续表

<table>
<tr><td colspan="3" rowspan="2">项目</td><td colspan="2">机修车间</td><td colspan="2">供热车间</td><td rowspan="2">合计</td></tr>
<tr><td>劳务量</td><td>费用</td><td>劳务量</td><td>费用</td></tr>
<tr><td rowspan="5">差异分配</td><td colspan="2">待分配成本差异</td><td></td><td>2 500</td><td></td><td>-1 200</td><td>1 300</td></tr>
<tr><td colspan="2">成本差异分配率</td><td></td><td>1.00</td><td></td><td>-0.06</td><td></td></tr>
<tr><td rowspan="2">受益单位</td><td>基本生产车间</td><td>2 150</td><td>2 150</td><td>17 500</td><td>-1 050</td><td>1 100</td></tr>
<tr><td>行政管理部门</td><td>350</td><td>350</td><td>2 500</td><td>-150</td><td>200</td></tr>
<tr><td colspan="2">成本差异分配合计</td><td></td><td>2 500</td><td></td><td>-1 200</td><td>1 300</td></tr>
</table>

会计主管：__________ 复核：__________ 制单：__________

分配过程如下：

1. 按计划单位成本分配

（1）机修车间按计划成本分配：

供热车间应负担的机修劳务成本 = 500 × 12 = 6 000（元）

基本车间应负担的机修劳务成本 = 2 150 × 12 = 25 800（元）

管理部门应负担的机修劳务成本 = 350 × 12 = 4 200（元）

合计：36 000 元

（2）供热车间按计划成本分配：

机修车间应负担的蒸汽劳务成本 = 4 000 × 2.5 = 10 000（元）

基本车间应负担的蒸汽劳务成本 = 17 500 × 2.5 = 43 750（元）

管理部门应负担的蒸汽劳务成本 = 2 500 × 2.5 = 6 250（元）

合计：60 000 元

2. 成本差异分配

（1）机修车间成本差异分配：

机修车间成本差异额 =（28 500 + 10 000）- 36 000 = 2 500（元）

$$成本差异分配率 = \frac{2500}{3000 - 500} = 1.00$$

基本车间负担的成本差异额 = 2 150 × 1.00 = 2 150（元）

管理部门负担的成本差异额 = 350 × 1.00 = 350（元）

（2）供热车间成本差异分配：

供热车间成本差异额 =（52 800 + 6 000）- 60 000 = -1 200（元）

$$成本差异分配率 = \frac{-1\ 200}{24\ 000 - 4\ 000} = -0.06$$

基本车间负担的成本差异额 = 17 500 ×（-0.06）= -1 050（元）

管理部门负担的成本差异额 = 2 500 ×（-0.06）= -150（元）

根据表 2－17 编制转账凭证，所做会计分录如下：

按计划成本分配：

借：辅助生产成本——机修车间　　10 000

　　　　　　　　——供热车间　　6 000

　　制造费用——基本生产车间　　69 550

　　管理费用　　10 450

　　贷：辅助生产成本——机修车间　　36 000

　　　　　　　　　　——供热车间　　60 000

成本差异的分配：

借：制造费用——基本生产车间　　1 100

　　管理费用　　200

　　贷：辅助生产成本——机修车间　　2 500

　　　　　　　　　　——供热车间　　1 200

采用计划成本分配法分配辅助生产费用时，可以直接利用企业现有的计划成本资料，可以简化和加速辅助费用分配的工作，通过成本差异分析，还能反映和考核辅助生产费用计划的执行情况，便于考核和分析各受益单位的经济责任。这种方法要求辅助生产费用的计划单位成本制定得比较准确，基础工作较好的企业采用，否则会影响计算的准确性。

**实务操作：**

某企业设有供水和供电两个辅助生产车间，本月份供电车间发生费用为 7 800 元，供水车间 9 500 元。两个辅助车间本月份提供的劳务量如下表：

要求：假定每方水计划单位成本为 1.5 元，每度电的单位成本 0.5 元，根据上述资料，采用直接分配法、交互分配法、代数分配法、顺序分配法和计划成本分配法分配辅助生产费用，并作出相应的会计分录。

**辅助生产劳务供应通知单**

| 受益单位 | 用电度数 | 用水方数 |
|---|---|---|
| 供电车间 | | 1 250 |
| 供水车间 | 2 500 | |
| 基本生产车间 | 11 000 | 4 600 |
| 行政管理部门 | 1 500 | 400 |
| 合计 | 15 000 | 6 250 |

## 子任务二　制造费用的归集与分配

案例资料：红光厂只生产一种产品——甲产品，生产甲产品用料 48 000 元，车间一般

性机物料消耗780元，生产工人的职工薪酬15 000元，车间管理人员职工薪酬3 000元，产品生产动力用电1 000元，车间照明用电350元，车间办公费500元。该企业的成本核算员认为本企业只有一种产品，所以就不需要设置“制造费用”账户，而将发生的费用直接计入甲产品成本，这样做对吗？如红光厂基本车间生产甲、乙两种产品，上述费用应该如何处理？

## 一、制造费用的归集

制造费用是指企业内的生产部门为组织和管理产品生产（或提供劳务）过程中发生的应计入产品成本，但没有专设成本项目的各项生产费用。如生产车间管理人员工资、生产车间厂房和机器设备的折旧费、修理费、车间办公费等。

### （一）制造费用的内容

制造费用的内容一般包括三个方面：

1. 直接用于产品生产未单设成本项目的耗费

这类制造费用虽然直接用于产品生产，但管理上不要求或核算上不便于单独核算，因而未专设成本项目的耗费。如专门用于产品生产的机器设备折旧费、修理费、保险费、租赁费等；生产用低值易耗品的摊销；产品的图纸设计费和试验检验费；未单独设置“燃料及动力”成本项目的产品生产用动力费等。

2. 间接用于产品生产的耗费

制造费用中有一大部分是经常发生的、间接用于产品生产的耗费，如生产车间生产用房屋建筑物的折旧费、修理费、租赁费和保险费；车间的机物料消耗；车间照明费、取暖费、降温费、通风除尘费、运输费；车间的劳动保护费以及季节性停工和修理停工期间的停工损失等。

3. 生产部门为组织和管理生产而发生的耗费

这是企业生产部门为组织和管理生产活动而发生的费用，虽然有管理的性质，但是在生产部门中很难与制造费用严格区分，也就将其作为制造费用核算。如生产车间管理人员职工薪酬、生产车间管理用房屋建筑物和设备的折旧费、修理费、保险费、租赁费；车间管理用具的摊销费用；车间管理部门发生的照明费、取暖费、差旅费、办公费等。

制造费用的内容比较复杂，项目繁多，为了统一核算管理，企业一般根据实际情况将性质相同的耗费合并设立相应的制造费用项目，用以反映制造费用的构成内容。制造费用的明细栏目一般包括：机物料消耗、职工薪酬、折旧费、修理费、租赁费、保险费、低值易耗品摊销、水电费、办公费、差旅费、运输费、取暖费、劳动保护费、设计制图费、试验检验费、在产品损耗、季节性和修理期间的停工损失等。

### （二）制造费用的归集核算

制造费用的归集和分配都是通过“制造费用”账户进行的，该账户应按照不同的生产部门设立明细账，其中，基本生产车间应分车间设置制造费用明细账，而辅助生产车间根据实际情况选择单独设置或不设置制造费用明细账。同时，在各明细账中按照具体的费用项目设置专栏采用多栏式明细账格式分别反映各生产部门制造费用的发生情况。该账户的借方一般于月末根据“材料费用分配表”、“燃料动力费用分配表”“职工薪酬费用分配表”、“折旧费用分配表”、“其他费用分配表”等相关凭证登记所发生的制造费用，贷方登记按一定分配方法转销的制造费用，分配后，账户一般无余额。

以例2－3～例2－15等相关资料说明制造费用的归集过程，登记基本生产车间的“制造费用明细账”如表2－18所示（辅助生产费用分配采用直接分配法）：

**表2－18　制造费用明细账**

车间名称：基本生产车间　　单位：元

| 201×年 | | 摘要 | 费用项目 | | | | | | | |
|---|---|---|---|---|---|---|---|---|---|---|
| 月 | 日 | | 物料消耗 | 水电费 | 职工薪酬 | 折旧费 | 修理费 | 办公费 | 动力费 | 合计 |
| 1 | 31 | 材料费用分配表（表2－2） | 1 170 | | | | | | | 1 170 |
| | 31 | 动力费用分配表（表2－4） | | 2 400 | | | | | | 2 400 |
| | 31 | 职工工资分配表（表2－5） | | | 6 000 | | | | | 6 000 |
| | 31 | 职工福利费分配表（表2－6） | | | 840 | | | | | 840 |
| | 31 | 职工社保分配表（表2－7） | | | 2 400 | | | | | 2 400 |
| | 31 | 折旧分配计算表（表2－8） | | | | 20 500 | | | | 20 500 |
| | 31 | 其他费用分配表（表2－9） | | | | | 3 500 | 520 | | 4 020 |
| | 31 | 辅助费用分配表（表2－13） | | | | | 24 510 | | 46 200 | 70 710 |
| | 31 | 本月合计 | 1 170 | 2 400 | 9 240 | 20 500 | 28 010 | 520 | 46 200 | 108 040 |
| | 31 | 分配转出 | 1 170 | 2 400 | 9 240 | 20 500 | 28 010 | 520 | 46 200 | 108 040 |

## 二、制造费用的分配

通过制造费用的归集，企业已将某一会计期间发生的制造费用归集在制造费用明细账的借方，月末，为了正确计算产品成本，还应将制造费用按照收益原则计入本车间所生产的产品中。如果一个车间只生产一种产品，所发生的制造费用直接计入该种产品成本；如果一个车间生产两种或两种以上的产品，所发生的制造费用应采用适当方法分配计入各种产品的生产成本。

制造费用的分配方法很多，主要有生产工人工时比例法、生产工人工资比例法、机器工时比例法、年度计划分配率法等。具体方法由企业自行决定，分配方法一旦确定，就不能随意变更，确需要变更，则在会计报表附注中予以披露。

### （一）生产工人工时比例法

生产工人工时比例法是按照各种产品所耗用的生产工人实际工时的比例分配制造费用的一种方法。其计算公式为：

$$制造费用分配率 = \frac{待分配的制造费用总额}{该车间各种产品实际生产工时总数}$$

某产品应负担的制造费用＝该产品耗用的生产工时数×制造费用分配率

**【例2－16】** 秦丰公司201×年1月基本生产车间发生的制造费用总额为108 040元（见表2－18），该车间生产A、B两种产品分别耗用工时3 000工时和3 300工时，按实际耗用工时比例分配本车间的制造费用。

$$制造费用分配率 = \frac{108\ 040}{36\ 000 + 42\ 000} = 17.1492$$

A产品应负担的制造费用＝3 000×17.1492＝51 447.60（元）

B产品应负担的制造费用＝3 300×17.1492＝56 592.40（元）

在实际工作中，制造费用分配可以通过编制“制造费用分配表”来进行。根据上述计算结果，编制秦丰公司基本生产车间制造费用分配表如表2－19所示。

**表2－19 制造费用分配表（生产工时比例法）**

201×年1月　　　　金额单位：元

| 应借账户 | | 生产工时 | 分配率 | 分配金额 |
|---|---|---|---|---|
| 基本生产成本 | A产品 | 3 000 | 17.1492 | 51 447.60 |
| | B产品 | 3 300 | 17.1492 | 56 592.40 |
| 合计 | | 6 300 | | 108 040 |

会计主管：__________　　复核：__________　　制单：__________

根据表2－19编制转账凭证，所做会计分录如下：

借：基本生产成本——A产品　　51 447.60

　　　　　　　　——B产品　　56 592.40

　贷：制造费用——基本生产车间　　108 040

采用这种方法分配制造费用，能将劳动生产率与产品负担的制造费用水平联系起来，使分配结果比较合理。采用这一方法，各种产品工艺过程的机械化程度应该相差不多，否则机械化程度高的产品，由于耗用工时较少而少负担制造费用，但制造费用中如折旧费、修理费等与机械使用相关，这样会影响分配结果的合理性。

**小提示：**

若产品的工时定额比较准确，制造费用的分配也可以采用生产工人定额工时的比例分配。

### （二）生产工人工资比例法

生产工人工资比例法是按照各种产品所耗用的生产工人工资的比例分配制造费用的一种方法。其计算公式为：

$$\text{制造费用分配率} = \frac{\text{待分配的制造费用总额}}{\text{该车间各种产品生产工人工资总额}}$$

某产品应负担的制造费用 = 该产品耗用生产工人工资额 × 制造费用分配率

**【例 2－17】** 秦丰公司 201×年 1 月基本生产车间发生的制造费用总额为 108 040 元（见表 2－18），该车间生产 A、B 两种产品生产工人工资分别为 36 000 元和 42 000 元（见表 2－5），按生产工人工资比例分配本车间的制造费用。

$$\text{制造费用分配率} = \frac{108\ 040}{36\ 000 + 42\ 000} = 1.3851$$

A 产品应负担的制造费用 = 36 000 × 1.3851 = 49 863.60（元）

B 产品应负担的制造费用 = 42 000 × 1.3851 = 58 176.40（元）

根据上述计算结果，编制秦丰公司基本生产车间制造费用分配表如表 2－20 所示。

**表 2－20 制造费用分配表（生产工人工资比例法）**

201×年 1 月　　　　金额单位：元

| 应借账户 | | 生产工人工资 | 分配率 | 分配金额 |
|---|---|---|---|---|
| 基本生产成本 | A 产品 | 36 000 | 1.3851 | 49 863.60 |
| | B 产品 | 42 000 | 1.3851 | 58 176.40 |
| 合计 | | 78 000 | | 108 040 |

根据表 2－20 编制转账凭证，所做会计分录如下：

借：基本生产成本——A 产品　　49 863.60

　　　　　　　　——B 产品　　58 176.40

　贷：制造费用——基本生产车间　　108 040

采用这种方法分配制造费用，能从职工薪酬费用（工资）分配表中直接取得生产工人工资资料，分配标准容易取得，分配核算比较简便。采用这种方法，会使机械化程度高的产品由于生产工人工资较少而负担较少制造费用，反之，负担的制造费用较多。因此，这种方法要求产品生产的机械化程度与生产工人的技术等级大体一致时采用比较合理。

**小提示：**

如果生产工人工资都是计时工资形式并且人工费用分配时是按照生产工时比例分配的，则用生产工人工资比例法分配制造费用和用生产工时比例法分配制造费用的分配结果是相同的。

### （三）机器工时比例法

机器工时比例法是按照各种产品生产时所耗用的机器设备运转时间的比例分配制造费用的一种方法。其计算公式为：

$$\text{制造费用分配率} = \frac{\text{待分配的制造费用总额}}{\text{该车间各种产品所耗机器工时总数}}$$

$$\text{某产品应负担的制造费用} = \text{该产品耗用的机器工时数} \times \text{制造费用分配率}$$

这种方法适用于机械化程度较高的车间。在这种车间中，制造费用中与机器设备使用有关的费用如折旧费、修理费等比重加大，而这些费用与机器设备运转时间有着密切的联系。采用机器工时比例法，必须取得各种产品所耗用机器工时的原始记录，才能正确分配制造费用。

### （四）年度计划分配率法

年度计划分配率法是依据年度开始前预先制定的制造费用全年预算数和全年各种产品预计产量的相关定额标准计算确定年度计划分配率，以此计划分配率分配以后各月制造费用的一种方法。

$$\text{制造费用计划分配率} = \frac{\text{年度制造费用预算数}}{\sum(\text{每种产品计划产量} \times \text{该产品单位定额标准})}$$

$$\text{某产品应负担的制造费用} = \text{该产品实际产量} \times \text{该产品单位定额标准} \times \text{制造费用分配率}$$

产品单位定额可以采用生产工时、生产工人工资、机器工时等标准。

采用这种方法分配制造费用，每月的制造费用均是按年度计划分配率分配的，即“制造费用”账户贷方是按计划分配率确定的转出数，而“制造费用”账户借方归集的是实际发生的制造费用，因此，由于借方实际数和贷方计划数的差异导致“制造费用”账户月末一般有余额。该项余额可在年末按照已分配数的比例调整 12 月份的产品成本。若实际数大于已分配数，用蓝字补记分配额；若实际数小于已分配数，用红字冲减分配额。

制造费用年末差异分配率计算公式如下：

$$\text{制造费用年末差异分配率} = \frac{\text{年度制造费用差异额}}{\sum \text{每种产品按计划分配率}\quad\text{分配的制造费用}}$$

$$\text{某产品应负担的差异额} = \text{该产品按计划分配率分配的制造费用} \times \text{制造费用年末差异分配率}$$

采用计划分配率法分配制造费用，核算工作比较简便，特别适用于季节性生产企业，可以有效地均衡企业淡季和旺季产品成本负担的制造费用。但采用这种方法，要求企业有比较准确的定额标准和较高的计划管理水平，企业制定的计划成本应尽可能接近实际，否则会影响成本计算的正确性。

**【例 2－18】** 假定秦丰公司 201×年全年制造费用预算数位 1 250 000 元，全年 A、B 两种产品计划产量分别为 350 台和 500 台，单位产品生产工时定额分别为 100 工时和 85 工时。1 月份 A、B 产品的实际产量分别为 32 台和 40 台，1 月份实际发生的制造费用总额为 108 040 元。

$$制造费用计划分配率 = \frac{1\ 250\ 000}{\sum(350 \times 100 + 500 \times 85)} = 16.129$$

A 产品 1 月份应负担的制造费用 = 32 × 100 × 16.129 = 51 612.80（元）

B 产品 1 月份应负担的制造费用 = 40 × 85 × 16.129 = 54 838.60（元）

根据上述计算结果，编制秦丰公司基本生产车间制造费用分配表如表 2－21 所示。

**表 2－21　制造费用分配表（年度计划分配率法）**

201 × 年 1 月　　　　金额单位：元

| 应借账户 | | 定额工时 | | | 分配率 | 分配金额 |
|---|---|---|---|---|---|---|
| | | 实际产量 | 单位工时 | 工时总数 | | |
| 基本生产成本 | A 产品 | 32 | 100 | 3 200 | 16.129 | 51 612.80 |
| | B 产品 | 40 | 85 | 3 400 | 16.129 | 54 838.60 |
| 合计 | | | | 6 600 | | 106 451.40 |

会计主管：＿＿＿＿　　复核：＿＿＿＿　　制单：＿＿＿＿

根据表 2－21 编制转账凭证，所做会计分录如下：

借：基本生产成本——A 产品　　51 612.80

　　　　　　　　——B 产品　　54 838.60

　贷：制造费用——基本生产车间　　106 451.40

从计算结果可以看出，本月份分配转出的制造费用是 106 451.40 元，而实际发生的制造费用是 108 040 元，1 月份出现差异 1 588.60 元，该差异为超支差，表现为“制造费用”账户的借方余额，本月份不分配，留待年末时再调整 12 月份的产品成本。年末调整以后，“制造费用”总账和明细账均无余额。

**【例 2－19】**　假定秦丰公司 201 × 年全年实际发生的制造费用 1 272 150 元，全年已按计划分配率分配转出制造费用 1 285 000 元，其中 A 产品 620 000 元，B 产品 665 000 元。差异调整如下：

$$制造费用差异分配率 = \frac{1\ 272\ 150 - 1\ 285\ 000}{620\ 000 + 665\ 000} = -0.01$$

A 产品应负担的差异 = 620 000 × （－0.01） = －6 200（元）

B 产品应负担的差异 = 665 000 × （－0.01） = －6 650（元）

填制调整制造费用差异的转账凭证，做会计分录：

借：基本生产成本——A 产品　　6 200

　　　　　　　　——B 产品　　6 650

　贷：制造费用——基本生产车间　　12 850

**小思考：**

企业采用年度计划分配率法分配制造费用时，“制造费用”账户月末有无余额？不同方向的余额表示什么意义？若上述秦丰公司全年实际发生的制造费用 1 297 850 元，全年已按计划分配率分配转出制造费用 1 285 000 元，年末应该如何调整差异？

## 子任务三　核算生产损失

案例资料：鑫泰公司201×年5月份加工甲产品580件，总成本116 000元，完工入库时合格品565件，不可修复废品5件，残值收入400元，可修复废品10件，修复费用共计800元，成本核算员王丽确定的本月甲产品为565件，总成本为116 800元，王丽的计算结果对吗？

生产损失是指企业在生产过程中，因产品报废、生产停工、生产损耗等造成的各种人、财、物的损失。成本核算中的生产损失主要指废品损失和停工损失。

### 一、废品损失

废品是指因质量不符合规定标准或技术条件，不能按照原定用途使用，或需要加工修理后才能使用的在产品、半成品和产成品，包括在生产过程发现以及入库后发现的所有废品。不包括：合格品入库后由于管理不善损坏变质的产品、可以降价出售的次品和等外品、实行“三包”企业产品出售后发现的废品。废品按照报废程度和修复价值划分为可修复废品和不可修复废品。可修复废品是指技术上可以修复，且修复费用在经济上比较合算的废品；不可修复废品是指在技术上不能修复，或虽可修复，但发生的修复费用过大在经济上不合算的废品。

废品损失是指生产过程中发生的或入库后发现的各种废品形成的报废损失和修复费用，包括可修复废品的修复费用和不可修复废品的生产成本扣除回收的材料价值和应收赔款后的净损失。

如果企业不单独核算废品损失，则不设“废品损失”账户，“基本生产成本”明细账中也不设置废品损失成本项目。对于发生的不可修复废品，只从全部产量中扣除报废产品数量，而不需要单独归集废品成本，废品的残料价值直接冲减基本生产成本明细账中的“直接材料”成本项目；可修复废品在修理过程中发生的各种修理费用，直接计入生产成本明细账的相关成本项目。

单独核算废品损失的企业，应增设“废品损失”账户，同时在基本生产成本明细账中增设“废品损失”成本项目。“废品损失”账户应按照车间设置明细账，按产品品种分设专户进行核算。该账户的借方登记不可修复废品的生产成本和可修复废品的修复费用，贷方登记废品残料收回价值、责任人赔款及分配转出的废品净损失，分配结转后该账户无余额。

### (一) 不可修复废品损失的归集与分配

核算不可修复废品损失，应首先计算废品成本，即计算出产品从投产开始截止报废时止所耗费的一切费用。然后从废品成本中扣除回收的残料价值和应收赔款，计算出废品净损失计入该种产品成本。由于不可修复废品的成本在分离前与合格品成本是同时发生的，因此需要将废品和合格品在一起的总成本采用一定的方法在废品与合格品之间进行分配。一般分配方法有两种，一种是按废品的实际成本计算，另一种是按照废品的定额成本计算。

1. 按废品实际成本计算

废品发生的时间不同，承担的费用也不同。完工入库时发生不可修复废品，合格品和废品的单位成本相同，因而可以直接按照二者的产量作为分配标准进行分配。但若是生产过程中发生的废品，则应按照约当产量或工时标准分配。其分配公式为：

$$废品负担的材料费=\frac{直接材料费用总额}{合格品产量+废品约当产量}\times 废品约当产量$$

$$废品负担的直接人工（制造费用）=\frac{直接人工(制造费用)总额}{合格品生产工时+废品生产工时}\times 废品生产工时$$

若月末有未完工的在产品，则上述计算公式中的分母还应包括在产品的约当产量和生产工时。“约当产量”的折合方法，将在本项目任务三中阐述

**【例 2－20】** 201×年 3 月西海公司基本生产车间生产甲产品 500 件，经检验合格品 490 件，生产过程中发现不可修复废品 10 件。本月甲产品的生产费用为：直接材料 125 000元，直接人工 49 200 元，制造费用 33 600 元，废品回收残值 450 元，过失人赔偿 150 元。原材料系一次投入，合格品与废品共耗用工时 12 000 小时，其中废品耗用 180 小时。根据资料确定废品损失，进行会计处理。

依据资料编制“不可修复废品损失计算表”如表 2－22 所示。

**表 2－22 不可修复废品损失计算表**

产品名称：甲产品

生产车间：基本生产车间　　　　201×年 3 月　　　　金额单位：元

| 项目 | 产量 | 直接材料 | 生产工时 | 直接人工 | 制造费用 | 合计 |
|---|---|---|---|---|---|---|
| 费用总额 | 500 | 125 000 | 12 000 | 49 200 | 33 600 | 207 800 |
| 分配率 | | 250 | | 4. 10 | 2. 80 | |
| 废品成本 | 10 | 2 500 | 180 | 738 | 504 | 3 742 |
| 减：残值 | | 450 | | | | 450 |
| 赔款 | | | | 150 | | 150 |
| 废品损失 | | 2 050 | | 588 | 504 | 3 142 |

会计主管：__________　　复核：__________　　制单：__________

依据表 2－22 编制转账凭证，其会计分录如下：

①结转不可修复废品成本

借：废品损失——甲产品　　3 742

　　贷：基本生产成本——甲产品（直接材料）　　2 500

　　　　　　　　　　——甲产品（直接人工）　　738

　　　　　　　　　　——甲产品（制造费用）　　504

②回收残值入库

借：原材料　　450

　　贷：废品损失——甲产品　　450

③应收过失人赔款

借：其他应收款——×××　　150

　　贷：废品损失——甲产品　　150

④将废品净损失转入合格品成本

借：基本生产成本——甲产品（废品损失）　　3 142

　　贷：废品损失——甲产品　　3 142

根据资料及转账凭证登记“基本生产成本——甲产品”的明细账如表 2－23 所示。

**表 2－23　基本生产成本明细账**

产品名称：甲产品　　　　单位：元

| 201×年 | | 凭证 | | 摘要 | 成本项目 | | | | 合计 |
|---|---|---|---|---|---|---|---|---|---|
| 月 | 日 | 字 | 号 | | 直接材料 | 直接人工 | 制造费用 | 废品损失 | |
| 3 | 31 | | 略 | 材料费用 | 125 000 | | | | 125 000 |
| | 31 | | | 职工薪酬 | | 49 200 | | | 49 200 |
| | 31 | | | 制造费用 | | | 33 600 | | 33 600 |
| | 31 | | | 生产费用合计 | 125 000 | 49 200 | 33 600 | | 207 800 |
| | 31 | | | 转出废品成本 | 2 500 | 738 | 504 | | 3 742 |
| | 31 | | | 转入废品净损失 | | | | 3 142 | 3 142 |
| | 31 | | | 产品总成本（490 件） | 122 500 | 48 462 | 33 096 | 3 142 | 207 200 |
| | 31 | | | 产品单位成本 | 250 | 98.90 | 67.54 | 6.41 | 422.85 |

按不可修复废品的实际成本计算废品损失，其计算结果较为准确，但计算工作量较大。

2. 按废品定额成本计算

在各种消耗定额和费用定额比较健全的企业，可先按废品数量和事先确定的各项费用定额计算出废品的定额成本，再从废品定格成本中扣除废品残值和过失人赔款计算出废品净损失。其特点是不考虑废品的实际成本，而将废品实际成本和定额成本的差额全部由合格品承担。

**【例2－21】** 南海公司基本生产车间生产A产品1 000件，验收入库时发现不可修复废品20件，采用定额成本计算废品净损失。该企业A产品的单位定额材料费用300元，定额工时10小时，每小时定额人工费用12元，每小时定额制造费用4.5元，废品回收残值1 500元，过失人赔偿1 000元。依据资料编制“不可修复废品损失计算表”如表2－24所示：

**表2－24　不可修复废品损失计算表**

产品名称：A产品

生产车间：基本生产车间　　　201×年×月　　　金额单位：元

| 项目 | 废品量 | 直接材料 | 定额工时 | 直接人工 | 制造费用 | 合计 |
|---|---|---|---|---|---|---|
| 单位定额 | 20 | 300 | 10 | 12 | 4.5 | |
| 废品成本 | | 6 000 | | 2 400 | 900 | 9 300 |
| 减：残值 | | 1 500 | | | | 1 500 |
| 赔款 | | | | 1 000 | | 1 000 |
| 废品损失 | | 4 500 | | 1 400 | 900 | 6 800 |

会计主管：__________　　复核：__________　　制单：__________

依据表2－24编制转账凭证，其会计分录如下：

①结转不可修复废品成本

借：废品损失——甲产品　　9 300

　　贷：基本生产成本——甲产品（直接材料）　　6 000

　　　　——甲产品（直接人工）　　2 400

　　　　——甲产品（制造费用）　　900

②回收残值入库

借：原材料　　1 500

　　贷：废品损失——甲产品　　1 500

③应收过失人赔款

借：其他应收款——×××　　1 000

　　贷：废品损失——甲产品　　1 000

④将废品净损失转入合格品成本

借：基本生产成本——甲产品（废品损失）　　6 800

　　贷：废品损失——甲产品　　6 800

采用费用定额计算废品损失，方法简便、计算及时，有利于废品成本的控制。

## 实务操作

假定某企业的基本生产车间生产的A产品3 000件，生产过程中发现有不可修复的废品50件。全部产品的生产费用为303 000元：其中直接材料费156 000元，直接人工费75 000元，制造费用72 000元，原材料是在生产开始时一次投入，原材料费用按产品产量比例分配，其他费用按生产工时比例分配。合格品生产工时7 800小时，废品生产工时200小时，废品残料可回收价值800元，根据上述资料编制“不可修复废品损失计算表”并填制转账凭证。

**不可修复废品损失计算表**

产品名称：A产品

生产车间：基本生产车间　　　　201×年×月　　　　金额单位：元

| 项目 | 废品量 | 直接材料 | 生产工时 | 直接人工 | 制造费用 | 合计 |
|---|---|---|---|---|---|---|
| 费用总额 | | | | | | |
| 分配率 | | | | | | |
| 废品成本 | | | | | | |
| 减：残值 | | | | | | |
| 赔款 | | | | | | |
| 废品损失 | | | | | | |

### （二）可修复废品损失的归集和分配

可修复废品损失是指废品修复过程中发生的各种修复费用，包括废品修复过程中领用的材料费、发生的人工费以及制造费用等，若有废品残值收入和过失人的赔款应从废品损失中扣除，而可修复废品修复以前发生的生产费用不属于废品损失。修复以后的产品成本应由修复前的生产成本和修复过程中发生的修复费用构成。

可修复费用的归集应根据材料费用、职工薪酬和制造费用等相关费用分配表计入“废品损失”账户的借方，修复过程中由过失人赔偿部分或回收的残料价值应计入“废品损失”账户的贷方，修复完毕后，应将“废品损失”账户的借方余额（即废品净损失）转入“基本生产成本”账户的借方及其所属明细账的“废品损失”成本项目。不单独核算废品损失的企业，不设“废品损失”账户和“废品损失”成本项目，修复费用的归集和残值与赔款的回收均直接通过“基本生产成本”账户处理。

**小思考：**

可修复废品修复前发生的生产成本修复时需要从“基本生产成本”账户转入“废品损失”账户吗？为什么？可修复废品修复过程中的业务应如何编制会计分录？

## 二、停工损失

停工损失是指企业各生产车间、班组等部门由于停电、待料、机器修理、灾害、事故、计划减产等原因停工，在停工期间发生的各种费用，包括停工期间支付的职工薪酬、耗用的燃料动力费以及这些停工部门发生的制造费用等。应由过失人或责任单位、保险公司负担的赔款，应从停工损失中扣减。

企业为了单独核算停工损失，可以增设“停工损失”账户，并在“基本生产成本”明细账中增设“停工损失”成本项目。“停工损失”的借方归集本月生产部门发生的各项停工损失，贷方登记应收的各种赔款及分配结转的停工损失，结转后该账户一般无余额。“停工损失”一般按照车间设置明细账进行明细核算。

由于引起停工损失的原因不同，因此分配结转时的承担对象也不相同。由自然灾害引起的非正常停工损失以及因设备故障、计划减产等原因造成主要车间连续停工一月以上或全厂连续停产十天以上的停工损失，计入“营业外支出”账户；由于供货方违约导致停工待料或过失人、保险公司赔偿的停工损失，转入“其他应收款”账户；其他原因如停电、短时机械故障、修理等引起的停工损失，应计入本月产品成本的“基本生产成本”账户及其所属明细账的“停工损失”成本项目。

**小提示：**

1. 为简化计算，停工不满一个工作日的一般不计停工损失；

2. 季节性停工期间发生的费用一般不作为“停工损失”，而是由开工期内的产品成本承担。

**【例2-22】** 黄海公司第一车间生产A产品，由于设备维修停工5天，停工期间支付职工工资9 650元，停工期间负担制造费用1 800元；第二车间由于外部线路短路停电2天，停工期间支付职工工资4 500元，停工期间负担制造费用1 200元。经过分析，第一车间修理为正常检修，第二车间停电为非正常停工，供电局同意赔偿3 500元。

依据上面资料，编制会计分录如下：

①归集发生的各种停工损失

| |  |  |
|---|---|---|
| 借：停工损失——第一车间 | 11 450 | |
| ——第二车间 | 5 700 | |
| 贷：应付职工薪酬——工资 | | 14 150 |
| 制造费用——第一车间 | | 1 800 |
| ——第二车间 | | 1 200 |

②分配结转停工损失

| |  |  |
|---|---|---|
| 借：基本生产成本——A产品 | 11 450 | |

其他应收款——供电局　　3 500
营业外支出——停工损失　　2 200
贷：停工损失——第一车间　　11 450
　　　　　　——第二车间　　5 700

企业也可以不单独设置“停工损失”账户和相关的成本项目，而将发生的停工损失直接列入“制造费用”、“其他应收款”、“营业外支出”账户。

## 任务三　生产费用的分配

通过任务一和任务二学习任务的完成，我们已将生产过程中发生的各项生产费用经过归集和分配到了相关账户，其中，将应计入本月各种产品成本的费用都已归集到了“基本生产成本”账户及其各产品的明细账中。如果本月生产的某种产品全部完工，则“基本生产成本”明细账中归集的生产费用均为该种产品的完工总成本；如果本月生产的某种产品全部未完工，则“基本生产成本”明细账中归集的生产费用均为该种产品的在产品总成本；如果本月生产的某种产品部分完工、部分未完工，则应将归集在“基本生产成本”明细账中的生产费用采用专门的方法在完工产品和在产品之间分配。无论采用那种分配方法，均涉及在产品数量的确定问题。

### 子任务一　在产品的核算

案例资料：锌业公司生产的甲产品需要经过两道工序加工完成，201×年5月末各工序的在产品数量为：第一道工序100件，第二道工序120件，其中第二道工序中正在返修的可修复废品10件。另外，企业的半成品明细账中，有第一道工序已经完工的半成品80件。已经完成两道加工工序的产品500件，其中有100件尽管完工，但尚未来得及办理入库手续，另在验收时发现有10件产品存在严重的质量问题形成不可修复废品。在月末确定在产品数量时，成本核算员小李认为在产品数量为400件，统计员小孙认为在产品数量应为230件。你认为他俩产生差异的原因何在？从分配完工产品和在产品费用的角度来看，在产品的数量应为多少？

#### 一、在产品数量核算

在产品是指企业已经投入生产，但尚未最后完工，不能作为商品销售的产品，包括广义在产品和狭义在产品。广义在产品是对整个企业来说的，是指从投产开始到尚未形成最终完工产成品交付验收之前的一切产品，包括正在各车间加工的在制品、已完成一个或几个加工步骤但还需要继续加工的自制半成品、等待返修或正在返修中的可修复废品、已完成加工工序但尚未验收入库的完工产品等，但不包括不可修复废品和已完工入库准备销售的自制半成品。狭义的在产品是针对某个生产车间或某个生产步骤而言的，它仅指本生产步骤或车间正在加工的在制品和虽已完工但尚未转出的那部分产品。

要正确计算在产品成本，必须准确地确定在产品的数量。在产品数量的确定方法一般有两种：一种是通过在产品的账面核算资料确定，另一种是通过月末实际盘点方法确定在产品数量。实际工作中，往往将两种方法结合使用，以随时掌握在产品的动态，保证在产品数量的准确性。

## 二、在产品清查核算

在产品属于存货，属于流动性比较强的资产，企业为了保证在产品的安全和完整，必须定期地进行在产品的清产盘点，以保证账实相符。企业一般于月末结账前采用实地盘点法确定在产品的实际结存数量并编制“在产品盘点表”，将其与“在产品台账”中记录的结存数量进行核对，如果账实不符，应编制“在产品盘点盈亏报告单”，并查明原因及时处理。

在产品盘盈盘亏和毁损的处理应通过“待处理财产损溢”账户进行，盘亏或毁损在产品价值登记在其借方，盘盈在产品价值登记在其贷方，盈亏或毁损的在产品经批准反向转销后，该账户应无余额。具体的处理程序和方法如下：

### （一）在产品盘盈处理

1. 发生盘盈时

借：基本生产成本——××产品（盘盈在产品的计划成本或定额成本）

　　贷：待处理财产损溢——待处理流动资产损溢

2. **批准后予以转销**

借：待处理财产损溢——待处理流动资产损溢

　　贷：管理费用

### （二）在产品盘亏处理

1. 发生盘亏时

借：待处理财产损溢——待处理流动资产损溢

　　贷：基本生产成本——××产品

2. 批准后转销时

借：原材料（毁损在产品残值收入）

其他应收款（应收的赔款）

　　营业外支出（自然灾害的净损失）

　　管理费用（无法收回的损失）

　　贷：待处理财产损溢——待处理流动资产损溢

**小提示：**

若在产品发生非常损失（不含自然灾害损失），则该部分在产品应负担的增值税进项税额应从“应交税费——应交增值税（进项税额转出）”账户的贷方转入到“待处理财产损溢——待处理流动资产损溢”账户的借方。

## 知识链接 2—5

### 材料发出的领退料凭证

为了反映在产品的账面记录，企业应设置“在产品收发存账簿”，也称为“在产品台账”，通过在产品台账的登记，反映在产品的数量。在产品台账应分生产分厂、车间，按产品的品种和在产品的名称设置，以反映各生产单位的收发存状况；也可根据生产工艺特点和管理的需要，按生产加工步骤来组织在产品的数量核算。“在产品台账”的一般格式如表所示。

在产品台账可由车间核算人员或企业生产调度部门专人依据有关的领料凭证、在产品内部转移凭证和产品入库单等原始凭证逐笔登记。

**在产品台账**

生产车间：　　　　生产工序：　　　　在产品名称：　　　　计量单位：

| 日期 | 凭证号数 | 摘要 | 收入数量 | 转出数量 | | 结存数量 | | | 备注 |
|---|---|---|---|---|---|---|---|---|---|
| | | | | 合格品 | 废品 | 已完工 | 未完工 | 废品 | |
| | | | | | | | | | |
| | | | | | | | | | |
| | | | | | | | | | |

## 三、在产品成本与完工产品成本之间的关系

企业在期末时应将归集在基本生产成本明细账中的生产费用在完工产品和月末在产品之间分配，计算出完工产品成本和期末在产品成本。由于本期期末在产品成本就是下期期初在产品成本，因此，本月生产费用、期初期末在产品成本与本月完工产品成本之间的关系可以表示为：

月初在产品成本＋本月生产费用＝本月完工产品成本＋月末在产品成本

将上述公式可以转化为：本月完工产品成本＝月初在产品成本＋本月生产费用－月末在产品成本。由此可以看出，只要确定出月末在产品成本，再从月初在产品成本和本月发生的生产费用的合计值中减去月末在产品成本，即可计算出完工产品成本。

# 子任务二　生产费用在完工产品和在产品之间的分配

案例资料：宏达公司生产的A产品由三道工序完成，原材料随加工进度陆续投入。三道工序投入原材料的消耗定额比例为分别为：50%、40%和10%；三道工序月末在产品的

数量分别为：2 000 件、1 500 件和 1 000 件；各工序在产品的消耗定额按 50% 计算。该月月初在产品数量和本月生产费用的合计值为 35 000 元，本月完工产品数量为 2 500 件。公司财务处希望采用约当产量法分配本月完工产品和月末在产品的材料费用，但不知如何下手，你能帮助该公司解决这个问题吗？

为了正确计算完工产品和月末在产品成本，企业应根据生产经营特点，并充分考虑在产品数量的多少、各月末在产品数量变化的幅度、各项费用在成本项目中所占的比重以及定额管理基础的好坏等具体条件，选择合理的分配方法，将生产费用在完工产品和月末在产品之间的分配。完工产品成本计算的关键在于正确确定在产品的成本。目前常用的在产品成本计算方法有：不计算在产品成本法、在产品按年初固定成本计算法、在产品按所耗直接材料费用计算法、约当产量比例法、在产品按完工产品成本计算法、在产品按定额成本计算法和在产品按定额比例计算法等。

## 一、不计算在产品成本法

不计算在产品成本法，也称在产品忽略不计法，是指月末将归集在基本生产成本明细账中的生产费用全部由完工产品承担，而月末在产品成本以零计算的方法。对于一些企业而言，月末虽有在产品，但由于在产品的数量很少，月初月末在产品的费用就很小，月初月末在产品费用的差额就更小，因而在产品成本的计算与否，对完工产品的成本影响不大，为了简化计算，可以忽略不计算在产品成本。

这种方法的基本特点是：基本生产明细账中归集的生产费用全部由本月完工产品负担，月末在产品不负担。用公式表示为：

本月完工产品成本 = 本月发生生产费用

**【例 2－23】** 黄河公司 201×年 3 月生产甲产品，投产 102 件，月末完工 100 件，在产 2 件。由于甲产品月末在产品数量很少，分配生产费用时采用不计算在产品成本法。本月甲产品投入的直接材料 56 000 月，直接人工 12 000 元，制造费用 6 000 元。甲产品完工总成本和单位成本的计算如表 2－25 所示。

**表 2－25　产品成本计算单**

产品名称：甲产品　　　　201×年 3 月　　　　金额单位：元

| 项目 | 直接材料 | 直接人工 | 制造费用 | 合计 |
|---|---|---|---|---|
| 本月发生的生产费用 | 56 000 | 12 000 | 6 000 | 74 000 |
| 生产费用合计 | 56 000 | 12 000 | 6 000 | 74 000 |
| 完工产品成本（100 件） | 56 000 | 12 000 | 6 000 | 74 000 |
| 单位成本 | 560 | 120 | 60 | 740 |
| 月末在产品成本 | 0 | 0 | 0 | 0 |

会计主管：__________　　　　复核：__________　　　　制单：__________

依据表2－25编制转账凭证，会计分录如下：

借：库存商品——甲产品　　74 000

　贷：基本生产成本——甲产品　　74 000

**小思考：**

1. 不计算在产品成本法适用于哪些企业在产品成本的计算？

2. 有人说："不计算在产品成本法就是将月末在产品看作已完工产品，计算出月末在产品的成本。"这种说法对吗？为什么？

## 二、在产品成本按年初固定数计算法

按年初固定数计算在产品成本，是指年内各月末不具体计算当月在产品的实际成本，而是固定地以年初数来作为当月末在产品的实际成本，并在此基础上推算出当月完工产品成本。

采用这种方法的特点是：本月完工产品成本等于当月该种产品发生的生产费用，基本生产成本明细账中有相等的月初月末在产品成本。用公式表示为：

本月完工产品成本＝本月发生生产费用

月末在产品成本＝月初在产品成本

为了避免时间过长，造成在产品成本与实际成本出入过大，影响在产品成本计算的准确性，12月份时，应根据实际盘点的在产品数量，重新调整确定在产品成本。在次年的前11个月，不论在产品数量是否发生变化，都固定地以上年12份末的在产品成本作为各月在产品成本。

该种方法适用于各月末在产品数量较小，或者在产品数量虽大，但各月之间在产品数量稳定、变化不大的产品。如化工企业、炼铁企业的产品，由于高炉和化学反应的容积固定，其在产品成本就可采用该种方法计算。

**【例2－24】**　长江公司201×年4月生产乙产品，月初在产品22件，本月投产99件，月末完工100件，月末在产品21件。由于乙产品月初月末在产品数量变化不大，分配生产费用时采用年初固定数计算在产品成本。基本生产成本明细账中乙产品月初在产品成本为：直接材料12 320元，直接人工2 000元，制造费用1 200元。本月乙产品投入的直接材料55 000月，直接人工15 000元，制造费用8 000元。乙产品完工总成本和单位成本的计算如表2－26所示。

**表2－26　产品成本计算单**

产品名称：乙产品　　201×年4月　　金额单位：元

| 项目 | 直接材料 | 直接人工 | 制造费用 | 合计 |
| --- | --- | --- | --- | --- |
| 月初在产品成本 | 12 320 | 2 000 | 1 200 | 15 520 |

续表

| 项目 | 直接材料 | 直接人工 | 制造费用 | 合计 |
|---|---|---|---|---|
| 本月发生的生产费用 | 55 000 | 15 000 | 8 000 | 78 000 |
| 生产费用合计 | 67 320 | 17 000 | 9 200 | 93 520 |
| 完工产品成本（100 件） | 55 000 | 15 000 | 8 000 | 78 000 |
| 单位成本 | 550 | 150 | 80 | 780 |
| 月末在产品成本 | 12 320 | 2 000 | 1 200 | 15 520 |

会计主管：__________ 复核：__________ 制单：__________

依据表 2－26 编制转账凭证，会计分录如下：

借：库存商品——乙产品 78 000

贷：基本生产成本——乙产品 78 000

**小思考：**

按年初固定数计算法确定在产品成本时，全年 12 个月的在产品成本相等，对吗？为什么？这种方法所确定的完工产品成本和不计算在产品成本法所确定的完工产品成本有什么相同点？

## 三、在产品成本按所耗直接材料费用计算法

在产品成本按所耗直接材料费用计算，是指在采用这种分配方法时，月末在产品成本只计算其所耗用的直接材料费用，不计算职工薪酬等加工费用，而将这些直接人工、制造费用等加工费用全部由完工产品成本负担的方法。采用该种方法时，本月完工产品成本等于月初在产品材料成本加上本月发生生产费用减去月末在产品负担的材料成本，用公式表示为：

本月完工产品成本＝月初在产品材料成本＋本月发生生产费用－月末在产品材料成本

这种方法的特点是：月末在产品成本只按所耗用的直接材料计算确定，将职工薪酬和制造费用全部由完工产品成本负担。

这种方法适用于各月末在产品数量较多，各月在产品数量变化较大，且直接材料费用在成本项目中所占比重较大的产品。例如酿酒、造纸和纺织等企业的产品就可以采用这种方法。

**小提示：**

直接材料费在完工产品和在产品之间分配时，如果产品是在生产开始时一次投料，直接材料费就可以按照完工产品和在产品的实物数量比例直接分配；如果是陆续投料或分工序投料，则需要先将月末在产品折算为约当产量，再将直接材料费用在完工产品和在产品的约当产量之间分配。

**小操作：**

鑫金公司生产A产品，该产品原材料费用比重较大，月末在产品成本采用直接材料费用计算确定，材料在生产开始时一次投入。该厂6月初在产品的成本（材料费）为28 900元，本月发生材料费用为118 300元，直接人工费用12 000元，制造费用5 500元。本月完工产品760件，月末在产品390件。分配计算A产品6月份完工产品成本和月末在产品成本。

**【例2-25】** 南海公司生产丙产品，该产品的直接材料费用在产品成本中所占比重较大，在产品只计算直接材料费用。丙产品5月初在产品的直接材料费用为5 200元，本月发生的生产费用为21 050元，其中直接材料14 800元，直接人工4 500元，制造费用1 750元。本月完工产品250件，月末在产品150件，原材料在生产开始一次投入。分配计算如下：

$$直接材料费用分配率=\frac{5\ 200+14\ 800}{250+150}=50$$

完工产品负担的直接材料费用=250×50=12 500（元）

完工产品的总成本=12 500+4 500+1 750=18 750（元）

月末在产品负担的直接材料费用=150×50=7 500（元）

编制的丙产品成本计算单如表2-27所示。

**表2-27 产品成本计算单**

产品名称：丙产品　　201×年5月　　金额单位：元

| 项目 | 直接材料 | 直接人工 | 制造费用 | 合计 |
|---|---|---|---|---|
| 月初在产品成本 | 5 200 | | | 5 200 |
| 本月发生的生产费用 | 14 800 | 4 500 | 1 750 | 21 050 |
| 生产费用合计 | 20 000 | 4 500 | 1 750 | 26 250 |
| 完工产品成本（250件） | 12 500 | 4 500 | 1 750 | 18 750 |
| 单位成本 | 50 | 18 | 7 | 75 |
| 月末在产品成本 | 7 500 | | | 7 500 |

会计主管：＿＿＿＿　　复核：＿＿＿＿　　制单：＿＿＿＿

依据表2-27编制转账凭证，会计分录如下：

借：库存商品——丙产品　　18 750

　　贷：基本生产成本——丙产品　　18 750

## 四、约当产量法

约当产量法是指将月末在产品的实际数量，按其完工程度折算为相当于完工产品的数量，然后将基本生产明细账中归集的月初在产品成本和本期发生的生产费用之和按照本月完工产品和月末在产品约当产量的比例进行分配，从而计算出完工产品成本和月末在产品成本的方法。由于在产品在生产加工过程中的加工程度和投料情况不同，因此运用此方法时必须分成本项目确定在产品的约当产量。约当产量法分配生产费用的计算公式如下：

在产品约当产量 = 在产品实际数量 × 在产品完工程度（或投料程度）

$$某项费用分配率 = \frac{期初在产品该项费用 + 本月发生该项费用}{完工产品数量 + 在产品约当产量}$$

期末在产品负担的该项费用 = 在产品约当产量 × 该项费用分配率

完工产品负担的该项费用 = 完工产品数量 × 该项费用分配率

或：完工产品负担的该项费用 = 该项费用总额 − 期末在产品负担的该项费用

这种方法适用于月末在产品数量较大，各月末在产品数量变化也较大，产品成本项目中各项费用的比例相差不多的产品。

**小提示：**

这种方法的特点是：将期初在产品成本和本月发生的生产费用分别成本项目按照完工产品数量和在产品约当产量的比例进行分配，以确定完工产品成本和月末在产品成本。

通过以上计算公式可以看出，约当产量法分配生产费用的关键在于在产品约当产量的计算，而确定在产品约当产量的关键是确定在产品的完工程度或投料程度。一般来说，产品在生产过程中所耗用的直接材料费用的多少与产品的投料方式和投料程度相关，而产品所耗用的直接人工和制造费用的多少则与产品的加工程度呈现比例关系。因此，分别成本项目确定在产品的约当产量，直接材料费用分配时在产品约当产量的折算应依据投料程度来确定，直接人工和制造费用分配时在产品约当产量的折算应依据完工程度来确定。

### （一）直接材料费用分配时投料程度和约当产量的计算

在产品约当产量 = 在产品实际数量 × 在产品投料程度

投料程度，也称投料率，是指在产品已投材料占完工产品应投材料的百分比。在产品生产过程中，材料投入的方式一般有四种：材料在生产开始时一次投入；材料在生产过程中陆续投入，且与产品的加工进度基本一致；材料分工序并在每道工序一开始投入；材料分工序并在每道工序随加工进度陆续投入，且投料量与加工进度不一致。由于投料方式不同，在产品投料程度的计算也就不同。

1. 材料在生产开始时一次投入

若直接材料在生产开始时一次投入，则不论在产品的加工程度如何，单位在产品和单位完工产品所耗用的材料是相等的，因而在产品的投料程度为100%。企业在分配直接材料费用时，在产品的约当产量也就是在产品的实际数量。

月末在产品约当产量 = 在产品实际数量 × 在产品投料程度100%

2. 材料随生产过程陆续投入，且投料量与加工进度基本一致

当直接材料随生产过程陆续投入且投入量与加工进度基本一致时，则在产品的投料程度与完工程度的的计算相同，分配直接材料费用的在产品约当产量可按在产品的完工程度折算。

月末在产品约当产量 = 在产品实际数量 × 在产品完工程度

3. 材料分工序并在每到工序一开始投入

产品生产中，若材料不是在生产开始时一次投入，而是分工序在每到工序开始一次性投入本工序所需的原材料，此时各工序的在产品所耗用的原材料同本工序完工产品所耗用的原材料是一样的。则月末在产品的投料程度与约当产量计算如下：

$$某工序在产品的投料程度 = \frac{在产品上道工序止累计投料定额 + 本工序材料投料定额}{完工产品投料定额} \times 100\%$$

$$= \frac{截止到本工序止的累计材料投料定额}{完工产品投料定额} \times 100\%$$

某工序在产品约当产量 = 该工序在产品实际数量 × 该工序在产品的投料程度

某产品在产品的约当产量 = $\sum$

公式中的材料消耗定额可以是材料费用，也可是材料数量。

4. 材料分工序并在每道工序随加工进度陆续逐步投入，且投料量与加工进度不一致

若直接材料随生产过程陆续投入，且原材料投入程度与加工进度不一致时，原材料的投料程度应按照每工序的原材料投料定额计算。其中，各工序在产品在本工序的平均投料程度按 50% 计算。月末在产品的投料程度和约当产量的计算公式如下：

某工序在产品的投料程度 =

$$\frac{在产品上道工序止累计投料定额 + 本工序材料投料定额 \times 50\%}{完工产品投料定额} \times 100\%$$

某工序在产品约当产量 = 该工序在产品实际数量 × 该工序在产品的投料程度

**【例 2－26】**　东方公司的甲产品经过三道工序加工而成，原材料于每工序开始时一次投入。201×年 6 月月末每工序的在产品数量及原材料消耗情况如表 2－28 所示，月末在产品投料程度和约当产量计算如表 2－29 所示。

**表 2－28　在产品数量及原材料消耗定额**

| 工序 | 月末在产品数量（件） | 单位产品原材料消耗定额/千克 |
| --- | --- | --- |
| 1 | 40 | 10 |
| 2 | 40 | 10 |
| 3 | 20 | 5 |
| 合计 | 100 | 25 |

表 2－29　月末在产品投料程度和约当产量计算表

| 工序 | 月末在产品量（件） | 单位产品材料消耗定额（千克） | 在产品投料程度 | 在产品约当产量 |
| --- | --- | --- | --- | --- |
| 1 | 40 | 10 | 10 ÷ 25 × 100% ＝40% | 16 |
| 2 | 40 | 10 | （10＋10） ÷25 × 100% ＝80% | 32 |
| 3 | 20 | 5 | （10＋10＋5） ÷25 × 100% ＝100% | 20 |
| 合计 | 100 | 25 |  | 68 |

第一工序在产品的投料程度＝10÷25×100% ＝40%

第二工序在产品的投料程度＝（10＋10）÷25×100% ＝80%

第三工序在产品的投料程度＝（10＋10＋5）÷25×100% ＝100%

第一工序在产品的约当产量＝40×40% ＝16（件）

第二工序在产品的约当产量＝40×80% ＝32（件）

第三工序在产品的约当产量＝20×100% ＝20（件）

在产品的约当产量＝16＋32＋20＝68（件）

**【例 2－27】**　假定上例 2－26 中，东方公司的甲产品经过三道工序加工而成，原材料在每到工序开始后陆续投入，月末每工序的在产品数量及原材料消耗情况如表 2－28 所示，则月末在产品的投料程度和约当产量计算表 2－30 所示。

表 2－30　月末在产品投料程度和约当产量计算表

| 工序 | 月末在产品数量（件） | 单位产品材料消耗定额/千克 | 在产品投料程度 | 在产品约当产量 |
| --- | --- | --- | --- | --- |
| 1 | 40 | 10 | 10×50% ÷25×100% ＝20% | 8 |
| 2 | 40 | 10 | （10＋10×50%） ÷25×100% ＝60% | 24 |
| 3 | 20 | 5 | （10＋10＋5×50%） ÷25×100% ＝90% | 18 |
| 合计 | 100 | 25 |  | 50 |

第一工序在产品的投料程度＝10×50% ÷25×100% ＝20%

第二工序在产品的投料程度＝（10＋10×50%）÷25×100% ＝60%

第三工序在产品的投料程度＝（10＋10＋5×50%）÷25×100% ＝90%

第一工序在产品的约当产量＝40×20% ＝8（件）

第二工序在产品的约当产量＝40×60% ＝24（件）

第三工序在产品的约当产量＝20×90% ＝18（件）

在产品的约当产量＝8＋24＋18＝50（件）

### （二）直接人工和制造费用等加工费用分配时完工程度和约当产量的计算

完工程度是指某单位产品已消耗工时占生产该单位产品所需全部工时的百分比。直接

人工和制造费用等加工费用，它们的发生与完工程度关系密切，随着生产加工过程的不断进行而逐步投入，产品的加工程度越高，说明所费时间越长，承担的费用也就越多。因此，通常采用完工程度来确定在产品的约当产量。完工程度的确定分两种情况：

1. 不分生产工序，按平均完工程度计算

若企业生产进度比较均衡，各道工序在产品数量和单位产品在各工序的加工量相差不多时，前后工序的加工程度可以相互抵补，全部在产品的完工程度可按50%平均计算。即月末在产品的约当产量为：

月末在产品约当产量＝在产品实际数量×在产品完工程度（50%）

2. 分工序按累计工时定额占完工产品工时定额的比例计算

若各工序在产品数量和加工量差别较大，前后工序上的加工程度无法抵补时，则要分工序分别确定在产品的完工程度和约当产量。具体计算公式如下：

某工序在产品的完工程度＝

$$\frac{\text{在产品上道工序止累计工时定额}+\text{本工序工时客额}\times 50\%}{\text{完工产品单位工时定额}}\times 100\%$$

某工序在产品约当产量＝该工序在产品实际数量×该工序在产品的完工程度

**【例2－28】** 假定上例2－26中，东方公司的甲产品经过三道工序加工而成，甲产品的完工程度按各工序分别测算完工率，该产品在三道工序上的工时定额分别为8小时、16小时和16小时。

甲产品各工序的完工程度及约当产量计算如下表2－31所示：

**表2－31　月末在产品完工程度和约当产量计算表**

| 工序 | 月末在产品数量/件 | 单位产品工时消耗定额工时 | 在产品完工程度 | 在产品约当量 |
|---|---|---|---|---|
| 1 | 40 | 8 | 8×50%÷40×100%＝10% | 4 |
| 2 | 40 | 16 | （8＋16×50%）÷40×100%＝40% | 16 |
| 3 | 20 | 16 | （8＋16＋16×50%）÷40×100%＝80% | 16 |
| 合计 | 100 | 40 | | 36 |

第一工序在产品的完工程度＝8×50%÷40×100%＝10%

第二工序在产品的完工程度＝（8＋16×50%）÷40×100%＝40%

第三工序在产品的完工程度＝（8＋16＋16×50%）÷40×100%＝80%

第一工序在产品的约当产量＝40×10%＝4（件）

第二工序在产品的约当产量＝40×40%＝16（件）

第三工序在产品的约当产量＝20×80%＝16（件）

在产品的约当产量＝4＋16＋16＝36（件）

### （三）约当产量法应用

企业按投料程度和完工程度确定出期末在产品的约当产量后，应以月末在产品的约当产量和完工产品产量为依据，分配本月基本生产成本明细账中归集的直接材料、直接人工和制造费用等成本项目的生产费用合计数。

**【例2－29】** 前述秦丰公司大量生产A、B两种产品，其生产工艺过程属于单步骤生产。原材料在生产开始时一次投入，月末在产品的完工程度均为50%。该公司201×年1月产量记录及月初在产品成本资料如表2－32和2－33所示。

**表2－32 产量记录**

201×年1月

| 产品名称 | 月初在产品 | 本月投入 | 本月完工 | 月末在产 |
|---|---|---|---|---|
| A产品 | 100件 | 1 100件 | 1 000件 | 200件 |
| B产品 | 600件 | 1 900件 | 2 000件 | 500件 |

**表2－33 月初在产品成本资料**

201×年1月　　单位：元

| 产品名称 | 直接材料 | 燃料及动力 | 直接人工 | 制造费用 | 合计 |
|---|---|---|---|---|---|
| A产品 | 40 000 | 4 900 | 6 160 | 5 202.4 | 56 262.4 |
| B产品 | 39 750 | 10 890 | 19 695 | 13 157.6 | 83 492.6 |

公司本月材料费、燃料费、动力费、职工薪酬、折旧和其他费用发生情况及编制的各种费用分配表见表2－1、表2－2、表2－3、表2－4、表2－5、表2－6、表2－7、表2－8、表2－9；辅助生产车间归集的费用明细账见表2－10和2－11，机修和供热两个辅助车间提供的劳务量见表2－12发生的辅助生产费用采用直接分配法进行分配，编制的辅助生成费用分配表见表2－13；基本生产车间归集的制造费用明细账见表2－18，制造费用采用生产工时比例分配，编制的基本车间制造费用分配表见表2－19。

依据以上资料采用约当产量法分配计算A、B两种产品的完工产品成本和月末在产品成本。

公司首先应根据表2－2、2－3、2－4、2－5、2－6、2－7、2－19中的数据登记“基本生产成本——A产品明细账”和“基本生产成本——B产品”明细账中本期各成本项目的发生额，然后将期初在产品成本和本期生产费用的合计采用约当产量法在完工产品和在产品之间进行分配。分配计算结果见表2－34和表2－35所示。

**表 2-34 基本生产成本明细账**

产品名称：A 车间 完工产量：1000 件 在产量：200 件 金额单位：元

| 201×年 | | 凭证 | 摘要 | 成本项目 | | | | 合计 |
|---|---|---|---|---|---|---|---|---|
| 月 | 日 | 字号 | | 直接材料 | 燃料动力 | 直接人工 | 制造费费 | |
| 1 | 1 | | 月初在产品成本 | 40 000 | 4 900 | 6 160 | 5 202.4 | 56 262.4 |
| | 31 | 略 | 材料费用分配表（表 2-2） | 170 000 | | | | 170 000 |
| | 31 | | 燃料费用分配表（表 2-3） | | 15 300 | | | 15 300 |
| | 31 | | 动力费用分配表（表 2-4） | | 21 600 | | | 21 600 |
| | 31 | | 职工薪酬工资分配表（表 2-5） | | | 36 000 | | 36 000 |
| | 31 | | 职工薪酬福利费分配表（表 2-6） | | | 5 040 | | 5 040 |
| | 31 | | 职工薪酬社保分配表（表 2-7） | | | 14 400 | | 14 400 |
| | 31 | | 制造费用分配表（表 2-19） | | | | 51 447.6 | 51 447.6 |
| | 31 | | 生产费用合计 | 210 000 | 41 800 | 61 600 | 56 650 | 370 050 |
| | 31 | | 结转完工产品成本 | 175 000 | 38 000 | 56 000 | 51 500 | 320 500 |
| | 31 | | 月末在产品成本 | 35 000 | 3 800 | 5 600 | 5 150 | 49 550 |

直接材料费用分配率 = 210 000/（1 000 + 200） = 175

燃料动力费用分配率 = 41 800/（1 000 + 200 × 50%） = 38

直接人工费用分配率 = 61 600/（1 000 + 200 × 50%） = 56

制造费用分配率 = 56 650/（1 000 + 200 × 50%） = 51.50

完工产品的总成本 = 1 000 ×（175 + 38 + 56 + 51.5） = 320 500（元）

单位成本 = 320 500/1 000 = 320.50（元）

月末在产品总成本 = 200 × 175 + 200 × 50% ×（38 + 56 + 51.5） = 49 550（元）

**表 2-35 基本生产成本明细账**

产品名称：B 车间 完工产量：2000 件 在产量：500 件 金额单位：元

| 201×年 | | 凭证 | 摘要 | 成本项目 | | | | 合计 |
|---|---|---|---|---|---|---|---|---|
| 月 | 日 | 字号 | | 直接材料 | 燃料动力 | 直接人工 | 制造费费 | |
| 1 | 1 | | 月初在产品成本 | 39 750 | 10 890 | 19 695 | 13 157.6 | 83 492.60 |
| | 31 | 略 | 材料费用分配表（表 2-2） | 94 000 | | | | 94 000 |
| | 31 | | 燃料费用分配表（表 2-3） | | 8 460 | | | 8 460 |
| | 31 | | 动力费用分配表（表 2-4） | | 14 400 | | | 14 400 |
| | 31 | | 职工薪酬工资分配表（表 2-5） | | | 42 000 | | 42 000 |
| | 31 | | 职工薪酬福利费分配表（表 2-6） | | | 5 880 | | 5 880 |
| | 31 | | 职工薪酬社保分配表（表 2-7） | | | 16 800 | | 16 800 |

续表

| 201×年 | | 凭证 | 摘要 | 成本项目 | | | | 合计 |
|---|---|---|---|---|---|---|---|---|
| 月 | 日 | 字号 | | 直接材料 | 燃料动力 | 直接人工 | 制造费费 | |
| | 31 | | 制造费用分配表（表2－19） | | | | 56 592.4 | 56 592.4 |
| | 31 | | 生产费用合计 | 133 750 | 33 750 | 84 375 | 69 750 | 321 625 |
| | 31 | | 结转完工产品成本 | 107 000 | 30 000 | 75 000 | 62 000 | 274 000 |
| | 32 | | 月末在产品成本 | 26 750 | 3 750 | 9 375 | 7 750 | 47 625 |

直接材料费用分配率＝133 750/（2 000＋500）＝53.50

燃料动力费用分配率＝33 750/（2 000＋500×50%）＝15

直接人工费用分配率＝84 375/（2 000＋500×50%）＝37.50

制造费用分配率＝69 750/（2 000＋500×50%）＝31

完工产品的总成本＝2 000×（53.50＋15＋37.50＋31）＝274 000（元）

单位成本＝274 000/2 000＝137（元）

月末在产品总成本＝500×53.5＋500×50%×（15＋37.50＋31）＝47 625（元）

根据基本生产成本明细账编制完工产品成本汇总表如表2－36所示。

**表2－36 完工产品成本汇总表**

单位：元

| 成本项目 | A产品 | | B产品 | |
|---|---|---|---|---|
| | 总成本 | 单位成本 | 总成本 | 单位成本 |
| 直接材料 | 175 000 | 175 | 107 000 | 53.50 |
| 燃料及动力 | 38 000 | 38 | 30 000 | 15 |
| 直接人工 | 56 000 | 56 | 75 000 | 37.50 |
| 制造费用 | 51 500 | 51.50 | 62 000 | 31 |
| 合计 | 320 500 | 320.50 | 274 000 | 137 |

会计主管：__________ 复核：__________ 制单：__________

依据表2－36编制转账凭证，会计分录如下：

借：库存商品——A产品 320 500

——B产品 274 000

贷：基本生产成本——A产品 320 500

——B产品 274 000

## 实务操作：

1. 某企业生产甲产品要经过三道工序加工完成，本月份完工产品产量为600件，月末

在产品400件，其中第一道工序100件，第二道工序120件，第三道工序180件；完工产品工时定额为100小时，其中第一道工时定额为60小时，第二道工序工时定额为30小时，第三道工序工时定额为10小时；原材料在生产开始时一次投入。累计直接材料费150 000元，直接人工40 000元，制造费用80 000元。

要求：

（1）分工序计算在产品的完工率；

（2）用约当产量法计算完工产品与月末在产品成本。

2. 假定上例2－26中，东方公司的甲产品经过三道工序加工而成，原材料于每工序开始后陆续投入，月末每工序的在产品数量及原材料消耗情况如表2－28所示。甲产品的完工程度按各工序分别测算完工率，该产品在三道工序上的工时定额分别为8小时、16小时和16小时。月初在产品的直接材料、直接人工和制造费用分别是6 000元、1 200元和2 050元；本月发生的直接材料、直接人工和制造费用分别是14 100元、6 175元和6 800元。本月完工产品200件，月末在产品100件。按约当产量法计算完工产品和在产品成本，编制甲产品的成本计算单。

**产品成本计算单**

产品名称：甲产品　　　　201×年6月　　　　金额单位：元

| 项目 | 直接材料 | 直接人工 | 制造费用 | 合计 |
|---|---|---|---|---|
| 月初在产品成本 | | | | |
| 本月发生的生产费用 | | | | |
| 生产费用合计 | | | | |
| 在产品约当产量 | | | | |
| 完工产品数量 | | | | |
| 约当总产量 | | | | |
| 单位成本 | | | | |
| 完工产品成本（200件） | | | | |
| 月末在产品成本 | | | | |

## 五、在产品成本按完工产品成本计算法

企业的在产品已接近完工，只是尚未包装或尚未验收入库的情况下，可以将在产品视同完工产品，直接按照月末在产品的数量和本月完工产品数量的比例来分配生产费用，以此确定月末在产品成本和完工产品成本。这种情况下在产品已基本加工完毕接近完工，将来发生在在产品上的费用很少，为了简化成本计算工作，可直接按照完工产品和月末在产品二者的数量比例分配各项生产费用。

**小提示：**

方法的特点：单位在产品成本与单位完工产品的成本相等。

## 六、在产品按定额成本计算法

按定额成本计算在产品成本，是指首先根据月末在产品数量和单位定额成本计算出月末在产品的定额成本，再从该产品月初在产品费用和本月发生费用的合计中减去按定额成本计算的月末在产品定额成本后的余额作为完工产品成本的方法。计算公式为：

月末在产品的定额成本 = 月末在产品数量 × 在产品单位定额成本

完工产品成本 = 月初在产品定额成本 + 本月生产费用 − 月末在产品定额成本

这种方法的特点是月末在产品按定额成本计算，完工产品成本通过倒挤确定，月初月末在产品的实际成本与定额成本之间的差异全部由完工产品成本承担。

这种方法适用于各项消耗定额和费用定额比较准确、稳定，而且各月末在产品数量变化不大的产品。通过以上的分析可以看出，这种方法的关键是计算月末在产品的定额成本，月末在产品的定额成本一般是分成本项目进行的。在具体确定月末在产品的定额成本时，直接材料费用项目可以根据在产品数量、单位在产品材料消耗定额和材料单价确定；直接人工和制造费用等成本项目可根据在产品数量、在产品工时定额和单位小时工资（费用）率来确定。具体计算如下：

1. 确定月末在产品直接材料定额成本

由于材料的投料方式不同，月末在产品材料定额成本的确定也不同。

（1）原材料为生产开始时一次投入

月末在产品的材料定额成本 = 月末在产品数量 × 单位产品材料消耗定额 × 材料单价

（2）原材料分工序并在每到工序开始时一次投入

月末在产品的材料定额成本

= ∑[该工序在产品数量 ×（前道工序累计材料消耗定额 + 本工序材料消耗定额）× 材料单价]

（3）原材料分工序并在每到工序随生产陆续投入

月末在产品的材料定额成本

= ∑[该工序在产品数量 ×（前工序累计材料消耗定额 + 本工序材料消耗定额 × 50%）× 材料单价]

2. 确定月末在产品直接人工定额成本和制造费用定额成本

确定月末在产品直接人工和制造费用定额成本时，应先确定月末在产品定额工时，然后再确定人工定额成本和制造费用定额成本。

月末在产品定额工时

$= \sum$[该工序在产品数量(前道工序累计工时定额＋本工序工时定额×50%)]

月末在产品直接人工定额成本＝月末在产品定额工时×定额小时工资率

月末在产品制造费用定额成本＝月末在产品定额工时×定额小时费用率

3. 确定月末在产品定额成本

月末在产品定额成本

＝月末在产品直接材料定额成本＋月末在产品直接人工定额成本＋月末在产品直接人工定额成本

**【例2－30】**　星火公司201×年7月生产甲产品由两道工序组成，原材料于生产开始时一次投入。本月完工甲产品500件，单位产品材料消耗定额为20千克，材料单价5元，定额小时工资率为10元，定额小时制造费用率为5元。本月有关甲产品的相关资料如表2－37、2－38所示。

**表2－37　月末在产品数量及定额资料表**

201×年7月

| 工序 | 在产品数量/件 | 材料定额（kg） | 工时定额（小时） |
|---|---|---|---|
| 1 | 80 | 20 | 2 |
| 2 | 20 | — | 3 |
| 合计 | 100 | 20 | 5 |

**表2－38　产品成本计算单**

产品名称：甲产品　　　201×年7月　　　单位：元

| 项目 | 直接材料 | 直接人工 | 制造费用 | 合计 |
|---|---|---|---|---|
| 月初在产品成本 | 9 000 | 1 200 | 800 | 11 000 |
| 本月发生的生产费用 | 59 000 | 30 500 | 15 000 | 104 500 |
| 生产费用合计 | 68 000 | 31 700 | 15 800 | 115 500 |

要求：采用定额成本法分配计算甲产品本月完工产品与月末在产品的成本。

根据上述资料计算甲产品月末在产品定额成本计算表如表2－39所示，甲产品成本计算单如表2－40所示。

**表2－39　月末在产品定额成本计算表**

201×年7月

| 工序 | 在产品数量/件 | 材料定额消耗量 | 材料定额成本/（5元/kg） | 在产品定额工时（h） | 人工定额成本（10元/小时） | 制造费用定额成本（5元/小时） | 合计 |
|---|---|---|---|---|---|---|---|
| 1 | 80 | 1 600 | 8 000 | 80 | 800 | 400 | 9 200 |
| 2 | 20 | 400 | 2 000 | 70 | 700 | 350 | 3 050 |
| 合 计 | 100 | 2 000 | 10 000 | 1 50 | 1 500 | 750 | 12 250 |

会计主管：__________　　复核：__________　　制单：__________

**表 2－40　产品成本计算单**

产品名称：甲产品　　　　201×年 7 月　　　　单位：元

| 项目 | 直接材料 | 直接人工 | 制造费用 | 合计 |
|---|---|---|---|---|
| 月初在产品成本 | 9 000 | 1 200 | 800 | 11 000 |
| 本月发生的生产费用 | 59 000 | 30 500 | 15 000 | 104 500 |
| 生产费用合计 | 68 000 | 31 700 | 15 800 | 115 500 |
| 月末在产品定额成本 | 10 000 | 1 500 | 750 | 12 250 |
| 本月完工产品成本 | 58 000 | 30 200 | 15 050 | 103 250 |
| 完工产品单位成本（500 件） | 116 | 60.4 | 30.1 | 206.5 |

会计主管：________　　复核：________　　制单：________

依据表 2－40 编制转账凭证，会计分录如下：

借：库存商品——甲产品　　　103 250

　贷：基本生产成本——甲产品　　　103 250

## 七、定额比例法

定额比例法，是指计算产品成本时，将产品的生产费用在完工产品和月末在产品之间按照两者的定额消耗量或定额费用比例分配的方法。其中，直接材料费用项目一般按材料消耗定额或费用定额比例分配，而直接人工和制造费用项目，可按工时消耗定额比例分配，也可按各项费用定额比例分配。由于直接人工和制造费用的定额费用一般根据其定额工时乘以定额小时工资率和定额小时费用率计算，因而为简化计算，这些加工费用一般按定额工时比例分配。这种方法适用于各项消耗定额比较准确、稳定，但各月末在产品数量变动较大的产品。

定额比例法的计算程序和公式如下：

1. 直接材料费用的分配

完工产品材料定额消耗量（或费用）＝完工产品产量×单位产品材料消耗定额（或费用）

月末在产品材料定额消耗量（或费用）＝在产品数量×单位在产品材料消耗定额（或费用）

直接材料费用分配率

$$=\frac{\text{月初在产品直接材料费用}+\text{本月发生直接材料费用}}{\text{完工产品材料定额消耗量(或费用)}+\text{月末在产品材料定额消耗量(或费用)}}$$

完工产品应分配的直接材料费用＝月末完工产品材料定额消耗量（或费用）×直接材料费用分配率

月末在产品应分配的直接材料费用＝月末在产品材料定额消耗量（或费用）×直接材

料费用分配率

或：月末在产品应分配的直接材料费用

=月初在产品的直接材料+本月发生的直接材料-完工产品应分配的直接材料

**2. 直接人工费用和制造费用的分配**

完工产品定额工时=完工产品产量×单位产品工时定额

月末在产品定额工时=在产品数量×单位在产品工时定额

$$直接人工费用分配率=\frac{月初在产品直接人工费用+本月发生直接人工费用}{完工产品定额工时+月末在产品定额工时}$$

完工产品应分配的直接人工费用=月末完工产品定额工时×直接人工费用分配率

月末在产品应分配的直接人工费用=月末在产品定额工时×直接人工费用分配率

$$制造费用分配率=\frac{月初在产品制造费用+本月发生制造费用}{完工产品定额工时+月末在产品定额工时}$$

完工产品应分配的制造费用=月末完工产品定额工时×制造费用分配率

月末在产品应分配的制造费用=月末在产品定额工时×制造费用分配率

或：月末在产品应分配的直接人工费用（制造费用）

=月初在产品和本月发生的直接人工（制造费用）合计-完工产品分配的直接人工（制造费用）

**3. 计算完工产品的实际总成本和单位成本**

本期完工产品实际总成本=本期完工产品分配的直接材料费用+本期完工产品分配的直接人工费用+本期完工产品分配的制造费用

**小思考：**

因月初在产品的定额消耗量（或定额费用、定额工时）与本月投入的定额消耗量（或定额费用、定额工时）之和等于本月完工产品的定额消耗量（或定额费用、定额工时）与月末在产品定额消耗量（或定额费用、定额工时）之和，上述各项费用的分配率还可以如何计算?

**【例2-31】**　星际公司201×年8月生产A产品本月完工300件，月末在产品100件，有关资料如表2-41所示。

**表2-41　A产品费用及定额资料**

| 内容 | 直接材料 | 直接人工 | 制造费用 | 合计 |
| --- | --- | --- | --- | --- |
| 月初在产品成本 | 40 000 | 7 500 | 11 000 | 58 500 |
| 本月发生的生产费用 | 130 000 | 10 500 | 16 900 | 157 400 |
| 生产费用合计 | 170 000 | 18 000 | 27 900 | 215 900 |
| 单位完工产品定额 | 500 元 | 5 小时 | 5 小时 | |
| 月末在产品单位定额 | 500 元 | 3 小时 | 3 小时 | |

根据上述资料，采用定额比例法，计算本月完工产品总成本和月末在产品成本。

计算如下：

$$直接材料费用分配率 = \frac{170\ 000}{300 \times 500 + 100 \times 500} = 0.85$$

$$直接人工费用分配率 = \frac{18\ 000}{300 \times 5 + 100 \times 3} = 10$$

$$制造费用分配率 = \frac{27\ 900}{300 \times 5 + 100 \times 3} = 15.5$$

完工产品应分配的直接材料费用 = 300 × 500 × 0.85 = 127 500（元）

完工产品应分配的直接人工费用 = 300 × 5 × 10 = 15 000（元）

完工产品应分配的制造费用 = 300 × 5 × 15.5 = 23 250（元）

完工产品总成本 = 127 000 + 15 000 + 23 250 = 165 750（元）

$$完工产品的单位成本 = \frac{165\ 750}{300} = 552.5（元）$$

在产品应分配的直接材料费用 = 100 × 500 × 0.85 = 42 500（元）

在产品应分配的直接人工费用 = 100 × 3 × 10 = 3 000（元）

在产品应分配的制造费用 = 100 × 3 × 15.5 = 4 650（元）

在产品总成本 = 42 500 + 3 000 + 4 650 = 50 150（元）

根据计算结果，编制产品成本计算单如表 2－42 所示。

**表 2－42　产品成本计算单**

产品名称：A 产品　　　201×年 8 月　　　金额单位：元

| 项目 | 直接材料 | 直接人工 | 制造费用 | 合计 |
|---|---|---|---|---|
| 月初在产品成本 | 40 000 | 7 500 | 11 000 | 58 500 |
| 本月发生的生产费用 | 130 000 | 10 500 | 16 900 | 157 400 |
| 生产费用合计 | 170 000 | 18 000 | 27 900 | 215 900 |
| 月末在产品成本 | 42 500 | 3 000 | 4 650 | 50 150 |
| 本月完工产品成本 | 127 500 | 15 000 | 23 250 | 165 750 |
| 完工产品单位成本（300 件） | 425 | 50 | 77.5 | 552.5 |

依据表 2－42 编制转账凭证，会计分录如下：

借：库存商品——A 产品　　165 750

　　贷：基本生产成本——A 产品　　165 750

## 项目小结

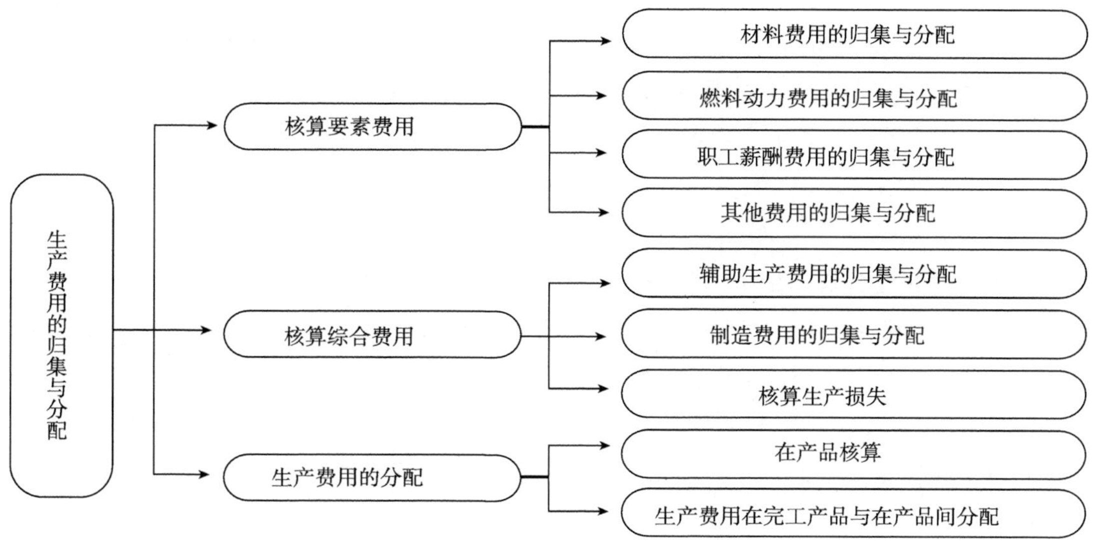


## 职业能力训练

### 一、单项选择题

1. 下列项目中不属于产品成本材料费用要素的是（　　）。

A. 产品消耗的原材料　　B. 材料保管过程中消耗的物料

C. 维修机器设备消耗的备件　　D. 直接装配在产品上的外购半成品

2. 甲、乙两种产品的重量不同、材料单位消耗量基本相同、企业没有制定材料单位消耗定额、材料领用时未能区分每种材料的消耗量，则对甲、乙产品共同消耗的材料费用，可以用（　　）作为分配标准。

A. 产品的重量　　B. 完工产品的数量

C. 每种产品的材料消耗定额　　D. 每种产品的材料实际消耗量

3. 下列单据中，不应作为记录材料消耗数量原始依据的有（　　）。

A. 领料单　　B. 限额领料单

C. 退料单　　D. 盘点对账单

4. 根据职工薪酬费用分配表分配职工薪酬费用时，会计凭证中不可能出现的借方科目是（　　）。

A. 基本生产成本　　B. 制造费用

C. 财务费用　　D. 管理费用

5. 分配辅助生产费用时，最为精确的分配方法是（　　）。

A. 直接分配法　　B. 交互分配法

C. 代数分配法　　D. 计划分配法

6. 适用于季节性生产企业的制造费用分配方法有（　　）。

A. 生产工时比例法　　B. 年度计划分配率法

C. 机器工时比例法　　D. 生产工人工资比例法

7. 如果企业月末在产品数量较大，各月末在产品数量变化也较大，产品成本中各项费用的比重相差不大，则生产费用在完工产品和在产品之间的分配应采用（　　）。

A. 约当产量法　　B. 不计算在产品成本法

C. 定额比例法　　D. 在产品按完工产品成本计算

8. 某产品经过三道工序加工完成，三道工序的工时定额分别为：5 小时、3 小时和 2 小时，各工序在产品的完工程度均为 50%，则该种产品在第二道工序在产品的完工程度为（　　）。

A. 80%　　B. 40%　　C. 65%　　D. 90%

9. 用来核算企业生产产品和提供劳务而发生的各项间接费用的账户是（　　）。

A. 基本生产成本　　B. 制造费用

C. 管理费用　　D. 财务费用

10. 产品生产领用的包装物，应计入（　　）。

A. 制造费用　　B. 基本生产成本

C. 销售费用　　D. 其他业务成本

11. 基本生产车间领用的直接用于产品生产，构成产品实体的原料及主要材料，应通过（　　）成本项目反映。

A. 外购材料　　B. 直接材料　　C. 原料及主要材料　　D. 原材料

12. 下列不计入产品成本的费用是（　　）。

A. 管理人员工资　　B. 产品耗用的材料费

C. 车间设备折旧费　　D. 车间管理人员工资

13. 辅助生产费用交互分配法中应首先进行交互分配，其交互分配是指（　　）。

A. 辅助生产费用在各生产车间之间分配

B. 辅助生产费用在各基本生产车间之间分配

C. 辅助生产费用在各辅助生产车间之间分配

D. 辅助生产费用在各基本生产车间和辅助生产车间之间分配

14. 在产品按定额成本计价法适用于（　　）。

A. 消耗定额比较准确、稳定　　B. 各月末在产品数量变化较大

C. 各月末在产品数量变化较小　　D. 第一、三条件同时具备

15. 财产清查时发现在产品盘盈，调整账面记录时应借记（　　），贷记“待处理财产损溢”账户。

A. 基本生产成本　　B. 库存商品

C. 管理费用　　D. 制造费用

16. 对于定额管理基础较好，各项消耗定额准确、稳定，且各月末在产品数量变化较大的企业，生产费用在完工产品和在产品之间的分配方法宜采用（　　）。

A. 约当产量法　　B. 定额成本法

C. 在产品按年初固定成本计价法　　D. 定额比例法

17. 生产产品的设备所提的折旧应计入（　　）。

A. 基本生产成本　　B. 辅助生产成本

C. 制造费用　　D. 管理费用

18. 生产车间发生的制造费用分配后，一般应计入（　　）。

A. 基本生产成本　　B. 库存商品

C. 本年利润　　D. 主营业务成本

19. 直接按照完工产品与在产品数量分配直接材料费用的方法适用于（　　）。

A. 原材料分工序一次投入　　B. 原材料随生产进度陆续投入

C. 原材料在投产时一次投入　　D. 原材料根据生产过程实际需要投入

20. 可修复废品修复前发生的费用（　　）。

A. 借记“废品损失”　　B. 贷记“基本生产成本”

C. 借记“原材料”　　D. 保留在“基本生产成本”账户

21. 下列属于产品成本项目的是（　　）。

A. 外购动力　　B. 折旧费

C. 制造费用　　D. 职工薪酬费

22. 某企业甲产品经过三道工序加工而成，材料分工序在每道工序一开始投入，单位产品消耗定额100千克，第一工序60千克，第二工序0，第三工序40千克，则第二工序的投料程度为（　　）。

A. 25%　　B. 50%　　C. 60%　　D. 100%

**二、多项选择题**

1. 对于几种产品共同耗用的原材料，常用的分配方法有（　　）。

A. 定额耗用量比例法　　B. 定额工时比例法

C. 生产工人工资比例法　　D. 定额费用比例法

2. 制造费用的分配方法主要有（　　）。

A. 生产工时比例法　　B. 交互分配法

C. 年度计划分配率法　　D. 生产工人工资比例法

3. 企业生产经营过程中的材料费用，按照其用途应计入（　　）账户的借方。

A. 基本生产成本　　B. 辅助生产成本

C. 制造费用　　D. 管理费用

4. 计入产品成本的职工薪酬费用包括（　　）。

A. 生产工人的工资　　B. 车间管理人员的社会保险费

C. 计提的生产工人住房公积金　　D. 计提的行政管理人员教育经费

5. 生产费用在完工产品和在产品之间的分配方法，应考虑（　　）。

A. 在产品数量　　B. 各月在产品数量变化

C. 各要素费用的比重　　D. 定额管理基础的好坏

6. 辅助生产车间计提的折旧费用，可能借记的账户是（　　）。

A. 基本生产成本　　B. 辅助生产成本

C. 制造费用　　D. 管理费用

7. 可修复废品的修复费用包括（　　）。

A. 修复废品发生的材料费用　　B. 修复废品发生的工资费用

C. 修复废品发生的动力费用　　D. 修复废品发生的财务费用

8. 某企业的甲产品经过两道工序加工完成，原材料分两道工序在每道工序陆续投入，投料量分别为700千克和300千克，则每道工序在产品的投料程度为（　　）。

A. 35%　　B. 70%　　C. 85%　　D. 100%

9. 需要对辅助生产成本进行两次或两次以上分配的方法有（　　）。

A. 代数分配法　　B. 直接分配法

C. 交互分配法　　D. 计划分配法

10. “废品损失”账户的贷方可能对应的借方账户有（　　）。

A. 其他应收款　　B. 原材料

C. 基本生产成本　　D. 制造费用

11. 下列属于生产费用在完工产品和在产品之间分配的方法有（　　）。

A. 交互分配法　　B. 约当产量法

C. 定额比例法　　D. 不计算在产品成本法

12. 下列属于制造业在产品的有（　　）。

A. 正在本步骤加工的在产品

B. 等待返修的废品

C. 存放在仓库等待销售的自制半成品

D. 存放在仓库等待下一步继续加工的自制半成品

13. 某企业乙产品经过三道工序加工而成，三道工序的工时定额分别为100小时、60小时和40小时，各工序的在产品数量分别为100件、200件和300件，则乙产品各工序在产品的约当产量分别为（　　）。

A. 25　　B. 130　　C. 160　　D. 270

14. 对几种产品共同耗用的职工薪酬费用一般采用的分配标准有（　　）。

A. 实际生产工时　　B. 定额生产工时
C. 实际机器工时　　D. 定额机器工时

15. 企业分配辅助生产费用，可能借记的账户有（　　）。

A. 基本生产成本　　B. 辅助生产成本
C. 制造费用　　D. 在建工程

16. 分配完工产品和月末在产品费用时，采用在产品按定额成本法计价所应具备的条件是（　　）。

A. 定额管理基础较好　　B. 产品消耗定额比较准确、稳定
C. 各月末在产品数量变化较小　　D. 各月末在产品数量变化较大

**三、判断题**

1. 凡生产车间领用的原材料费用，最终都必须转入到生产成本账户的“直接材料”成本项目。（　　）

2. 基本生产车间发生的其他费用，与产品生产没有直接联系，不应计入产品成本。（　　）

3. 产品入库以后，由于管理不善造成的损坏贬值等损失，不应列为“废品损失”，而应列作“管理费用”核算。（　　）

4. 直接用于基本生产但没有专设成本项目的耗费，应计入“制造费用”账户。（　　）

5. 多种产品共同耗用原材料费用，按“材料定额耗用量比例”分配与按“材料定额费用比例”分配的依据不同，因此，分配结果也不同。（　　）

6. 废品发生的损失，无论是可修复废品的修复费用，还是不可修复废品的成本，均应由合格产品来承担。（　　）

7. 某工序在产品的完工程度为该工序止累计的工时定额与完工产品工时定额的比例。（　　）

8. 月初在产品成本加上本月发生生产费用等于完工产品成本加上月末在产品成本。（　　）

9. “废品损失”账户期末一般无余额。（　　）

10. 制造企业的产品成本项目一般有“直接材料”、“直接人工”和“制造费用”项目，企业可以根据实际情况进行增减。（　　）

11. 企业车间厂房、行政办公楼所提折旧，均不应计入产品成本。（　　）

12. 辅助生产费用的交互分配法，主要考虑辅助车间之间的分配，而不需要对外分配。（　　）

13. 采用在产品按年初固定成本计算时，年内各月在产品成本均按年初计算，各月相等。（　　）

14. 制造费用按年度计划分配法分配时，月末可能有借方或贷方余额。（　　）

15. 制造费用与管理费用不同，本期管理费用一定影响本期损益，但本期制造费用不一定影响本期损益。(　　)

16. 车间管理人员的工资不属于直接工资，因此不计入产品成本，而计入期间费用。(　　)

## 四、实务操作

(一) 201×年1月，昌盛制造有限公司仓库送来“发出材料明细表”如下表所示：

**昌盛制造有限公司发出材料明细表**　　附领料单 **15** 张

201×年1月　　金额单位：元

| 材料类别 | 品名 | 发出数量 | 计划单位成本 | 实际单位成本 | 金额 | 用途 |
|---|---|---|---|---|---|---|
| 原材料 | 甲材料 | 9000 千克 | 10.0 | | 90 000 | A、B 产品耗用 |
| 原材料 | 乙材料 | 4500 千克 | 12.0 | | 54 000 | B 产品领用 |
| 原材料 | 丙材料 | 2000 千克 | 60.0 | | 120 000 | A 产品领用 |
| 原材料 | 丙材料 | 150 千克 | 60.0 | | 9 000 | 公司办公室领用 |
| 燃料 | 大同煤 | 22 吨 | | 400.0 | 8 800 | 锅炉车间领用 |
| 辅助材料 | 2#材料 | 340 千克 | | 25.0 | 8 500 | 机修车间领用 |
| 修理备件 | A 配件 | 170 只 | | 10.0 | 1 700 | 一车间修理领用 |
| 合计 | | | | | 292 000 | |

当月A、B产品产量分别为1000件、2000件，A、B产品的甲材料单耗定量为5千克、2千克。月末原材料成本差异率为1%。后附原材料费用分配表。

要求：

(1) 分配原材料费用，编制原材料费用分配表；

(2) 根据原材料费用分配表编制记账凭证；

(3) 根据记账凭证登记基本生产成本明细账、辅助生产成本明细账，制造费用明细账。

**原材料费用分配表**

201×年1月　　金额单位：元

<table>
<tr><td colspan="2">应借账户</td><td rowspan="3">成本或费用项目</td><td colspan="5">计划成本</td><td rowspan="3">材料成本差异（1%）</td><td rowspan="3">实际成本</td></tr>
<tr><td rowspan="2">总账账户</td><td rowspan="2">明细账户</td><td colspan="3">间接计入费用</td><td rowspan="2">直接计入费用</td><td rowspan="2">合 计</td></tr>
<tr><td>消耗定额</td><td>分配率</td><td>分配额</td></tr>
<tr><td rowspan="3">基本生产成本</td><td></td><td></td><td></td><td></td><td></td><td></td><td></td><td></td><td></td></tr>
<tr><td></td><td></td><td></td><td></td><td></td><td></td><td></td><td></td><td></td></tr>
<tr><td></td><td></td><td></td><td></td><td></td><td></td><td></td><td></td><td></td></tr>
</table>

续表

<table>
<tr><th colspan="2">应借账户</th><th rowspan="2">成本或费用项目</th><th colspan="5">计划成本</th><th rowspan="3">材料成本差异（1%）</th><th rowspan="3">实际成本</th></tr>
<tr><th colspan="2"></th><th colspan="3">间接计入费用</th><th rowspan="2">直接计入费用</th><th rowspan="2">合计</th></tr>
<tr><th>总账账户</th><th>明细账户</th><th></th><th>消耗定额</th><th>分配率</th><th>分配额</th></tr>
<tr><td rowspan="3">辅助生产成本</td><td></td><td></td><td></td><td></td><td></td><td></td><td></td><td></td><td></td></tr>
<tr><td></td><td></td><td></td><td></td><td></td><td></td><td></td><td></td><td></td></tr>
<tr><td></td><td></td><td></td><td></td><td></td><td></td><td></td><td></td><td></td></tr>
<tr><td>制造费用</td><td></td><td></td><td></td><td></td><td></td><td></td><td></td><td></td><td></td></tr>
<tr><td>管理费用</td><td></td><td></td><td></td><td></td><td></td><td></td><td></td><td></td><td></td></tr>
<tr><td colspan="2">合计</td><td></td><td></td><td></td><td></td><td></td><td></td><td></td><td></td></tr>
</table>

（二）某企业设有机修、供水两个辅助生产车间，各车间本月共发生费用为 21 160 元和 99 450 元，各车间提供的劳务数量见下表。请分别采用直接分配法、交互分配法和代数分配法对两个车间的生产费用进行分配，并做出相应的会计处理。

**辅助生产车间劳务供应明细表**

201×年 7 月

| 受益单位 | | 机修（小时） | 供水（吨） |
|---|---|---|---|
| 辅助生产车间 | 机修车间 | | 2000 |
| | 供水车间 | 150 | |
| 第一基本生产车间 | 甲产品 | | 13000 |
| | 乙产品 | | 9000 |
| | 一车间一般耗用 | 2850 | 1250 |
| 第二基本生产车间 | 丙产品 | | 12500 |
| | 二车间一般耗用 | 1480 | 1050 |
| 行政管理部门 | | 270 | 2200 |
| 合计 | | 4750 | 41000 |

**辅助生产费用分配表（直接分配法）**

201×年 7 月　　金额单位：元

| 项目 | 机修车间 | 供水车间 | 合计 |
|---|---|---|---|
| 待分配的辅助生产费用 | | | |
| 提供给辅助车间以外的劳务量 | | | |
| 费用分配率 | | | |

续表

<table>
<tr><td colspan="3">项目</td><td>机修车间</td><td>供水车间</td><td>合计</td></tr>
<tr><td rowspan="12">受益单位</td><td rowspan="2">甲产品</td><td>受益数量</td><td></td><td></td><td></td></tr>
<tr><td>分配金额</td><td></td><td></td><td></td></tr>
<tr><td rowspan="2">乙产品</td><td>受益数量</td><td></td><td></td><td></td></tr>
<tr><td>分配金额</td><td></td><td></td><td></td></tr>
<tr><td rowspan="2">丙产品</td><td>受益数量</td><td></td><td></td><td></td></tr>
<tr><td>分配金额</td><td></td><td></td><td></td></tr>
<tr><td rowspan="2">第一车间</td><td>受益数量</td><td></td><td></td><td></td></tr>
<tr><td>分配金额</td><td></td><td></td><td></td></tr>
<tr><td rowspan="2">第二车间</td><td>受益数量</td><td></td><td></td><td></td></tr>
<tr><td>分配金额</td><td></td><td></td><td></td></tr>
<tr><td rowspan="2">管理部门</td><td>受益数量</td><td></td><td></td><td></td></tr>
<tr><td>分配金额</td><td></td><td></td><td></td></tr>
<tr><td colspan="3">分配金额合计</td><td></td><td></td><td></td></tr>
</table>

**辅助生产费用分配表（交互分配法）**

201×年7月　　　　金额单位：元

<table>
<tr><td colspan="4">项目</td><td colspan="3">交互分配</td><td colspan="3">对外分配</td></tr>
<tr><td colspan="4">辅助生产车间</td><td>机修车间</td><td>供水车间</td><td>合计</td><td>机修车间</td><td>供水车间</td><td>合计</td></tr>
<tr><td colspan="4">待分配的辅助生产费用</td><td></td><td></td><td></td><td></td><td></td><td></td></tr>
<tr><td colspan="4">提供的劳务总量</td><td></td><td></td><td></td><td></td><td></td><td></td></tr>
<tr><td colspan="4">费用分配率</td><td></td><td></td><td></td><td></td><td></td><td></td></tr>
<tr><td rowspan="16">受益单位</td><td rowspan="4">辅助生产车间</td><td rowspan="2">机修车间</td><td>受益数量</td><td></td><td></td><td></td><td></td><td></td><td></td></tr>
<tr><td>分配金额</td><td></td><td></td><td></td><td></td><td></td><td></td></tr>
<tr><td rowspan="2">供水车间</td><td>受益数量</td><td></td><td></td><td></td><td></td><td></td><td></td></tr>
<tr><td>分配金额</td><td></td><td></td><td></td><td></td><td></td><td></td></tr>
<tr><td rowspan="10">基本车间</td><td rowspan="2">甲产品</td><td>受益数量</td><td></td><td></td><td></td><td></td><td></td><td></td></tr>
<tr><td>分配金额</td><td></td><td></td><td></td><td></td><td></td><td></td></tr>
<tr><td rowspan="2">乙产品</td><td>受益数量</td><td></td><td></td><td></td><td></td><td></td><td></td></tr>
<tr><td>分配金额</td><td></td><td></td><td></td><td></td><td></td><td></td></tr>
<tr><td rowspan="2">丙产品</td><td>受益数量</td><td></td><td></td><td></td><td></td><td></td><td></td></tr>
<tr><td>分配金额</td><td></td><td></td><td></td><td></td><td></td><td></td></tr>
<tr><td rowspan="2">第一车间</td><td>受益数量</td><td></td><td></td><td></td><td></td><td></td><td></td></tr>
<tr><td>分配金额</td><td></td><td></td><td></td><td></td><td></td><td></td></tr>
<tr><td rowspan="2">第二车间</td><td>受益数量</td><td></td><td></td><td></td><td></td><td></td><td></td></tr>
<tr><td>分配金额</td><td></td><td></td><td></td><td></td><td></td><td></td></tr>
<tr><td rowspan="2">管理部门</td><td colspan="2">受益数量</td><td></td><td></td><td></td><td></td><td></td><td></td></tr>
<tr><td colspan="2">分配金额</td><td></td><td></td><td></td><td></td><td></td><td></td></tr>
<tr><td colspan="4">分配金额合计</td><td></td><td></td><td></td><td></td><td></td><td></td></tr>
</table>

**辅助生产费用分配表（代数分配法）**

201×年7月　　　　金额单位：元

<table>
<tr><td colspan="4">项目</td><td>机修车间</td><td>供水车间</td><td>合计</td></tr>
<tr><td colspan="4">待分配的辅助生产费用</td><td></td><td></td><td></td></tr>
<tr><td colspan="4">提供的劳务总量</td><td></td><td></td><td></td></tr>
<tr><td colspan="4">费用分配率</td><td></td><td></td><td></td></tr>
<tr><td rowspan="18">受益单位</td><td rowspan="4">辅助生产车间</td><td rowspan="2">机修车间</td><td>受益数量</td><td></td><td></td><td></td></tr>
<tr><td>分配金额</td><td></td><td></td><td></td></tr>
<tr><td rowspan="2">供水车间</td><td>受益数量</td><td></td><td></td><td></td></tr>
<tr><td>分配金额</td><td></td><td></td><td></td></tr>
<tr><td rowspan="10">基本车间</td><td rowspan="2">甲产品</td><td>受益数量</td><td></td><td></td><td></td></tr>
<tr><td>分配金额</td><td></td><td></td><td></td></tr>
<tr><td rowspan="2">乙产品</td><td>受益数量</td><td></td><td></td><td></td></tr>
<tr><td>分配金额</td><td></td><td></td><td></td></tr>
<tr><td rowspan="2">丙产品</td><td>受益数量</td><td></td><td></td><td></td></tr>
<tr><td>分配金额</td><td></td><td></td><td></td></tr>
<tr><td rowspan="2">第一车间</td><td>受益数量</td><td></td><td></td><td></td></tr>
<tr><td>分配金额</td><td></td><td></td><td></td></tr>
<tr><td rowspan="2">第二车间</td><td>受益数量</td><td></td><td></td><td></td></tr>
<tr><td>分配金额</td><td></td><td></td><td></td></tr>
<tr><td rowspan="2">管理部门</td><td colspan="2">受益数量</td><td></td><td></td><td></td></tr>
<tr><td colspan="2">分配金额</td><td></td><td></td><td></td></tr>
<tr><td colspan="4">分配金额合计</td><td></td><td></td><td></td></tr>
</table>

（三）某企业生产101#产品经过两道工序加工完成，在产品成本按约当产量法计算，201×年8月有关资料如下：

1. 101#产品本月完工1 000件；月末在产品数量为：第一工序400件，第二工序200件。

2. 101#产品的原材料分次在每道工序开始时一次投入。第一道工序材料消耗定额20千克，第二道工序材料消耗定额为30千克。该产品完工产品的工时定额为50小时，其中第一道工序为20小时，第二道工序为30小时。

3. 101#产品月初在产品成本：直接材料80 000元，直接人工3 800元，制造费用5 100元；本月发生的费用为：直接材料192 000元，直接人工14 500元，制造费用19 300元。

要求：

（1）按材料消耗定额计算101#产品的投料率及在产品的约当产量。

（2）按工时定额计算101#产品的完工率及在产品的约当产量。

（3）将各项生产费用在完工产品和月末在产品之间分配，编制成本计算单。

**产品成本计算单**

产品名称：101#产品　　　　金额单位：元

| 项目 | 成本项目 | | | 合计 |
|---|---|---|---|---|
| | 直接材料 | 直接人工 | 制造费用 | |
| 月初在产品成本 | | | | |
| 本月发生生产费用 | | | | |
| 合计 | | | | |
| 月末在产品约当产量 | | | | |
| 完工产品数量 | | | | |
| 约当产量合计 | | | | |
| 费用分配率 | | | | |
| 完工产品成本 | | | | |
| 月末在产品成本 | | | | |

（四）东方公司是一家生产甲、乙、丙三种产品的制造企业，8月份甲、乙、丙三种产品的投产量分别为310件、1 240件和4 650件，其中甲产品月末全部完工，乙产品和丙产品月末在产品分别为200件和600件，材料均一次投入，在产品完工程度均为50%。公司有一个基本生产车间和一个运输车间。201×年8月发生的经济业务如下：

1. 材料费用的归集和分配：（根据所给资料制表并填制记账凭证）

**表1　东方公司材料消耗定额表**

| 材料名称 / 产品名称 | 单位 | A材料 | B材料 | C材料 | D材料 | E材料 |
|---|---|---|---|---|---|---|
| | | 消耗定额（米$^2$） | 消耗定额（kg） | 消耗定额（kg） | 消耗定额（kg） | 消耗定额（kg） |
| 甲产品 | 件 | 0.45 | 1.2 | 0.5 | 7.3 | 10 |
| 乙产品 | 件 | 0.11 | 0.38 | 0.12 | 0.5 | 2.5 |
| 丙产品 | 个 | 0.03 | 0.1 | 0.03 | 0.15 | 0.17 |

**表2　东方公司材料耗用汇总表**

部门：基本车间　　　　201×年8月31日　　　　金额单位：元

| 材料名称 / 产品名称 | A材料 | | | 定额消耗量 | 分配率 | 分配金额 | 备注 |
|---|---|---|---|---|---|---|---|
| | 数量 | 单价 | 金额 | | | | |
| 甲产品 | | | | | | | |
| 乙产品 | | | | | | | |
| 丙产品 | | | | | | | |
| 合计 | 450 | 1 250 | 562 500 | | | | |

**表 3　东方公司材料耗用汇总表**

部门：基本车间　　　　201×年 8 月 31 日　　　　金额单位：元

| 材料名称 / 产品名称 | B 材料 | | | 定额消耗量 | 分配率 | 分配金额 | 备注 |
|---|---|---|---|---|---|---|---|
| | 数量 | 单价 | 金额 | | | | |
| 甲产品 | | | | | | | |
| 乙产品 | | | | | | | |
| 丙产品 | | | | | | | |
| 合计 | 1 310 | 3 | 3 930 | | | | |

**表 4　东方公司材料耗用汇总表**

部门：基本车间　　　　201×年 8 月 31 日　　　　金额单位：元

| 材料名称 / 产品名称 | C 材料 | | | 定额消耗量 | 分配率 | 分配金额 | 备注 |
|---|---|---|---|---|---|---|---|
| | 数量 | 单价 | 金额 | | | | |
| 甲产品 | | | | | | | |
| 乙产品 | | | | | | | |
| 丙产品 | | | | | | | |
| 合计 | 320 | 3.5 | 1 120 | | | | |

**表 5　东方公司材料耗用汇总表**

部门：基本车间　　　　201×年 8 月 31 日　　　　金额单位：元

| 材料名称 / 产品名称 | D 材料 | | | 定额消耗量 | 分配率 | 分配金额 | 备注 |
|---|---|---|---|---|---|---|---|
| | 数量 | 单价 | 金额 | | | | |
| 甲产品 | | | | | | | |
| 乙产品 | | | | | | | |
| 丙产品 | | | | | | | |
| 合计 | 3 600 | 7 | 25 200 | | | | |

**表 6　东方公司材料耗用汇总表**

部门：基本车间　　　　201×年 8 月 31 日　　　　金额单位：元

| 材料名称 / 产品名称 | E 材料 | | | 定额消耗量 | 分配率 | 分配金额 | 备注 |
|---|---|---|---|---|---|---|---|
| | 数量 | 单价 | 金额 | | | | |
| 甲产品 | | | | | | | |
| 乙产品 | | | | | | | |
| 丙产品 | | | | | | | |
| 合计 | 7 000 | 0.4 | 2 800 | | | | |

**表 7　东方公司材料耗用汇总表**

部门：运输车间　　　　201×年 8 月 31 日　　　　金额单位：元

| 材料名称 / 部门 | 柴油 | | | 机油 | | | 备注 |
|---|---|---|---|---|---|---|---|
| | 数量 | 单价 | 金额 | 数量 | 单价 | 金额 | 直接计入辅助成本。单位：千克 |
| 运输车间 | 5 800 | 6.5 | 37 700 | 20 | 30 | 600 | |
| 合计 | | | | | | | |

**表 8　东方公司材料费用分配表**

201×年 8 月 31 日　　　　单位：元

| 应借账户 | | 成本项目 | 材料费用金额 |
|---|---|---|---|
| 总账账户 | 明细账户 | | |
| | | | |
| | | | |
| | | | |
| | | | |
| | | | |
| 合计 | | | |

2. 动力费用的归集和分配：（根据所给资料制表并填制记账凭证）

**表 1　东方公司耗用电量报告单**

201×年 8 月 31 日

| 项目 / 部门 | 耗电量（度） | 单价（0.50 元/度） | 金额（元） |
|---|---|---|---|
| 基本生产车间 | 116 970 | | 58 485 |
| 辅助生产车间 | 400 | | 200 |
| 行政管理部门 | 1 000 | | 500 |
| 合计 | 118 370 | | 59 185 |

**表 2　东方公司动力费用分配表**

201×年 8 月 31 日

| 应借账户 | | 成本项目 | 金额（元） | 备注 |
|---|---|---|---|---|
| 总账账户 | 明细账户 | | | |
| | | | | 辅助车间的动力费直接计入辅助生产成本 |
| | | | | |
| | | | | |
| 合计 | | | | |

3. 职工薪酬费用的归集和分配：（根据所给资料制表并填制记账凭证）

**表 1　东方公司职工薪酬（工资）费用汇总表**

201×年 8 月 31 日

| 部门＼项目 | | 人数（人） | 工资总额（元） | 备注 |
|---|---|---|---|---|
| 基本车间 | 生产工人 | 115 | 187 200 | |
| | 管理人员 | 10 | 24 000 | |
| 运输车间 | 生产工人 | 8 | 10 925 | |
| | 管理人员 | 2 | 2 400 | |
| 销售人员 | | 15 | 30 000 | |
| 行政人员 | | 30 | 52 000 | |
| 合计 | | 180 | 306 525 | |

**表 2　东方公司职工薪酬（工资、社保等）费用分配表**

201×年 8 月 31 日

| 应借账户 | | 成本项目 | 工资总额 | | | 社保及其他费用（36%） |
|---|---|---|---|---|---|---|
| 总账账户 | 明细账户 | | 生产工时 | 分配率 | 分配金额（元） | |
| 基本生产成本 | 甲产品 | | 13 500 | | | |
| | 乙产品 | | 12 500 | | | |
| | 丙产品 | | 11 500 | | | |
| | 小计 | | 37 500 | | 187 200 | |
| 辅助生产成本 | | | | | | |
| 制造费用 | 基本车间 | | | | | |
| | 运输车间 | | | | | |
| 销售费用 | | | | | | |
| 管理费用 | | | | | | |
| 合计 | | | | | | |

4. 折旧费用的归集和分配：（根据所给资料制表并填制记账凭证）

**东方公司折旧计算分配表**

201×年 8 月 31 日　　　　单位：元

| 部门＼使用 | 固定资产项目 | 上月折旧额 | 上月增加固定资产 | | 上月减少固定资产 | | 本月折旧额 |
|---|---|---|---|---|---|---|---|
| | | | 原值 | 折旧额 | 原值 | 折旧额 | |
| 基本车间 | 厂房 | 45 000 | | | | | |
| | 机器设备 | 35 000 | 20 000 | 100 | | | |
| | 小计 | 80 000 | | | | | |

续表

| 使用部门 | 固定资产项目 | 上月折旧额 | 上月增加固定资产 | | 上月减少固定资产 | | 本月折旧额 |
|---|---|---|---|---|---|---|---|
| | | | 原值 | 折旧额 | 原值 | 折旧额 | |
| 辅助车间 | 厂房 | 10 000 | | | | | |
| | 机器设备 | 10 000 | | | | | |
| | 小计 | 20 000 | | | | | |
| 管理部门 | 房屋 | 25 000 | | | | | |
| | 管理设备 | 5 000 | | | 100 000 | 400 | |
| | 小计 | 30 000 | | | | | |
| 销售部门 | 房屋 | 20 000 | | | | | |
| 合计 | | 150 000 | | | | | |

5. 其他费用的归集和分配：（根据所给资料表 2 填制表 1 并编制记账凭证）

**表 1　东方公司其他费用分配表**

201×年 8 月 31 日　　　　金额单位：元

| 应借账户 | | | 金额 |
|---|---|---|---|
| 总账账户 | 明细账户 | 费用项目 | |
| | | | |
| | | | |
| | | | |
| | | 小计 | |
| | | | |
| | | | |
| | | | |
| | | 小计 | |
| | | | |
| | | | |
| | | | |
| | | | |
| | | 小计 | |
| | | | |
| | | | |
| | | | |
| | | 小计 | |
| 合计 | | | |

**表 2 东方公司其他费用支出汇总表**

201×年 8 月 31 日 单位：元

| 费用<br>部门 | 办公费 | 差旅费 | 劳保费 | 邮电费 | 保险费 | 合计 |
|---|---|---|---|---|---|---|
| 基本车间 | 350 | | 2 700 | | 15 000 | 18 050 |
| 辅助车间 | 150 | | 150 | | 3 750 | 4 050 |
| 行政部门 | 4 000 | 4 000 | | 1 500 | 5 625 | 15 125 |
| 销售部门 | 500 | 2 000 | | | 1 875 | 4 375 |
| 合计 | 5 000 | 6 000 | 2 850 | 1 500 | 26 250 | 41 600 |

6. 辅助生产费用的归集和分配：（根据所给 1 ~5 资料登记辅助生产车间制造费用明细账和辅助生产成本明细账并编制辅助生产费用分配表、填制记账凭证，运输车间按提供的劳务量直接对外进行分配）

**东方公司辅助生产费用分配表**

201×年 8 月 31 日 金额单位：元

| 项目 | 待分配辅助生产成本 | 提供的劳务量 | 分配率 | 耗用数量 | 分配金额 |
|---|---|---|---|---|---|
| 辅助生产车间 | | 2 400/小时 | | | |
| 基本生产车间 | | | | 1 920 | |
| 销售部门 | | | | 480 | |
| | | | | 2 400 | |

7. 制造费用的归集和分配：（根据所给 1 ~6 资料登记基本生产车间制造费用明细账，编制制造费用分配表并填制记账凭证，基本车间的制造费用按生产工时比例分配）

**东方公司制造费用分配表**

201×年 8 月 31 日 金额单位：元

| 应借账户 | | 生产工时 | 分配率 | 分配金额 |
|---|---|---|---|---|
| 总账账户 | 明细账户 | | | |
| | | 13 500 | | |
| | | 12 500 | | |
| | | 11 500 | | |
| 合计 | | 37 500 | | |

8. 登记甲、乙、丙三种产品基本生产成本明细账，将费用在完工产品和在产品之间分配。假定不考虑期初在产品成本。

**基本生产成本明细账**

产品名称：甲产品　　　　产成品：　件　　　　金额单位：元

| 201×年 | | 凭证号数 | 摘要 | 直接材料 | 直接人工 | 制造费用 | 合计 |
|---|---|---|---|---|---|---|---|
| 月 | 日 | | | | | | |
| | | 略 | | | | | |
| | | 略 | | | | | |
| | | 略 | | | | | |
| | | 略 | | | | | |
| | | 略 | | | | | |

**基本生产成本明细账**

产品名称：乙产品　　　　产成品：　件　　　　金额单位：元

| 201×年 | | 凭证号数 | 摘要 | 直接材料 | 直接人工 | 制造费用 | 合计 |
|---|---|---|---|---|---|---|---|
| 月 | 日 | | | | | | |
| | | 略 | | | | | |
| | | 略 | | | | | |
| | | 略 | | | | | |
| | | 略 | | | | | |
| | | 略 | | | | | |
| | | 略 | | | | | |

**基本生产成本明细账**

产品名称：丙产品　　　　产成品：　件　　　　金额单位：元

| 201×年 | | 凭证号数 | 摘要 | 直接材料 | 直接人工 | 制造费用 | 合计 |
|---|---|---|---|---|---|---|---|
| 月 | 日 | | | | | | |
| | | 略 | | | | | |
| | | 略 | | | | | |
| | | 略 | | | | | |
| | | 略 | | | | | |
| | | 略 | | | | | |
| | | 略 | | | | | |

# 项目三　运用基本方法计算产品成本

## 职业能力目标：

### 技能目标

1. 能熟练运用品种法计算产品成本能力；
2. 能熟练运用分批法计算产品成本能力；
3. 能熟练运用分步法计算产品成本能力；
4. 培养学生独立思考、分析问题和解决问题的能力；
5. 培养学生团队合作、协调沟通、人际交流的能力。

### 知识目标

1. 理解品种法、分批法、分步法的主要特点、适用范围及计算程序；
2. 掌握综合结转和分项结转的结转方法，掌握综合结转法的成本还原；
3. 掌握平行结转分步法的特点和适用范围；熟悉品种法、分批法、平行结转分步法的计算程序。

### 案例导入

郑希是会计专业一名学生，大四时去一家棉纺厂实习。该厂是专门生产棉布的一家纺织企业，产品需经过抽条车间、纺纱车间（粗纱、细纱两道工序）、整染车间和织布车间四个步骤完成。郑希发现该企业的不同产品成本明细账有的按照产品品种设置，有的按照加工工序设置，有一种产品还按订单组织生产进行成本计算，郑希看着这么多成本计算方法交叉使用，有些糊涂了，你能帮郑希解释一下吗?

## 任务一　正确运用品种法计算产品成本

案例资料：秦宝机床厂 201×年 3 月购进材料成本 850 000 元，产品生产用料 630 000 元，车间修理设备用料 5 000 元，扩建车间厂房用料 10 000 元，总务处机物料消耗 800 元。上述哪些费用应计入产品成本？哪些不应计入产品成本？

企业因产品生产类型特点和管理要求的不同，存在着三种不同的成本计算对象，即产品品种、批别订单和生产步骤，由此也就形成了三种基本成本计算方法，即品种法、分批法和分步法。

## 子任务一　认知品种法

### 一、品种法及其适用范围

产品成本计算的品种法是指以产品的品种（如 A 产品、B 产品）为成本计算对象，归集生产费用并计算产品成本的一种方法。这种成本计算方法既不需要考虑产品的生产步骤，也不需要考虑产品批别，而是只需按照产品的品种归集费用计算产品成本。不论何种组织形式和生产类型、采用何种生产工艺流程、实行何种成本管理，最终均需要计算出每种产品的成本。因此，品种法是产品成本计算方法中最基本的方法，也是企业进行产品成本核算时最基本、最起码、最一般的要求。

根据企业生产特点和成本管理要求，品种法适用于两类企业：

1. 大量大批简单生产的企业，如发电、供水、采掘业等；

2. 大量大批多步骤复杂生产但管理上不要求分步计算产品成本的企业，如小型砖瓦厂、小型造纸厂等。

### 二、品种法的特点

品种法的特点主要体现在以下三个方面：

#### （一）成本计算对象

以产品品种作为成本计算对象是品种法最基本的特点。计算产品成本时，按照产品品种设置生产成本明细账，并按成本项目设置专栏归集生产费用，计算产品成本。

在生产单一产品的企业或车间，由于只生产一种产品，该产品就是成本计算对象，采用品种法计算产品成本时，直接按照该种产品开设一本产品成本明细账。为生产该种产品所发生的生产费用无论是直接费用还是间接费用，均直接计入该种产品成本明细账中所设置的成本项目专栏，不需要将生产费用在各种产品之间分配。如果是生产多种产品的企业或车间，产品成本明细账应按照产品品种分别开设，分别归集生产费用。若发生的是某种产品品种耗用的直接费用，则直接计入该种产品成本明细账，而由各种产品共同负担的间接费用则需要采用适当的方法，在各种产品之间进行分配，然后分别计入各产品成本明细账的成本项目。

#### （二）成本计算期

品种法的成本计算期是按月进行的，这种成本计算期与会计报告期一致，而与生产周期不一致。由于品种法主要适用于大量大批单步骤生产和不需要分步计算成本的大量大批多步骤生产企业，而大量打批生产是连续不断进行的，也就意味着原材料的不断投入和完

工产品的不断产出，一般很难确定具体产品的生产周期，不能在产品完工时计算它的成本，只能定期在月末计算当月完工产品成本。

### （三）生产费用在月末在产品和完工产品之间的分配

在大量大批单步骤的生产企业中，由于只有一个生产步骤，周期较短，月末一般没有在产品或在产品数量很少，因此，生产费用不需要在完工产品和月末在产品之间分配，产品成本明细账上所登记的全部生产费用就是该产品的完工产品成本。在大量大批多步骤生产、管理上不要求分步计算产品成本的企业中，由于工艺过程涉及不同地点、不同时间的生产步骤，因此月末计算产品成本时，既有完工产品也有在产品，这就需要将产品成本明细账中归集的生产费用选择适当的方法在月末完工产品和在产品之间进行分配，以便正确计算完工产品的总成本和单位成本。

**小思考：**

大量大批多步骤生产能否采用品种法计算产品成本？为什么？

## 子任务二 品种法的核算程序

### 一、按产品的品种设置生产成本明细账

企业采用品种法进行产品成本计算时，应按照产品的品种作为成本计算对象，开设“基本生产成本明细账”或产品成本计算单，并按成本项目设置专栏。对于有月初在产品成本的产品，还应在基本生产成本明细账中登记月初在产品成本。同时，按照辅助生产车间或辅助生产车间提供的劳务或产品设置“辅助生产成本明细账”，按照生产车间或分厂设置“制造费用”明细账。

### 二、归集和分配本月所发生的各种要素费用

根据生产过程中发生的各项要素费用的原始凭证和其他相关资料，编制费用分配表，分配各项要素费用。

1. 根据领退料凭证，按照其用途编制“发料凭证汇总表”和“材料费用分配表”；
2. 根据各部门、产品定额耗用量等，编制“外购动力费用分配表”；
3. 根据本月职工薪酬结算表编制“职工薪酬费用分配及计提表”；
4. 各月末根据本月折旧计算表编制“固定资产折旧计算表”；
5. 直接支付的其他费用的分配。

根据上述费用分配表，分别登记“基本生产成本明细账”、“辅助生产成本明细账”和“制造费用明细账”。

> **小提示：**
> 根据各种费用分配表登记成本、费用明细账时，对于涉及当期损益的项目，也应分别计入相应的“管理费用”、“销售费用”和“财务费用”等期间费用账户。

## 三、分配辅助生产费用

将“辅助生产成本明细账”中归集的辅助生产费用总额，按照适当的辅助生产费用分配方法，编制“辅助生产费用分配表”，分配辅助生产费用。辅助生产车间发生的制造费用若是单独设置制造费用明细账进行核算的，应在分配辅助生产费用之前先对各辅助车间归集的制造费用转入各自的辅助生产成本明细账，并入辅助生产费用总额，然后再分配辅助生产费用。根据分配结果，同时登记相应的基本生产成本明细账、基本车间制造费用明细账和其他费用明细账。

## 四、分配基本车间的制造费用

根据基本生产车间制造费用明细账中归集的全月制造费用数，采用适当的分配方法编制“制造费用分配表”，在各种产品之间进行分配制造费用，并据以登记基本生产成本明细账。

## 五、计算本月完工产品成本和月末在产品成本

将基本生产成本明细账中归集的本月生产费用合计数采用适当的方法在本月完工产品和月末在产品之间分配，计算确定本月完工产品成本和月末在产品成本。同时，编制“完工产品成本汇总表”，据以确定各完工产品总成本和单位成本，并结转基本生产成本明细账，登记库存商品明细账。

品种法的基本成本核算程序如图3－1所示：

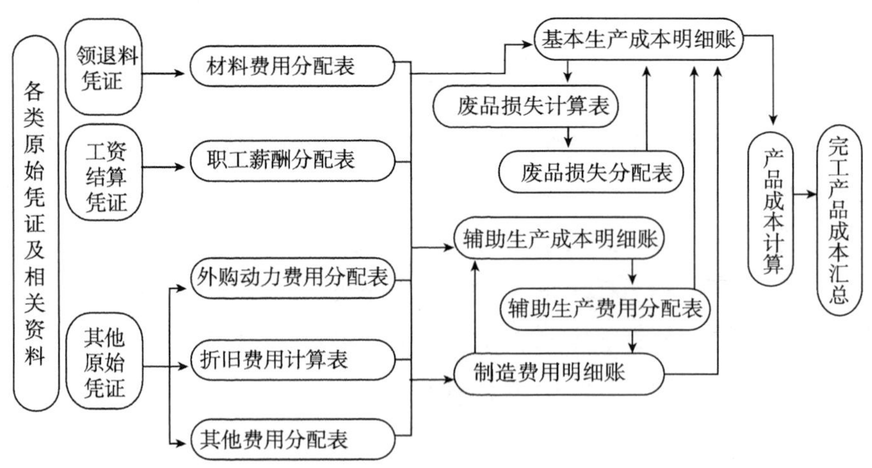


**图3－1**

## 知识链接 3—1

### 品种法的成本计算

品种法计算产品成本时，由于基本生产成本明细账是按具体的产品品种设立，账内按成本项目登记，因此，在发生材料、工资等各种具体要素费用时，对于直接用于产品生产、专门设立成本项目的费用，若是某种产品直接计入费用，应直接计入该产品基本生产成本明细账的“直接材料”、“燃料动力”、“直接人工”成本项目；如果是几种产品共同负担的间接计入费用，还应采用适当的分配方法，分配计入这几种产品基本生产成本明细账的“直接材料”、“燃料动力”、“直接人工”成本项目。虽然直接用于产品生产但没有专设成本项目的费用，如机器设备的折旧费、修理费等，应先计入“制造费用”账户，然后将本车间的“制造费用”总额按一定的分配程序和方法，转入“基本生产成本”明细账的制造费用专栏。

对于辅助生产部门发生的费用，应先通过各辅助部门的“制造费用”和“辅助生产成本”归集，或直接计入“辅助生产成本”账户，然后将本部门“辅助生产成本”归集的费用总额通过一定的程序和方法，转入“基本生产成本”、基本车间的“制造费用”以及“管理费用”等账户。

通过以上的归集和分配，分产品品种设置的“基本生产成本”明细账中的各成本项目，归集了本月生产该种产品发生的全部生产费用，再加上月初在产品费用，将生产费用合计在完工产品和月末在产品之间进行分配，即可计算出完工产品总成本和月末在产品总成本。

## 子任务三　品种法的应用

**【例 3－1】**　东方公司有一个基本生产车间大量生产甲、乙两种产品。另有机修和供电两个辅助生产车间为各车间提供劳务。根据公司生产特点和管理要求，采用品种法计算甲、乙两种产品成本。该公司 201×年 6 月份各种产品的产量和实际耗用工时见表 3－1 所示：

**表 3－1　产量和实际耗用工时**

| 产品名称 | 月初在产量 | 本月投产 | 完工产量 | 在产品数量 | 本月消耗工时 |
|---|---|---|---|---|---|
| 甲产品 | 150 | 450 | 500 | 100 | 6 000 |
| 乙产品 | 50 | 150 | 200 | — | 4 000 |

该公司产品成本计算过程如下：

1. 企业按甲、乙两种产品设置“基本生产成本”明细账，并设“直接材料”、“直接人工”和“制造费用”三个成本项目，各种产品的月初余额已在其成本明细账中予以登记。按车间分设“制造费用”、“辅助生产成本”明细账（辅助生产车间不单独核算制造费用）。其他费用账簿均予省略。

2. 根据原始凭证或原始凭证汇总表编制各种费用分配表或汇总表，分配要素费用。

（1）根据领料单、限额领料单和退料凭证，编制“材料发出汇总表”（见表3－2），分配材料费用。

**表3－2　材料发出汇总表**

201×年6月　　　　单位：元

| 项目 | 直接耗用材料 | 共同耗用材料 | 备注 |
|---|---|---|---|
| 甲产品直接耗用材料 | 65 000 | | 对于共同耗用材料按照投产量标准分配，其中甲产品本月投产450件、乙产品本月投产150件。 |
| 乙产品直接耗用材料 | 43 000 | | |
| 甲乙产品共同耗用材料 | | 12 000 | |
| 供电车间耗用材料 | 1 000 | | |
| 机修车间耗用材料 | 500 | | |
| 基本生产车间一般消耗 | 2 500 | | |
| 行政管理部门一般消耗 | 1 500 | | |
| 合计 | 113 500 | 12 000 | |

会计主管：＿＿＿＿＿　　复核：＿＿＿＿＿　　制单：＿＿＿＿＿

（2）根据职工薪酬结算汇总表（见表3－3）资料编制“职工薪酬分配表”，分配职工薪酬。其中生产工人工资按甲、乙产品的实际生产工时比例分配。

**表3－3　职工薪酬结算汇总表**

201×年6月　　　　单位：元

| 项目 | 工资 | 职工福利 | 合计 |
|---|---|---|---|
| 生产工人工资 | 25 000 | 3 500 | 28 500 |
| 供电车间 | 2 000 | 280 | 2 280 |
| 机修车间 | 1 600 | 224 | 1 824 |
| 基本生产车间管理人员 | 8 000 | 1 120 | 9 120 |
| 行政管理人员 | 10 000 | 1 400 | 11 400 |
| 合计 | 46 600 | 6 524 | 53 124 |

会计主管：＿＿＿＿＿　　复核：＿＿＿＿＿　　制单：＿＿＿＿＿

（3）编制“折旧费用计算表”见表3－4，分配折旧费用。

**表3－4　折旧费用计算表**

201×年6月　　　　单位：元

| 项目 | 应提折旧固定资产原值 | 月折旧率（0.4%） | 应提折旧额 |
|---|---|---|---|
| 基本生产车间 | 1 250 000 | | |
| 供电车间 | 250 000 | | |

续表

| 项目 | 应提折旧固定资产原值 | 月折旧率（0.4%） | 应提折旧额 |
|---|---|---|---|
| 机修车间 | 200 000 | | |
| 行政管理部门 | 1 300 000 | | |
| 合计 | 3 000 000 | | |

会计主管：__________　　复核：__________　　制单：__________

（4）根据其他费用支付情况编制“其他费用分配表”（见表3－5），分配其他费用。

**表3－5　其他费用表**

201×年6月　　单位：元

| 项目 | 办公费 | 劳动保护费 | 水电费 | 其他 | 合计 |
|---|---|---|---|---|---|
| 基本生产车间 | 10 000 | 1 000 | 2 000 | 24 000 | 37 000 |
| 供电车间 | 2 000 | 516 | 800 | 7 500 | 10 816 |
| 机修车间 | 1 800 | 404 | 700 | 5 200 | 8 104 |
| 行政管理部门 | 12 000 | 800 | 1 700 | 15 000 | 29 500 |
| 合计 | 25 800 | 2 720 | 5 200 | 51 700 | 85 420 |

会计主管：__________　　复核：__________　　制单：__________

3. 根据以上各要素费用分配表，登记“辅助生产成本”明细账。根据辅助车间提供劳务情况（见表3－6），采用直接分配法分配辅助生产费用并编制“辅助费用分配表”。

**表3－6　辅助生产车间提供劳务量汇总表**

201×年6月

| 耗用单位 | | 劳务项目 | |
|---|---|---|---|
| | | 电量（度） | 修理（工时） |
| 辅助生产车间 | 供电车间 | | 300 |
| | 机修车间 | 2 000 | |
| 基本生产车间 | | 25 000 | 3 000 |
| 行政管理部门 | | 5 000 | 500 |
| 合计 | | 32 000 | 3 800 |

4. 根据以上各要素费用分配表、辅助生产费用分配表资料，登记基本生产车间的“制造费用”明细账，同时按甲、乙产品生产工时比例分配制造费用。

5. 计算完工产品和月末在产品成本。

根据以上各项费用分配表，登记“基本生产成本”明细账。甲、乙两种产品的原材料都在生产开始时一次投入，月末在产品完工程度均为50%，生产费用在完工产品和在产品之间的分配采用约当产量法。

6. 根据甲、乙产品“基本生产成本”明细账计算的完工产品成本，编制“完工产品成本汇总表”。

具体计算：

（1）根据材料汇总表编制“材料费用分配表”。

**表3－7 材料费用分配表**

201×年6月 单位：元

| 项目 | 直接耗用材料 | 共同耗用材料 | | | 合计 |
|---|---|---|---|---|---|
| | | 投产量 | 分配率 | 分配费用 | |
| 甲产品 | 65 000 | 450 | | 9 000 | 74 000 |
| 乙产品 | 43 000 | 150 | | 3 000 | 46 000 |
| 小计 | 108 000 | 600 | 20 | 12 000 | 120 000 |
| 供电车间 | 1 000 | | | | 1 000 |
| 机修车间 | 500 | | | | 500 |
| 基本生产车间 | 2 500 | | | | 2 500 |
| 行政管理部门 | 1 500 | | | | 1 500 |
| 合计 | 113 500 | | | 12 000 | 125 500 |

会计主管：＿＿＿＿＿ 复核：＿＿＿＿＿ 制单：＿＿＿＿＿

根据表3－7编制会计分录如下：

借：基本生产成本——甲产品 74 000
　　基本生产成本——乙产品 46 000
　　辅助生产成本——供电车间 1 000
　　辅助生产成本——机修车间 500
　　制造费用——基本生产车间 2 500
　　管理费用 1 500
　　贷：原材料 125 500

（2）根据工资结算汇总表编制“职工薪酬分配表”（见表3－8）。

**表3－8 工资薪酬分配表**

201×年6月 单位：元

| 项目 | 生产工时 | 分配率 | 工资 | 职工福利 | 合计 |
|---|---|---|---|---|---|
| 甲产品 | 6 000 | | 15 000 | 2 100 | 17 100 |
| 乙产品 | 4 000 | | 10 000 | 1 400 | 11 400 |
| 小计 | 10 000 | 2.5 | 25 000 | 3 500 | 28 500 |
| 供电车间 | | | 2 000 | 280 | 2 280 |
| 机修车间 | | | 1 600 | 224 | 1 824 |
| 基本生产车间 | | | 8 000 | 1 120 | 9 120 |
| 行政管理人员 | | | 10 000 | 1 400 | 11 400 |
| 合计 | | | 46 600 | 6 524 | 53 124 |

会计主管：＿＿＿＿＿ 复核：＿＿＿＿＿ 制单：＿＿＿＿＿

根据表 3－8 编制会计分录如下：

借：基本生产成本——甲产品　17 100
　　基本生产成本——乙产品　11 400
　　辅助生产成本——供电车间　2 280
　　辅助生产成本——机修车间　1 824
　　制造费用——基本生产车间　9 120
　　管理费用　11 400
　　贷：应付职工薪酬——工资　46 600
　　　　　　　　　——福利费　6 524

（3）编制“折旧费用计算表”（见表 3－9），分配折旧费用。

**表 3－9　折旧费用分配表**

201×年 6 月　　单位：元

| 项目 | 应提折旧的固定资产原值 | 月折旧率（0.4%） | 应提折旧额 |
|---|---|---|---|
| 基本生产车间 | 1 250 000 | | 5 000 |
| 供电车间 | 250 000 | | 1 000 |
| 机修车间 | 200 000 | | 800 |
| 行政管理部门 | 1 300 000 | | 5 200 |
| 合计 | 3 000 000 | | 12 000 |

会计主管：＿＿＿＿　复核：＿＿＿＿　制单：＿＿＿＿

根据表 3－9 编制如下会计分录：

借：辅助生产成本——供电车间　1 000
　　辅助生产成本——机修车间　800
　　制造费用——基本生产车间　5 000
　　管理费用　5 200
　　贷：累计折旧　12 000

（4）根据其他费用支付情况编制“其他费用分配表”（见表 3－10），分配其他费用。

**表 3－10　其他费用分配表**

201×年 6 月　　单位：元

| 项目 | 办公费 | 劳动保护费 | 水电费 | 其他 | 合计 |
|---|---|---|---|---|---|
| 基本生产车间 | 10 000 | 1 000 | 2 000 | 24 000 | 37 000 |
| 供电车间 | 2 000 | 516 | 800 | 7 500 | 10 816 |
| 机修车间 | 1 800 | 404 | 700 | 5 200 | 8 104 |
| 行政管理部门 | 12 000 | 800 | 1 700 | 15 000 | 29 500 |
| 合计 | 25 800 | 2 720 | 5 200 | 51 700 | 85 420 |

会计主管：＿＿＿＿　复核：＿＿＿＿　制单：＿＿＿＿

根据表 3－10 编制会计分录如下：

借：辅助生产成本——供电车间　　10 816
　　辅助生产成本——机修车间　　8 104
　　制造费用——基本生产车间　　37 000
　　管理费用　　29 500
　　贷：银行存款（等账户）　　85 420

（5）根据以上各要素费用分配表，登记“辅助生产成本”明细账（见表 3－11 和表 3－12）。

**表 3－11　辅助生产成本明细账**

车间名称：供电车间　　单位：元

| 201×年 | | 凭证号数 | 摘要 | 直接材料 | 直接人工 | 制造费用 | 合计 |
|---|---|---|---|---|---|---|---|
| 月 | 日 | | | | | | |
| 6 | 30 | 略 | 分配材料费用 | 1 000 | | | 1 000 |
| 6 | 30 | 略 | 分配工资及福利费用 | | 2 280 | | 2 280 |
| 6 | 30 | 略 | 提取折旧费用 | | | 1 000 | 1 000 |
| 6 | 30 | 略 | 分配其他费用 | | | 10 816 | 10 816 |
| 6 | 30 | 略 | 本月发生额合计 | 1 000 | 2 280 | 11 816 | 15 096 |
| 6 | 30 | 略 | 分配给各受益部门 | 1 000 | 2 280 | 11 816 | 15 096 |

**表 3－12　辅助生产成本明细账**

车间名称：机修车间　　单位：元

| 201×年 | | 凭证号数 | 摘要 | 直接材料 | 直接人工 | 制造费用 | 合计 |
|---|---|---|---|---|---|---|---|
| 月 | 日 | | | | | | |
| 6 | 30 | 略 | 分配材料费用 | 500 | | | 500 |
| 6 | 30 | 略 | 分配工资及福利费用 | | 1 824 | | 1 824 |
| 6 | 30 | 略 | 提取折旧费用 | | | 800 | 800 |
| 6 | 30 | 略 | 分配其他费用 | | | 8 104 | 8 104 |
| 6 | 30 | 略 | 本月发生额合计 | 500 | 1 824 | 8 904 | 11 228 |
| 6 | 30 | 略 | 分配给各受益部门 | 500 | 1 824 | 8 904 | 11 228 |

（6）根据辅助生产费用明细账和相关的统计资料编制“辅助生成费用分配表”（见表 3－13）（假定辅助生产车间只为基本生产车间和管理部门服务）。

（7）根据以上各要素费用分配表和辅助生产费用分配表，登记“制造费用”明细账（见表 3－14），同时分配制造费用（见表 3－15）。

**表 3-13 辅助生产费用分配表**

201×年6月 金额单位：元

| 项目 | | | 供电车间 | 机修车间 | 合计 |
|---|---|---|---|---|---|
| 待分配的辅助生产费用 | | | 15 096 | 11 228 | 26 324 |
| 提供给辅助车间以外的劳务量 | | | 30 000 度 | 3 500 工时 | |
| 费用分配率 | | | 0. 5032 | 3. 208 | |
| 受益单位 | 基本车间 | 受益数量 | 25 000 | 3 000 | |
| | | 分配金额 | 12 580 | 9 624 | 22 204 |
| | 管理部门 | 受益数量 | 5 000 | 500 | |
| | | 分配金额 | 2 516 | 1 604 | 4 120 |
| 分配金额合计 | | | 15 096 | 11 228 | 26 324 |

会计主管：________ 复核：________ 制单：________

根据表 3-13，编制如下会计分录：

借：制造费用——基本生产车间 22 204

管理费用 4 120

贷：辅助生产成本——供电车间 15 096

辅助生产成本——机修车间 11 228

**表 3-14 制造费用明细账**

车间名称：基本生产车间 单位：元

| 201×年 月 | 日 | 凭证号数 | 摘要 | 材料费用 | 工资薪酬 | 折旧费 | 办公费 | 劳保费 | 水电费 | 其他 | 合计 |
|---|---|---|---|---|---|---|---|---|---|---|---|
| 6 | 30 | 略 | 分配材料费用 | 2 500 | | | | | | | 2 500 |
| 6 | 30 | 略 | 分配薪酬费用 | | 9 120 | | | | | | 9 120 |
| 6 | 30 | 略 | 提取折旧费用 | | | 5 000 | | | | | 5 000 |
| 6 | 30 | 略 | 分配其它费用 | | | | 10 000 | 1 000 | 2 000 | 24 000 | 37 000 |
| 6 | 30 | 略 | 分配辅助生产费用 | | | | | | 12 580 | 9 624 | 22 204 |
| 6 | 30 | 略 | 本月发生额合计 | 2 500 | 9 120 | 5 000 | 10 000 | 1 000 | 14 580 | 33 624 | 75 824 |
| 6 | 30 | 略 | 分配本月制造费用 | 2 500 | 9 120 | 5 000 | 10 000 | 1 000 | 14 580 | 9 624 | 75 824 |

**表 3-15 制造费用分配表**

201×年6月 单位：元

| 产品 | 生产工时（小时） | 分配率 | 分配金额 |
|---|---|---|---|
| 甲产品 | 6 000 | | 45 494. 4 |
| 乙产品 | 4 000 | | 30 329. 6 |
| 合计 | 10 000 | 7. 5824 | 75 824 |

会计主管：________ 复核：________ 制单：________

根据表 3－15 编制会计分录如下：

借：基本生产成本——甲产品　　45 494.4

　　基本生产成本——乙产品　　30 329.6

　　贷：制造费用——基本生产车间　　75 824

（8）计算月末完工产品和在产品成本。

根据以上各项费用分配表，登记“基本生产成本”明细账（见表 3－16 和表 3－17）。

**表 3－16　基本生产成本明细账**

产品名称：甲产品　　产成品：500 件　　在产品：100 件　　金额单位：元

| 201×年 | | 凭证号数 | 摘要 | 直接材料 | 直接人工 | 制造费用 | 合计 |
|---|---|---|---|---|---|---|---|
| 月 | 日 | | | | | | |
| 6 | 1 | 略 | 月初在产品成本 | 7 000 | 1 050 | 1 255.6 | 9 305.6 |
| 6 | 30 | 略 | 分配材料费用 | 74 000 | | | 74 000 |
| 6 | 30 | 略 | 分配工资及福利费用 | | 17 100 | | 17 100 |
| 6 | 30 | 略 | 分配制造费用 | | | 45494.4 | 45 494.4 |
| 6 | 30 | 略 | 生产费用合计 | 81 000 | 18 150 | 46 750 | 145 900 |
| 6 | 30 | 略 | 结转完工产品总成本 | 67 500 | 16 500 | 42 500 | 126 500 |
| 6 | 30 | 略 | 月末在产品成本 | 13 500 | 1 650 | 4 250 | 19 400 |

**表 3－17　基本生产成本明细账**

产品名称：乙产品　　产成品：200 件　　金额单位：元

| 201×年 | | 凭证号数 | 摘要 | 直接材料 | 直接人工 | 制造费用 | 合计 |
|---|---|---|---|---|---|---|---|
| 月 | 日 | | | | | | |
| 6 | 1 | 略 | 月初在产品成本 | 5 000 | 1 000 | 500 | 6 500 |
| 6 | 30 | 略 | 分配材料费用 | 46 000 | | | 46 000 |
| 6 | 30 | 略 | 分配工资及福利费用 | | 11 400 | | 11 400 |
| 6 | 30 | 略 | 分配制造费用 | | | 30 329.6 | 30 329.6 |
| 6 | 30 | 略 | 生产费用合计 | 51 000 | 12 400 | 30 829.6 | 94 229.6 |
| 6 | 30 | 略 | 结转完工产品总成本 | 51 000 | 12 400 | 30 829.6 | 94 229.6 |

注：

甲产品投料约当产量＝500＋100×100%＝600（件）

甲产品加工约当产量＝500＋100×50%＝550（件）

直接材料分配率（单位产品直接材料成本）＝81 000/600＝135

甲产品完工产品直接材料成本＝500×135＝67 500（元）

甲产品期末在产品直接材料成本＝100×135＝13 500（元）

直接人工分配率（单位产品直接人工成本）=18 150/550 =33

甲产品完工产品直接人工成本 =500 ×33 =16 500（元）

甲产品期末在产品直接人工成本 =50 ×33 =1 650（元）

制造费用分配率（单位产品制造费用）=46 750/550 =85

甲产品完工产品的制造费用 =500 ×85 =42 500（元）

甲产品期末在产品的制造费用 =50 ×85 =4 250（元）

甲产品完工产品总成本 =67 500 +16 500 +42 500 =126 500（元）

甲产品完工产品的单位成本 =126 500/500 =253

甲产品期末在产品的成本 =13 500 +1 650 +4 250 =19 400（元）

由于乙产品月末全部完工，所以生产费用合计值 94 229.6 元即为本月完工乙产品 200 件的总成本，除以完工数量即为其单位成本（94 229.6/200 =471.148≈471.15 元/件）。

（9）根据甲、乙产品“基本生产成本”明细账计算的完工产品成本，编制“完工产品成本汇总表”（见表 3 –18）。

**表 3 –18　完工产品成本汇总表**

201 ×年 6 月　　　　金额单位：元

| 成本项目 | 甲产品（产量 500 件） | | 乙产品（产量 200 件） | |
|---|---|---|---|---|
| | 总成本 | 单位成本 | 总成本 | 单位成本 |
| 直接材料 | 67 500 | 135 | 51 000 | 255 |
| 直接人工 | 16 500 | 33 | 12 400 | 62 |
| 制造费用 | 42 500 | 85 | 30 829.6 | 154.15 |
| 合计 | 126 500 | 253 | 94 229.6 | 471.15 |

会计主管：__________　　复核：__________　　制单：__________

根据表 3 –18 结转完工产品成本，编制会计分录如下：

借：库存商品——甲产品　　126 500

　　库存商品——乙产品　　94 229.6

　　贷：基本生产成本——甲产品　　126 500

　　　　基本生产成本——乙产品　　94 229.6

# 任务二　正确运用分批法计算产品成本

案例资料：宝鸡兴隆公司是一个小批单件单步骤生产的中小型企业，经常根据客户的订单组织生产，因此生产的产品常常种类不同、规格不一，采用的原料及制造方法、订做的数量各异，显然兴隆公司采用品种法核算产品成本计算过于复杂，那么这个公司应当采用什么成本核算方法比较适宜呢？

分批法是按照产品批别或订单作为成本计算对象来归集生产费用、计算各批或各件产品成本的一种方法。产品批别在成批组织生产的企业或车间中，是按照一定品种、一定批量产品划分的。实务中，产品的品种和批量往往根据客户的订单确定，因此也称订单法。

## 子任务一　认知分批法

### 一、分批法的特点

#### （一）成本计算对象

分批法以订单规定的产品或某一批产成品作为成本计算对象。产品批别一般根据客户的订单确定，但产品的批别与订单并不完全相同。根据客户的要求和生产组织的需要，一张订单可分成多个批别组织生产，几张相同产品的订单也可合为一批组织生产。比如：

1. 如果一张订单中要求生产好几种产品，为了便于考核分析各种产品的成本计划执行情况，加强生产管理，就要将该订单按照产品的品种划分成几个批别组织生产。

2. 如果一张订单中只要求生产一种产品，但数量极大，超过企业的生产负荷能力，或者购货单位要求分批交货的，也可将该订单分为几个批别组织生产。

3. 如果一张订单中只要求生产一种产品，但该产品属于价值高、生产周期长的大型复杂产品（如万吨轮），也可将该订单按产品的零部件分为几个批别组织生产。

4. 如果在同一时期接到的几张订单要求生产的都是同一种产品，为了更经济合理地组织生产，也可将这几张订单合为一批组织生产。

#### （二）成本计算期

分批法是以产品的生产周期作为成本计算期，虽然各批产品的成本计算单仍按月归集生产费用，但是只有在该批产品全部完工时才能计算其实际成本。由于各批产品的生产复杂程度不同、质量数量要求也不同，生产周期就各不相同。有的批次当月投产，当月完工；有的批次要经过数月甚至数年才能完工。可见完工产品的成本计算因各批次的生产周期而异，是不定期的。所以，分批法的成本计算期与产品的生产周期一致，与会计报告期不一致。

#### （三）生产费用在完工产品和月末在产品之间的分配

分批法下生产费用一般不需要在完工产品和在产品之间分配。在单件或小批生产，购货单位要求一次交货的情况下，每批产品要求同时完工。这样该批产品完工前的成本明细账上所归集的生产费用，即为在产品成本；完工后的成本明细账上所归集的生产费用，即为完工产品成本。因此，分批法下一般存在将生产费用在不同批别或订单的产品之间分配，而不存在各批别产品生产费用在其完工产品和期末在产品间分配的问题。

只有在同批产品中有跨月陆续完工并交货销售时，才计算完工产品和期末在产品成

本。但在实际工作中，同批产品陆续跨月完工并交货确认销售时，为结转销售成本、正确核算盈亏需要，对于批内已完工交货的产品，可按完工数量和计划单价结转“库存商品”账户，结转后，生产成本明细账的余额即为在产品成本。待该批次产品全部完工后，再重新计算整批产品的总成本和单位成本。

## 二、分批法的适用范围

在单件小批生产的企业里，生产往往是按照客户的订货来组织的。客户发来的各张订单所订购的产品又常常种类不同、规格不一，采用的原料及制造方法、订做的数量各异，各张订单的具体要求有所不同，因而，必须将生产某张订单产品的成本与生产其他各张订单产品的成本区分开来，分别每一张订单来归集费用，计算每一张订单产品的成本。尤其是订货合同规定，根据成本定价时，由于在各张订单完工时，要报给订货者这批订货的成本，更需要按订单来计算成本。有些小批单件生产企业不是按照客户订货而是根据自己的生产计划，即根据企业事先确定的产品种类、规格，单件或小批量组织生产。由于每件或各批产品的种类、规格各不相同，也要求分批计算各批产品成本。

综上所述分批法适用于单件、小批生产的企业和车间。

## 知识链接 3—2

### 分批法的应用范围

通常有以下四种情形：

1. 根据客户订单组织生产的企业。这些企业专门根据客户的要求，生产特殊规格、规定数量的产品。客户的订货可能是单件的大型产品，如船舶、大型锅炉、重型机器；也可能是多件同样规格的产品，如根据客户的设计图样生产几件实验室用的特种仪器等。

2. 产品种类经常变动的小规模制造厂。如生产门窗把手、插销等小五金工厂，由于它规模小、工人数量少，同时要根据市场需要不断变动产品的种类和数量，不可能按产品设置流水线大量生产，因而只能是小批量投产，必须按投产的每批产品计算成本。

3. 承揽修理业务的工厂。修理业务多种多样，这种企业往往要根据合同规定，在生产成本上加约定利润。这种约定利润可以是在成本的基础上加一定百分比利润或一定数额利润，向客户收取货款，所以要通报每次修理业务的成本，按每次修理业务归集费用。如修船等业务。

4. 新产品试制车间。专门试制、开发新产品的车间，要按新产品的种类分别计算成本。

总之，这些企业或车间的共同特点是一批产品通常不重复生产，即使重复生产，也是不定期的。企业生产计划的编制及日常检查、核算工作，都以客户的订货或企业事先规定的产品及批量为依据。

## 子任务二　分批法的核算程序

分批法的成本计算程序与品种法的成本计算程序基本相同：

1. 按批别或订单设置基本生产成本明细账，按成本项目设置专栏。此处应注意，明细账的设立与结账，应与生产计划部门签发的生产通知单或工作令的签发的时间和完工时间一致，以保证各批产品成本计算的正确性。

2. 根据各种费用分配表，将各项费用分别按产品批别或订单计入各有关成本项目。发生费用时，就按订单或批别进行归集，对于直接计入费用应在原始凭证上注明订单号码或产品批别，直接计入各产品成本明细账。对于间接计入费用，则应采用适当的分配方法，在各批别产品之间进行分配，然后计入各产品成本明细账。对于间接费用，如组织和管理生产的各种费用，按其发生地点计入“制造费用”账户，再按一定比例分配计入。

3. 月末，若批别内的产品全部完工，则汇总各批别产品成本明细账上归集的生产费用，可求得完工产品总成本和单位成本；若批别内的产品未能完工，则汇总各批别产品成本明细账上归集的生产费用，可求得在产品成本。

分批法的核算程序见图 3－2。

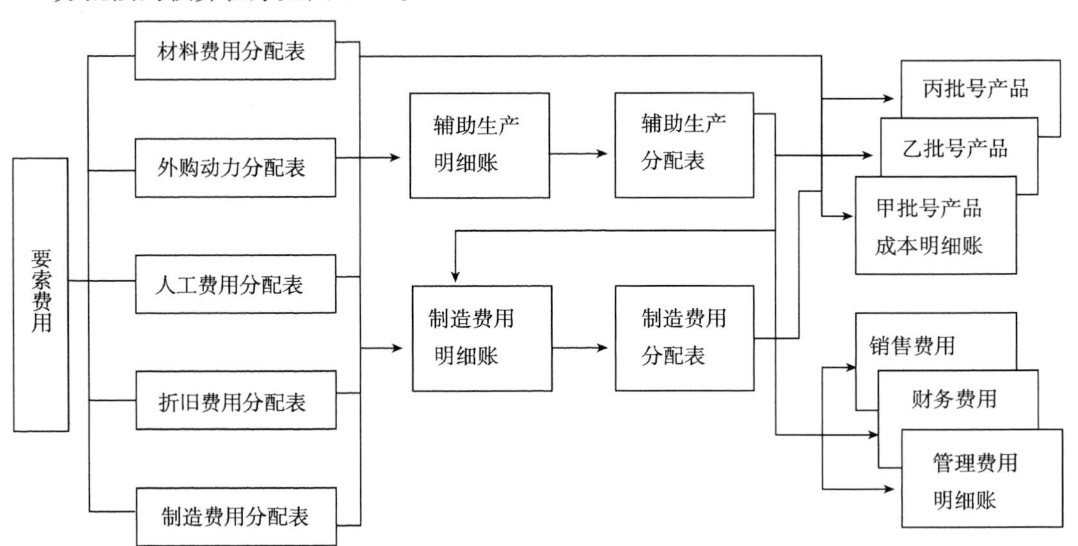


**图 3－2　分批法的核算程序**

对于单件生产，月末不需要进行完工产品与在产品成本的分配；小批生产，若批内产品都能同时完工，月末不需要进行完工产品与在产品成本的分配；小批生产，若同一批别产品的数量较多，则月末批别内存在部分产品已完工，部分尚未完工，并需要分批交货，就需要进行完工产品与在产品成本的分配。分配方法：若批内产品跨月陆续完工的情况较多，月末批内完工产品的数量占全部批量的比重较大，则生产费用在完工产品与在产品成

本之间的分配，应相应采用定额比例法或约当产量法或在产品按定额成本计价法等方法。若批内产品跨月陆续完工的情况不多，可采用简便的分配方法，即按计划单位成本、定额单位成本或最近一期相同产品的实际单位成本计算完工产品成本。但在该批产品全部完工时，应计算该批产品的实际总成本和实际单位成本；而对已经转账的完工产品成本，不作账目调整。

## 子任务三　分批法的应用

分批法是按产品的批别设置明细账归集各项生产费用，最后分配计算出各产品的生产总成本和单位成本。因此当产品的批别不多时，可采用上述一般分批法的方法进行成本核算，担当产品的批别较为繁杂，且月末未完工的批别也较多时，采用一般分批法进行成本核算的工作量较大，为此我国会计人员创新了一种新的分批法来简化核算，这就是简化分批法。

### 一、一般分批法的应用

**【例 3－2】**　汇丰工厂是一个小批单件多步骤生产的中小型企业，该企业生产 A、B、C 三种产品，企业生产计划部门依据客户订单下达生产任务，按生产批号组织生产，以生产批号为成本计算对象。企业设有两个生产车间，2010 年 6 月有关资料及核算过程见表 3－19～表 3－28。

1. 各批产品生产情况见表 3－19。

**表 3－19　生产情况表**

| 批次 | 产品 | 产量 | 投产期 | 完工期 | 提前交货 |
|---|---|---|---|---|---|
| 101 | A | 100 件 | 2 月 | 6 月 | |
| 102 | B | 200 件 | 4 月 | 6 月 | 5 月交货 100 件 |
| 103 | C | 300 件 | 5 月 | 8 月 | |

2. 各批产品生产工时见表 3－20。

**表 3－20　工时记录表**

201×年 6 月

| 批次 | 生产工时 | |
|---|---|---|
| | 第一车间 | 第二车间 |
| 101 | 12 000 | 7 800 |
| 102 | 9 000 | 11 000 |
| 103 | 11 000 | 10 000 |
| 合计 | 3 2000 | 28 800 |

3. 计提折旧及其他费用，其中一车间 17 000 元、其中二车间 13 480 元、行政管理部门 3 000 元。编制会计分录如下：

借：制造费用——第一车间　　17 000
　　　　　　——第二车间　　13 480
　　管理费用　　3 000
　　贷：累计折旧等　　33 480

4. 本月发料汇总见表 3－21。

**表 3－21　材料发出汇总表**

201×年 6 月　　单位：元

| 批号 | 直接领用 | 共同耗用材料分配 | | | | | 耗用材料总额（元） |
|---|---|---|---|---|---|---|---|
| | | 产量（台） | 单位定额 | 定额耗用量 | 分配率 | 分配材料费（元） | |
| 101 | 124 000 | 100 | 120 | 12 000 | | 24 000 | 14 8000 |
| 102 | 77 000 | 200 | 100 | 20 000 | | 40 000 | 117 000 |
| 103 | 99 000 | 300 | 80 | 24 000 | | 48 000 | 147 000 |
| 小计 | 300 000 | | | 56 000 | 2 | 112 000 | 412 000 |
| 一车间领用机物料 | 3 600 | | | | | | 3 600 |
| 二车间领用机物料 | 4 000 | | | | | | 4 000 |
| 合计 | 307 600 | | | | | 112 000 | 419 600 |

根据表 3－21 填制转账凭证，会计分录如下：

借：基本生产成本——101　　148 000
　　　　　　　　——102　　117 000
　　　　　　　　——103　　147 000
　　制造费用——第一车间　　3 600
　　　　　　——第二车间　　4 000
　　贷：原材料　　419 600

5. 本月职工薪酬汇总见表 3－22。

**表 3－22　职工薪酬汇总表**

201×年 6 月　　金额单位：元

| 项目 | 第一车间 | | | 第二车间 | | | 管理人员薪酬 | 合计 |
|---|---|---|---|---|---|---|---|---|
| | 生产工时 | 分配率 | 职工薪酬 | 生产工时 | 分配率 | 职工薪酬 | | |
| 101 产品 | 12 000 | | 36 000 | 7 800 | | 19 500 | | 55 500 |
| 102 产品 | 9 000 | | 27 000 | 11 000 | | 27 500 | | 54 500 |
| 103 产品 | 11 000 | | 33 000 | 10 000 | | 25 000 | | 58 000 |

续表

| 项目 | 第一车间 | | | 第二车间 | | | 管理人员薪酬 | 合计 |
|---|---|---|---|---|---|---|---|---|
| | 生产工时 | 分配率 | 职工薪酬 | 生产工时 | 分配率 | 职工薪酬 | | |
| 小计 | 32 000 | 3 | 96 000 | 28 800 | 2.5 | 72 000 | | 168 000 |
| 第一车间管理人员 | | | 5 000 | | | | | 5 000 |
| 第二车间管理人员 | | | | | | 7 000 | | 7 000 |
| 企业管理部门人员 | | | | | | | 10 000 | 10 000 |
| 合计 | | | 101 000 | | | 79 000 | 10 000 | 190 000 |

会计主管：__________　　复核：__________　　制单：__________

根据表 3－22 填制转账凭证，编制会计分录如下：

借：基本生产成本——101　　55 500

——102　　54 500

——103　　58 000

制造费用——第一车间　　5 000

——第二车间　　7 000

管理费用　　10 000

贷：应付职工薪酬　　190 000

6. 分配并结转制造费用。

根据前述资料登记一车间和二车间制造费用明细账，编制制造费用分配表。见表 3－23、表 3－24、表 3－25。

**表 3－23　制造费用明细账（一车间）**

201×年 6 月　　单位：元

| 201×年 | | 摘要 | 原材料 | 职工薪酬 | 其他费用 | 合计 |
|---|---|---|---|---|---|---|
| 月 | 日 | | | | | |
| 6 | 30 | 领用用料 | 3 600 | | | 3 600 |
| 6 | 30 | 分配工资及福利费 | | 5 000 | | 5 000 |
| 6 | 30 | 折旧及其他费用 | | | 17 000 | 17 000 |
| 6 | 30 | 结转制造费用 | 3 600 | 5 000 | 17 000 | 25 600 |

**表 3-24　制造费用明细账（二车间）**

201×年6月　　　　单位：元

| 201×年 月 | 日 | 摘要 | 原材料 | 职工薪酬 | 其他费用 | 合计 |
|---|---|---|---|---|---|---|
| 6 | 30 | 领用用料 | 4 000 | | | 4 000 |
| 6 | 30 | 分配工资及福利费 | | 7 000 | | 7 000 |
| 6 | 30 | 折旧及其他费用 | | | 13 480 | 13 480 |
| 6 | 30 | 结转制造费用 | 4 000 | 7 000 | 13 480 | 24 480 |

**表 3-25　制造费用分配表**

201×年6月　　　　单位：元

| 项目 | 第一车间 | | | 第二车间 | | | 合计 |
|---|---|---|---|---|---|---|---|
| | 生产工时 | 分配率 | 应分配费用 | 生产工时 | 分配率 | 应分配费用 | |
| 101 产品 | 12 000 | | 9 600 | 7 800 | | 6 630 | 16 230 |
| 102 产品 | 9 000 | | 7 200 | 11 000 | | 9 350 | 16 550 |
| 103 产品 | 11 000 | | 8 800 | 10 000 | | 8 500 | 17 300 |
| 合计 | 32 000 | 0.8 | 25 600 | 28 800 | 0.85 | 24 480 | 50 080 |

根据表 3-25 填制转账凭证，编制会计分录如下：

借：基本生产成本——101　　16 230

——102　　16 550

——103　　17 300

贷：制造费用——第一车间　　25 600

——第二车间　　24 480

7. 登记基本生产成本明细账。

见表 3-26、表 3-27、表 3-28。

**表 3-26　基本生产成本明细账**

产品 A　　批次 101　　产量：100 件　　投产期：2 月　　完工期：6 月　　单位：元

| 201×年 月 | 日 | 凭证号数 | 摘要 | 直接材料 | 直接人工 | 制造费用 | 合计 |
|---|---|---|---|---|---|---|---|
| 5 | 31 | 略 | 至本月止累计余额 | 750 000 | 210 000 | 50 000 | 1 010 000 |
| 6 | 30 | 略 | 本月发生成本 | 148 000 | 55 500 | 16 230 | 219 730 |
| 6 | 30 | 略 | 至本月止累计余额 | 898 000 | 265 500 | 66 230 | 1 229 730 |
| 6 | 30 | 略 | 完工产品成本结转 | 898 000 | 265 500 | 66 230 | 1 229 730 |
| 6 | 30 | 略 | 本批单位产品成本 | 8 980 | 2 655 | 662.3 | 12 297.3 |

**表 3－27　基本生产成本明细账**

产品 B　　批次 102　　产量：200 件　　投产期：4 月　　完工期：6 月　　单位：元

| 201×年 | | 凭证号数 | 摘要 | 直接材料 | 直接人工 | 制造费用 | 合计 |
|---|---|---|---|---|---|---|---|
| 月 | 日 | | | | | | |
| 4 | 30 | 略 | 本月发生成本 | 380 000 | 88 000 | 45 000 | 515 300 |
| 5 | 31 | | 本月发生成本 | 510 000 | 170 000 | 60 000 | 747 000 |
| 5 | 31 | | 本月交货 100 件成本结转 | 480 000 | 140 000 | 59 600 | 680 000 |
| 5 | 31 | | 至本月止累计余额 | 410 000 | 118 000 | 45 400 | 582 300 |
| 6 | 30 | 略 | 本月发生成本 | 117 000 | 54 500 | 16 550 | 191 050 |
| 6 | 30 | 略 | 至本月止累计余额 | 527 000 | 172 500 | 61 950 | 773 350 |
| 6 | 30 | 略 | 结转 100 件完工成本 | 527 000 | 172 500 | 61 950 | 773 350 |
| 6 | 30 | 略 | 本批产品总成本 | 1 007 000 | 312 500 | 121 550 | 1 453 350 |
| 6 | 30 | | 本批产品单位成本 | 5 035 | 1 562.5 | 607.75 | 7 266.75 |

6 月末 101、102 两批产品完工入库，结转生产成本。

借：库存商品——A 产品　　1 229 730

　　　　　　——B 产品　　773 350

　贷：基本生产成本——101　　1 229 730

　　　　　　　　　——102　　773 350

**表 3－28　基本生产成本明细账**

产品 C　　批次：103　　产量：300 件　　投产期：5 月　　完工期：8 月　　单位：元

| 201×年 | | 凭证号数 | 摘要 | 直接材料 | 直接人工 | 制造费用 | 合计 |
|---|---|---|---|---|---|---|---|
| 月 | 日 | | | | | | |
| 5 | 31 | 略 | 本月发生成本 | 210 000 | 50 000 | 14 000 | 274 000 |
| 6 | 30 | 略 | 本月发生成本 | 147 000 | 58 000 | 17 300 | 222 300 |
| 6 | 30 | 略 | 至本月止累计余额 | 357 000 | 108 000 | 31 300 | 496 300 |

## 二、简化分批法的应用

### （一）简化分批法的意义及适用范围

在有些小批单件生产的企业或车间里，订单多、生产周期长，而实际每月完工的订单并不多（如属于这种情况的机械制造厂或修配厂）。在这种情况下，如果采用当月分配法分配各项费用，即将当月发生的各项生产费用全部分配给各批产品，而不论各批产品完工与否，这样，由于产品批次众多，费用分配的核算工作量将非常繁重。因而，为了简化核算，这类企业或车间可采用不分批计算在产品成本的分批法，也叫人工及制造费用的累计分配法或简化的分批法。因此在投产批数繁多而且月末未完工批数较多的企业，多采用此法。

### （二）简化分批法的特点

与一般分批法比较，简化分批法有以下两个主要特点：

1. 账户设置不同

简化分批法按批别设置产品成本明细账并设置基本生产成本二级账。在各批产品完工之前，产品成本明细账内只按月登记直接计入费用（如直接材料）和生产工时。每月发生的各项间接计入费用（包括直接人工、制造费用等），不是按月在各批产品之间进行分配，而是先通过基本生产成本二级账进行归集，按成本项目累计起来，仅在有产品完工的月份，按照完工产品累计生产工时的比例，在各批完工产品之间进行分配。对未完工的在产品则不分配间接计入费用。

2. 间接计入费用的累计分配不同

对各批完工产品分配间接计入费用，一般按完工产品累计生产工时比例分配。

$$某项间接费用累计分配率=\frac{全部产品累计该项间接费用}{全部产品累计工时}$$

某批完工产品应负担的该项间接费用 = 该批完工产品累计工时 × 该项间接费用累计分配率

### （三）简化分批法账务处理流程

（1）根据生产任务通知单设立多张基本生产成本明细账，并设置基本生产成本二级账。根据材料费用分配表和生产工时记录等将各批别耗用的材料费和耗用的工时计入各成本明细账和二级账。

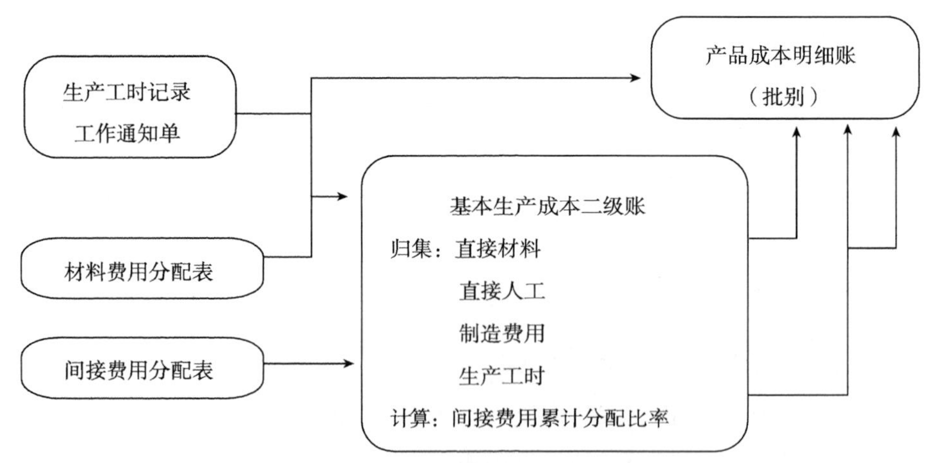


**图 3－3 简化分批法账务处理流程**

（2）根据其他费用要素分配表。将人工费用和制造费用计入基本生产成本二级账。

（3）月终，将二级账中直接材料费用和生产工时与成本明细账中直接材料费用和生产

工时核对。

（4）月终，如有完工产品，计算累计间接费用分配率，并据此分配间接费用，登记基本生产成本明细账。

**小提示：**

各项间接计入费用累计分配率，既是在各批完工产品之间分配各该费用的依据，也是在完工批别与月末在产品批别之间，以及某批产品的完工产品与月末在产品之间分配该费用的依据。在有完工产品的月末，将间接费用在各批完工产品之间分配、在完工批别与在产品批别之间分配、在某批产品的完工产品与月末在产品之间分配，是根据该间接费用项目的累计分配率一次分配完成的。

### （四）简化分批法的应用举例

**【例3－3】**　海西集团下属的东南公司第二分厂属于小批生产，该分厂的产品批别多，生产周期较长，每月末经常有大量未完工的产品批数。为了简化核算工作，采用简化的分批法计算成本。该企业设立的基本生产成本二级账如表3－29所示。

**表3－29　基本生产成本二级账（各批全部产品总成本）**　　单位：元

| 2010年 | | 摘要 | 直接材料 | 生产工时 | 直接人工 | 制造费用 | 合计 |
|---|---|---|---|---|---|---|---|
| 月 | 日 | | | | | | |
| 5 | 31 | 本月累计 | 123 550 | 39 780 | 35 404 | 111 383 | 270 337 |
| 6 | 30 | 本月发生 | 40 750 | 58 420 | 52 976 | 163 577 | 257 303 |
| 6 | 30 | 本月累计 | 164 300 | 98 200 | 88 380 | 274 960 | 527 640 |
| 6 | 30 | 间接费用分率 | | | 0.9 | 2.8 | |
| 6 | 30 | 完工转出 | 87 130 | 48 970 | 44 073 | 137 116 | 268 319 |
| 6 | 30 | 月末在产品 | 77 170 | 49 230 | 44 307 | 137 844 | 259 321 |

该企业的直接材料费用为直接计入费用；该企业采用计时工资制度，因而直接人工费用为间接计入费用。

在上列基本生产成本二级账中，月初在产品的生产工时和各项费用系上月末根据上月的生产工时和生产费用资料计算登记；本月发生的直接材料费用和生产工时应根据本月各批产品原材料费用分配表、生产工时记录，与各该批产品成本明细账平行登记；本月发生的各项间接计入费用，应根据各项费用分配表登记。全部产品累计间接计入费用分配率计算如下：

$$直接人工费用累计分配率=\frac{88\ 380}{98\ 200}=0.9$$

$$制造费用累计分配率=\frac{274\ 960}{98\ 200}=2.8$$

该企业2010年6月（本月）份各批产品的情况是：

94408号：甲产品9件，4月投产，本月完工；

94519号：乙产品8件，5月投产，本月完工5件；

94523号：丙产品12件，5月投产，尚未完工；

94601号：丁产品10件，6月投产，尚未完工。

**表3－30　基本生产成本明细账**

批号：94408　　品名：甲产品　　投产日期：4月12日

订货单位：A工厂　　产品批量：9件　　完工日期：6月28日　　单位：元

| 2010年 | | 摘要 | 直接材料 | 生产工时 | 直接人工 | 制造费用 | 合计 |
|---|---|---|---|---|---|---|---|
| 月 | 日 | | | | | | |
| 4 | 30 | 本月累计 | 31 220 | 11 220 | | | |
| 5 | 31 | 本月累计 | 18 980 | 7 590 | | | |
| 6 | 30 | 本月发生 | 12 930 | 14 220 | | | |
| 6 | 30 | 累计数及累计间接费用分配率 | 63 130 | 33 030 | 0.9 | 2.8 | |
| 6 | 30 | 完工转出 | 63 130 | 33 030 | 29 727 | 92 484 | 185 341 |
| 6 | 30 | 完工产品单位成本 | 7 014.44 | | 3 303 | 10 276 | 20 593.44 |

**表3－31　基本生产成本明细账**

批号：94519　　产品名称：乙产品　　投产日期：5月2日

订货单位：B公司　　产品批量：8件　　完工日期：6月30日　完工5件　　单位：元

| 2010年 | | 摘要 | 直接材料 | 生产工时 | 直接人工 | 制造费用 | 合计 |
|---|---|---|---|---|---|---|---|
| 月 | 日 | | | | | | |
| 5 | 31 | 本月累计 | 38 400 | 8 620 | | | |
| 6 | 30 | 本月发生 | | 15 880 | | | |
| 6 | 30 | 累计数及累计间接费用分配率 | 38 400 | 24 500 | 0.9 | 2.8 | |
| 6 | 30 | 完工转出（5件） | 24 000 | 15 940 | 14 346 | 44 632 | 82 978 |
| 6 | 30 | 完工产品单位成本 | 4 800 | | 2 869.20 | 8 926.40 | 16 595.60 |
| 6 | 30 | 月末在产品 | 14 400 | 8 560 | | | |

**表3－32　基本生产成本明细账**

产品批号：94523　　产品名称：丙　　投产日期：5月2日

订货单位：C工厂　　产品批量：12件　　完工日期：　　单位：元

| 2010年 | | 摘要 | 直接材料 | 生产工时 | 直接人工 | 制造费用 | 合计 |
|---|---|---|---|---|---|---|---|
| 月 | 日 | | | | | | |
| 5 | 31 | 本月累计 | 34 950 | 12 350 | | | |
| 6 | 30 | 本月发生 | 15 450 | 15 110 | | | |

**表 3－33　基本生产成本明细账**

产品批号：94601　　产品名称：丙　　投产日期：6 月 13 日

订货单位：D 公司　　产品批量：10 件　　完工日期：　　单位：元

| 2010 年 | | 摘要 | 直接材料 | 生产工时 | 直接人工 | 制造费用 | 合计 |
|---|---|---|---|---|---|---|---|
| 月 | 日 | | | | | | |
| 6 | 30 | 本月累计 | 12 370 | 13 210 | | | |

在各批产品成本明细账中，对于没有完工产品的月份，只登记直接材料费用（一般直接材料费用是直接计入费用）和生产工时。这些月份发生的直接材料费用和生产工时，也就是各该月份月末在产品的直接材料费用和生产工时。因此，在各批产品成本明细账中，属于在产品的各个月份的直接材料费用或生产工时发生额之和，应该等于基本生产成本二级账所记在产品的直接材料费用或生产工时。

在上列各批产品成本明细账中，对于有完工产品（包括全批完工或批内部分完工）的月份，除了登记直接材料费用和生产工时，以及各该累计数以外，还应根据基本生产成本二级账登记各项间接计入费用的累计分配率。

第 94408 批产品，月末全部完工，因而其累计的直接材料费用和生产工时就是完工产品的直接材料费用和生产工时，以其生产工时分别乘以各项间接计入费用累计分配率，即为完工产品的各项间接计入费用。

第 94519 批产品，月末部分完工、部分在产，因而还应在完工产品与月末在产品之间分配费用。该种产品所耗直接材料在生产开始时一次投入，因而直接材料费用按完工产品与月末在产品的数量比例分配：

直接材料费用分配率＝38 400/（5＋3）＝4 800 元/件

完工产品直接材料费用＝5 件×4 800 元/件＝24 000 元

月末在产品直接材料费用＝3 件×4 800 元/件＝14 400 元

假定月末在产品工时按工时定额计算，其定额工时共计 8 560 小时。完工产品工时应为 15 940（即 24 500－8 560）小时。以该工时分别乘以各项间接计入费用累计分配率，即为完工产品的各该间接计入费用。

各批产品成本明细账登记完毕，其中完工产品的直接材料费用和生产工时应分别汇总记入基本生产成本二级账，并据以计算、登记各批全部完工产品的总成本。

## 知识链接 3—3

### 简化分批法下基本生产成本二级账的登记方法

基本生产成本二级账中完工产品的直接材料费用和生产工时，应根据后列各批产品成本明细账中完工产品的直接材料费用和生产工时汇总登记。完工产品的各项间接计入费用，可以根据账中完工产品生产工时分别乘以各项费用累计分配率计算登记；也可以根据后列各批产品成本明细账中完工产品的各项费用分别汇总登记。基本生产成本二级账中月末在产品的直接材料费用和生产工时，可以根据账中计算的直接材料费用和生产工时分别减去本月完工产品的直接材料费用和生产工时计算登记；也可以根据后列各批产品成本明细账中月末在产品的直接材料费用和生产工时分别汇总登记。两者计算结果应该相符。基本生产成本二级账中月末在产品的各项间接计入费用，可以根据其生产工时分别乘以各项费用累计分配率计算登记；也可以根据各项费用累计数分别减去完工产品的相应费用计算登记。由此可见，全部产品的按成本项目反映的在产品总成本仍然是计算登记的。

#### （五）简化分批法的优缺点和应用条件

简化的分批法应按照产品的批别设立产品成本明细账，在各批产品完工之前，账内只需按月登记直接费用和生产工时，而不必按月分配、登记各项间接计入费用，计算各批在产品成本；在有完工产品的那个月份，才对完工产品，按照其累计工时的比例，分配间接计入费用，计算完工产品成本；而全部产品的在产品应负担的间接计入费用，仍以总数反映在基本生产成本二级账中，不进行分配，不具体到各个批别中。这就大大地简化了费用的分配和登记工作。

但是，这种方法在各月间接计入费用水平相差悬殊的情况下则不宜采用，不然就会影响各月产品成本的正确性。另外，如果月末未完工产品的批数不多，也不宜采用这种方法。因为在这种情况下，绝大多数产品的批号仍然要分配登记各项间接计入费用，核算工作量减少不多，但计算的正确性却会受到影响。

## 任务三　正确运用分步法计算产品成本

案例资料：李小光刚大学毕业，就到青岛啤酒宝鸡有限公司从事成本核算工作。李小光通过一段时间的工作，发现该公司啤酒生产过程为：啤酒生产经过制麦、糖化、发酵、包装四道工序，就可以完成整个的生产流程。根据掌握的资料，李小光认为该啤酒生产企业是典型的分步骤生产，因此将其成本核算方法设计为分步成本计算法。这种分析设计是否科学合理？是否还有其他方法可供选择？

### 子任务一　认知分步法

分步法是“产品成本计算分步法”的简称。是以产品品种及其所经过的各个生产步骤的半成品、成品作为成本计算对象，来归集和分配生产费用，计算产品成本的一种方法。

### 一、分步法的特点

#### （一）成本计算对象

分步法是以各个加工步骤的各种产品作为成本计算对象，并据以设置基本生产成本明细账。

**小提示：**

实际工作中，成本计算的分步与实际的生产步骤并非完全一致。

**（二）成本计算期**

分步法定期于每月月末计算产品成本，成本计算期与会计报告期一致，与产品的生产周期不一致。

**（三）生产费用在月末完工产品和在产品之间的分配**

月末生产费用需要采用适当的方法在完工产品与在产品之间进行分配。在大量、大批多步骤生产企业，产品往往是跨月陆续完工的，月末经常有一定量的在产品，所以生产费用需要在完工产品和月末在产品之间分配。

## 二、分步法的适用范围

分步法主要适用于连续、大量、大批多步骤生产的工业企业，如纺织、冶金、水泥、酿酒、造纸、砖瓦等企业。这些企业，从原材料投入到产品完工，要经过若干连续的生产步骤，除最后一个步骤生产的是产成品外，其他步骤生产的都是形态和性质各不相同、计量单位也可能不尽相同的半成品。这些半成品，既可能转入后续步骤继续加工，也可能直接对外出售。因此，应按步骤、按产品品种设置产品成本明细账，分别成本项目归集生产费用。

**小思考：**

分步法的特点与品种法、分批法的特点有什么异同?

## 三、分步法核算的种类

分步法按是否需要计算和结转各步骤半成品成本，分为逐步结转分步法和平行结转分步法两种。逐步结转分步法，指的是按各加工步骤归集生产费用，计算各加工步骤半成品成本，而且半成品成本随半成品实物转移而在各加工步骤之间顺序结转，最后计算出产品成本的一种成本计算方法。平行结转分步法指的是各加工步骤只计算本步骤发生的生产费用和这些生产费用中应计入产成品成本的份额，将相同产品各步骤计入产成品的份额平行结转、汇总，计算出产成品成本的一种方法。这种方法由于不计算各步骤所产半成品成本，也不计算各步骤所耗上一步骤半成品成本，所以也叫不计算半成品成本的分步法。

# 子任务二　逐步结转分步法

案例资料：王宏在一个新建的纺织厂实习，会计科长请王宏设计一套成本核算制度。

王宏的父亲在一个汽车制造厂做成本会计工作，王宏想借鉴父亲工厂的成本核算程序和方法，但遭到父亲的否定。你能告诉王宏为什么吗?

## 一、逐步结转分步法的特点和适用范围

### （一）逐步结转分步法的特点

逐步结转分步法的特点是各步骤半成品成本，要随着半成品实物的转移，从上一步骤的产品成本明细账转入下一步骤相同产品的成本明细账中，以便逐步计算各步骤的半成品成本和最后步骤的产成品成本，即：实物的转移与成本的转移是同步的。因此，逐步结转分步法能够提供各步骤完整的半成品成本资料，所以方法亦称“计算半成品成本法”。

### （二）逐步结转分步法的适用范围

逐步结转分步法适用于半成品能对外销售、半成品具有独立经济意义、管理上需要提供各个生产步骤半成品成本资料的大量大批多步骤生产的企业。例如，钢铁企业的生铁、钢锭，纺织企业的棉纱，不仅由本企业进一步加工，而且还经常作为商品对外销售，为了计算外售半成品的成本，全面地考核和分析商品产品成本计划的执行情况，就要计算半成品成本。如造纸厂所产的纸浆、机械企业所产的铸件，为本企业几种产品所耗用，为了分别计算各种产品的成本，也要计算这些半成品的成本；有的半成品虽然不一定对外销售，但要进行同行业成本的评比，因而也要计算这种半成品成本。

## 二、逐步结转分步法的成本计算程序

逐步结转分步法的计算程序要受半成品实物流转程序的制约。半成品实物的流转程序有两种，即不通过仓库收发和通过仓库收发。

半成品实物不通过仓库收发时，逐步结转分步法的成本计算程序为：

1. 按产品品种及所经过的各步骤半成品设置“基本生产成本”明细账，分成本项目归集生产费用；

2. 根据第一步骤该产品“基本生产成本”明细账或产品成本计算单归集的直接材料、直接工资、制造费用等生产费用，计算出第一步骤半成品的成本，随着半成品实物转移至第二步骤继续加工，其半成品成本也直接结转记入第二步骤该产品“基本生产成本”明细账中；

3. 将第一步骤转来的半成品成本加上第二步骤耗用的直接材料、直接工资、制造费用等生产费用，计算出第二步骤半成品的成本；再随着半成品实物转移，其半成品成本也直接结转记入第三步骤该产品“基本生产成本”明细账中。这样，按照加工顺序，逐步计算和结转半成品成本，直到最后一个步骤，就可以计算出产成品的成本。

**小提示：**

1. 半成品通过仓库收发时，半成品完工后，不为下一步骤直接领用，而要通过半成品库收发，验收入库时，借记“自制半成品”科目，贷记“基本生产成本”科目，下一步骤领用时，作相反的会计分录。

2. 已完工半成品成本，不一定全部直接转入下一步骤（半成品库）。

按照结转的半成品成本在下一步骤产品成本明细账中的反映方式，逐步结转分步法可分为综合结转法和分项结转法。

## 三、综合结转分步法的应用

综合结转，是将各加工步骤所耗上一步骤的半成品成本不分直接材料、直接人工、制造费用等成本项目，而是以一个总金额记入各该步骤产品成本明细账中专设的“半成品”或“直接材料”成本项目。半成品成本的综合结转可以按实际成本结转，也可以按计划成本结转。因此，综合结转法，又可分为按实际成本结转法和按计划成本结转法。

### （一）按实际成本综合结转

采用此法，各步骤所耗上一步骤的半成品费用，应根据所耗半成品的实际数量乘以半成品的实际单位成本计算。因各月所产半成品的实际单位成本不同，所耗半成品实际单位成本的确定，可选择使用先进先出法、加权平均法等。下面举例说明。

**【例 3 -4】**　光明工厂生产 A 产品须经过三个生产车间加工，一车间投入原材料加工成甲半成品，二车间领用甲半成品加工成乙半成品，三车间领用乙半成品加工成 A 产成品，原材料在一车间生产时一次性投入，各步骤的在产品在本步骤的完工程度为 50%，该企业要求计算每个车间的半成品成本和产成品成本。有关资料见表 3 -34 和表 3 -35。

**表 3 -34　产量资料**

201 × 年 2 月　　　　数量单位：件

| 项目 | 一车间 | 二车间 | 三车间 |
|---|---|---|---|
| 月初在产品 | 1 | 2 | 1 |
| 投入产量（或领用量） | 13 | 12 | 10 |
| 本月完工 | 12 | 10 | 9 |
| 月末在产品 | 2 | 4 | 2 |

**表 3 -35　费用资料**

201 × 年 2 月　　　　数量单位：件　　　　单位：元

| 项目 | 直接材料 | 直接人工 | 制造费用 |
|---|---|---|---|
| 一车间 | 1 300 | 1 000 | 750 |

续表

| 项目 | 直接材料 | 直接人工 | 制造费用 |
|---|---|---|---|
| 二车间 | —— | 770 | 550 |
| 三车间 | —— | 570 | 380 |

根据上述资料，计算各步骤产品成本的方法见表3－36、表3－37、表3－38。

**表3－36　第一车间基本生产成本计算单**

产品名称：甲半成品　　　　201×年2月　　　　金额单位：元

| 项目 | 直接材料 | 直接人工 | 制造费用 | 合计 |
|---|---|---|---|---|
| 月初在产品成本 | 100 | 40 | 30 | 170 |
| 本月生产费用 | 1 300 | 1 000 | 750 | 3 050 |
| 合计 | 1 400 | 1 040 | 780 | 3 220 |
| 单位产品成本 | 100 | 80 | 60 | 240 |
| 完工半成品成本 | 1 200 | 960 | 720 | 2 880 |
| 月末在产品成本 | 200 | 80 | 60 | 340 |

注：1. 直接材料单位成本＝1 400÷（12＋2）＝100（元）

2. 直接人工单位成本＝1 040÷（12＋2×50%）＝80（元）

3. 制造费用单位成本＝780÷（12＋2×50%）＝60（元）

**表3－37　第二车间基本生产成本计算单**

产品名称：乙半成品　　　　201×年2月　　　　金额单位：元

| 项目 | 直接材料（半成品） | 直接人工 | 制造费用 | 合计 |
|---|---|---|---|---|
| 月初在产品成本 | 480 | 70 | 50 | 600 |
| 本月生产费用 | 2 880 | 770 | 550 | 4 200 |
| 合计 | 3 360 | 840 | 600 | 4 800 |
| 单位产品成本 | 240 | 70 | 50 | 360 |
| 完工产成品成本 | 2 400 | 700 | 500 | 3 600 |
| 月末在产品成本 | 960 | 140 | 100 | 1 200 |

注：1. 直接单位成本＝3 360÷（10＋4）＝240（元）

2. 直接人工单位成本＝840÷（10＋4×50%）＝70（元）

3. 制造费用单位成本＝600÷（10＋4×50%）＝50（元）

**表 3－38　第三车间基本生产成本计算单**

产品名称：A 产成品　　　　　　201×年 2 月　　　　　　金额单位：元

| 项目 | 直接材料（半成品） | 直接人工 | 制造费用 | 合计 |
|---|---|---|---|---|
| 月初在产品成本 | 360 | 30 | 20 | 410 |
| 本月生产费用 | 3 600 | 570 | 380 | 4 550 |
| 合计 | 3 960 | 600 | 400 | 4 960 |
| 单位产品成本 | 360 | 60 | 40 | 460 |
| 完工产成品成本 | 3 240 | 540 | 360 | 4 140 |
| 月末在产品成本 | 720 | 60 | 40 | 820 |

注：1. 直接单位成本＝3 960÷（9＋2）＝100（元）

2. 直接人工单位成本＝600÷（9＋2×50%）＝60（元）

3. 制造费用单位成本＝400÷（9＋2×50%）＝40（元）

**【例 3－5】**　某企业的甲产品分两步骤生产，分别由第一、第二两个车间进行。第一车间生产甲半成品，交半成品库验收，第二车间按所需数量向半成品库领用，第二车间所耗半成品费用按全月一次加权平均单位成本计算。两个车间月末在产品均按定额成本计算，则成本计算如下：

（1）根据各种费用分配表、半成品交库单和第一车间在产品定额成本资料（略），编制“第一车间产品成本计算单”（如表 3－39）。

（2）根据计算后的半成品交库单和第二车间领用半成品的领用单，登记“自制半成品”明细账（如表 3－40）。

（3）根据各种费用分配表和完工产品入库单以及第二车间在产品定额成本资料编制“产品成本计算单”（如表 3－41）。

**表 3－39　第一车间产品成本计算单**

半成品名称：甲半成品　　　　　　完工数量：500 件　　　　　　金额单位：元

| 项目 | 直接材料 | 直接人工 | 制造费用 | 合计 |
|---|---|---|---|---|
| 月初在产品成本 | 60 000 | 25 000 | 12 500 | 97 500 |
| 本月费用 | 80 500 | 38 000 | 17 600 | 136 100 |
| 合计 | 140 500 | 63 000 | 30 100 | 233 600 |
| 月末完工半成品成本 | 100 500 | 53 000 | 25 100 | 178 600 |
| 月末在产品成本 | 40 000 | 10 000 | 5 000 | 55 000 |

表 3-40　自制半成品明细账

半成品名称：甲半成品　　　　金额单位：元

| 月份 | 月初余额 | | 本月增加 | | 合计 | | 单位成本 | 本月减少 | |
|---|---|---|---|---|---|---|---|---|---|
| | 数量 | 实际成本 | 数量 | 实际成本 | 数量 | 实际成本 | | 数量 | 实际成本 |
| 8 | 50 | 18 300 | 500 | 178 600 | 550 | 196 900 | 358 | 490 | 175 420 |
| 9 | 60 | 21 480 | | | | | | | |

其中：第二车间领用半成品实际成本：358×490＝175 420（元）

月末库存半成品实际成本：358×60＝21 480（元）或 196 900－175 420＝21 480（元）

表 3-41　第二车间产品成本计算单

产品名称：甲产成品；　　　完工数量：450 件　　　金额单位：元

| 项目 | 直接材料 | 直接人工 | 制造费用 | 合计 |
|---|---|---|---|---|
| 月初在产品成本 | 60 400 | 28 750 | 10 250 | 99 400 |
| 本月费用 | 175 420 | 33 150 | 26 230 | 234 800 |
| 合计 | 235 820 | 61 900 | 36 480 | 334 200 |
| 完工产品成本 | 163 820 | 40 900 | 23 480 | 228 200 |
| 月末在产品成本 | 72 000 | 21 000 | 13 000 | 106 000 |

## （二）按计划成本综合结转

采用此法，半成品日常收发的明细核算按计划成本计价；在半成品实际成本计算出来后，再计算半成品差异额和差异率，调整领用半成品计划成本。而半成品收发的总分类核算则按实际成本计价。

**小提示：**

按计划成本综合结转半成品成本与按实际成本综合结转半成品成本相比较，可以简化和加速半成品核算与产品成本的计算工作；在各步骤的产品成本明细账中，可以反映半成品的成本差异，在分析各步骤制造成本时，还可剔除以前步骤半成品成本变动对本步骤产品成本的影响，有利于分清经济责任，便于各步骤进行成本的考核和分析。也便于对各工艺环节的成本实施控制和考核。

**【例 3-6】**　仍以【例 3-4】为例，采用按计划成本结转法计算各步骤产品成本（假定甲半成品的计划成本 250 元，乙半成品的计划成本 365 元，并假定入半成品库）。

1. 第一车间甲半成品成本计算方法同表 3-36，这里略。

2. 第一车间的甲半成品 12 件入库，并假定本月份领用 12 件，半成品明细账的登记方法如表 3-42 所示。

3. 第二车间乙半成品成本计算见表 3－43。

4. 第二车间完工乙半成品 10 件入库，第三车间假定领用 10 件，则乙半成品入库和领用在自制半成品明细账上的登记方法见表 3－44。

**表 3－42　自制半成品明细账**

半成品名称：甲半成品　　　　数量单位：件　　　　计划单位成本：250 元

| 月份 | 月初结存 | | | 本月增加 | | | 合计 | | | | | 本月减少 | | |
|---|---|---|---|---|---|---|---|---|---|---|---|---|---|---|
| | 数量 | 计划成本 | 实际成本 | 数量 | 计划成本 | 实际成本 | 数量 | 计划成本 | 实际成本 | 成本差异 | 差异率 | 数量 | 计划成本 | 实际成本 |
| | (1) | (2) | (3) | (4) | (5) | (6) | (7) | (8) | (9) | (10) | (11) | (12) | (13) | (14) |
| 2 | | | | 12 | 3 000 | 2 880 | 12 | 3 000 | 2 880 | －120 | －4% | 12 | 3 000 | 2 880 |

**表 3－43　第二车间基本生产成本明细账**

产品名称：乙半成品　　本月完工 10 件　　　月末在产品 4 件　　　金额单位：元

| ××年 | | 摘要 | 半成品 | | | 直接人工 | 制造费用 | 合计 |
|---|---|---|---|---|---|---|---|---|
| 月 | 日 | | 计划成本 | 成本差异 | 实际成本 | | | |
| 2 | 1 | 月初在产品 | 500 | －20 | 480 | 70 | 50 | 600 |
| | 28 | 本月生产费用 | 3 000 | －120 | 2 880 | 770 | 550 | 4 200 |
| | 28 | 合计 | 3 500 | －140 | 3 360 | 840 | 600 | 4 800 |
| | 28 | 分配率 | 250 | －10 | 240 | 70 | 50 | 360 |
| | 28 | 结转完工产品成本 | 2 500 | －100 | 2 400 | 700 | 500 | 3 600 |
| | 28 | 月末在产品成本 | 1 000 | －40 | 960 | 140 | 100 | 1 200 |

**表 3－44　自制半成品明细账**

月份：2　　　　半成品名称：乙半成品　　　数量单位：件　　　计划单位成本：365 元

| 月初结存 | | | 本月增加 | | | 合计 | | | | | 本月减少 | | |
|---|---|---|---|---|---|---|---|---|---|---|---|---|---|
| 数量 | 计划成本 | 实际成本 | 数量 | 计划成本 | 实际成本 | 数量 | 计划成本 | 实际成本 | 成本差异 | 差异率 | 数量 | 计划成本 | 实际成本 |
| 1 | 365 | 360 | 10 | 3 650 | 3 600 | 11 | 4 015 | 3 960 | －55 | －1.37% | 10 | 3 650 | 3 600 |

5. 第三车间 A 产成品成本计算见表 3－45。

**表 3－45　第三车间基本生产成本明细账**

产品名称：A 产成品　　　本月完工 9 件　　　月末在产品 2 件　　　金额单位：元

| ××年 | | 摘要 | 半成品 | | | 直接人工 | 制造费用 | 合计 |
|---|---|---|---|---|---|---|---|---|
| 月 | 日 | | 计划成本 | 成本差异 | 实际成本 | | | |
| 2 | 1 | 月初在产品 | 365 | －5 | 360 | 30 | 20 | 410 |
| | 28 | 本月生产费用 | 3 650 | －50 | 3 600 | 570 | 380 | 4 550 |

续表

| ××年 | | 摘要 | 半成品 | | | 直接人工 | 制造费用 | 合计 |
|---|---|---|---|---|---|---|---|---|
| 月 | 日 | | 计划成本 | 成本差异 | 实际成本 | | | |
| | 28 | 合计 | 4 015 | -55 | 3 960 | 600 | 400 | 4 960 |
| | 28 | 分配率 | 365 | -5 | 360 | 60 | 40 | 460 |
| | 28 | 结转完工产品成本 | 3 285 | -45 | 3 240 | 540 | 360 | 4 140 |
| | 28 | 月末在产品成本 | 730 | -10 | 720 | 60 | 40 | 820 |

由上例可知，各个生产步骤领用上一步骤的半成品，就相当于领用原材料。按实际成本或计划成本综合结转半成品成本的核算原理与按材料实际或计划成本进行产品所耗原材料的核算原理基本相同。

### （三）综合结转分步法的成本还原

采用综合结转分步法结转半成品成本，各步骤所耗半成品的成本是以“半成品”或“直接材料”项目综合反映，生产步骤较多时，计算出的产品成本大部分是最后一个步骤计算出的半成品成本，而其他费用数额较小，这样就不符合成本的构成比例，因而不能反映产品成本的实际构成和水平。因此，为了从整个企业角度分析和考核产品成本的构成，应将按综合结转分步法计算出的产成品成本进行成本还原，即将产成品成本还原分解为直接材料、直接人工、制造费用等按原始成本项目反映的成本。

成本还原的具体做法是：

第一步骤，从最后一个步骤起，按照反工艺顺序，将本月产成品所耗各上一步骤半成品的综合成本，按照本月所产各该种半成品的成本结构，逐步分解还原为直接材料、直接人工和制造费用等原始成本项目，直到第一生产步骤为止。

1. 计算各步骤所耗上一步骤半成品成本占上一步骤所产该种半成品总成本的比例即还原分配率。还原分配率的计算公式为：

$$成本还原分配率=\frac{本月产成品所耗上一步骤半成品费用合计}{本月上一步骤所产半成品成本合计}$$

2. 根据上一步骤本月所产该种半成品各成本项目金额和成本还原分配率计算半成品各成本项目还原后的金额。其计算公式如下：

$$\begin{matrix}应还原为上步骤某\\项成本项目金额\end{matrix}=\begin{matrix}上一步骤生产的半成品\\某个成本项目的成本\end{matrix}\times 成本还原分配率$$

第二步骤，将各步骤相同成本项目金额加以汇总，计算出按原始成本项目反映的产成品实际总成本。还原后产成品的实际总成本与成本还原前产成品的实际总成本是相等的，只是各成本项目金额发生了变化。而成本还原的次数与成本结转的次数相同，比成本计算步骤少一次。也可进行顺向还原。

**【例3-7】** 长江工厂201×年8月份有关资料如表3-46。假设三车间费用合计

31 000为完工产品成本，直接材料 24 000 为领用上步骤半成品的成本。

要求：进行成本还原。

**表 3－46 各车间费用表**

201×年 8 月 31 日 单位：元

| 项目 | 一车间 | 二车间 | 三车间 |
|---|---|---|---|
| 直接材料 | 6 000 | 15 000 | 24 000 |
| 直接人工 | 3 600 | 5 000 | 4 200 |
| 制造费用 | 2 400 | 5 000 | 2 800 |
| 合计 | 12 000 | 25 000 | 31 000 |

首先，将三车间产成品成本 31000 元中包含的二车间半成品成本 24000 元还原为二车间的成本项目组合。

还原率 = 24 000/25 000 = 0.96

24 000 元还原后分别为：

15 000 ×0.96 = 14 400 元（耗用一车间半成品成本）

5 000 ×0.96 = 4 800 元（人工费用）

5 000 ×1.2 = 0.96 = 4 800 元（制造费用）

继续将此项目中的 14 400 元还原为一车间的成本项目构成：

还原分配率 = 14 400/12 000 = 1.2

14 400 元还原为一车间的成本项目构成为：

6000 ×1.2 = 7 200 元（耗用一车间材料费）

3600 ×1.2 = 4 320 元（耗用一车间的人工费）

2400 ×1.2 = 2 880 元（耗用一车间的制造费用）

所以，31 000 元产成品成本中的原始成本项目的组成为：

直接材料：7200 元；

直接人工：4 320 + 4 800 + 4 200 = 13 320 元；

制造费用：2 880 + 4 800 + 2 800 = 10 480 元；

合计：31 000 元。

**【例 3－8】** 仍以【例 3－4】为例，将月末计算出的 A 产品成本进行成本还原，以反映 A 产品的原始成本项目构成。

1. 第一次还原

将 A 产品成本中包含的半成品成本还原为第二步骤乙半成品的成本项目构成。

还原对象：3 240 元

第一次还原分配率 = 3 240/3 600 = 0.9

A 产品中所耗乙半成品成本项目中的“半成品”金额 = 2 400 ×0.9 = 2 160（元）

A 产品中所耗乙半成品成本项目中的“直接人工”金额 =700 ×0.9 =630（元）

A 产品中所耗乙半成品成本项目中的“制造费用”金额 =500 ×0.9 =450（元）

2. 第二次还原

将 A 产品中所耗乙半成品成本项目中的“半成品”还原为第一步骤甲半成品的成本项目构成。

还原对象：2 160 元

第二次还原分配率 =2 160/2 880 =0.75

乙半成品所耗甲半成品成本项目中的“直接材料”金额 =1 200 ×0.75 =900（元）

乙半成品所耗甲半成品成本项目中的“直接人工”金额 =960 ×0.75 =720（元）

乙半成品所耗甲半成品成本项目中的“制造费用”金额 =720 ×0.75 =540（元）

以上计算过程通过编制成本还原计算表进行，如表 3 –47 所示。

**表 3 –47　产成品还原计算表**

产品名称：A 产品　　　　20 × ×年 2 月　　　　单位：元

| 项目 | 还原分配率 | 半成品 | 直接材料 | 直接人工 | 制造费用 | 合计 |
|---|---|---|---|---|---|---|
| ①还原前产成品成本 | | 3 240 | | 540 | 360 | 4 140 |
| ②第二步骤半成品成本 | | 2 400 | | 700 | 500 | 3 600 |
| ③第一次成本还原 | 0.9 | 2 160 | | 630 | 450 | 3 240 |
| ④第一步骤半成品成本 | | | 1 200 | 960 | 720 | 2880 |
| ⑤第二次成本还原 | 0.75 | | 900 | 720 | 540 | 2 160 |
| ⑥还原后的 A 产品总成本 | | | 900 | 1 890 | 1 350 | 4 140 |

还原后 A 产品的总成本 =① +③ +⑤

**小提示：**

运用此法进行成本还原的前提条件是：各月半成品成本结构基本相同。

## 实务操作

乙产品生产分为两个步骤，分别由一、二两个车间连续进行生产。第一车间本月完工半成品成本为 15 000 元，其中直接材料为 8 000 元，直接人工为 2 000 元，制造费用为 5 000元。第二车间本月完工产品成本为 24 300 元，其中半成品成本为 13 500 元，直接人工 7 900 元，制造费用 2 900 元。

要求：对完工产品进行成本还原。

**产成品还原计算表**

单位：元

| 项目 | 还原分配率 | 半成品 | 直接材料 | 直接人工 | 制造费用 | 合计 |
| --- | --- | --- | --- | --- | --- | --- |
| ①还原前产成品成本 | | | | | | |
| ②本月所产半成品成本 | | | | | | |
| ③成本还原 | | | | | | |
| ④还原后产成品成本 | | | | | | |

注：1. 还原分配率 = 本月产成品所耗半成品费用 ÷ 本月所产半成品成本合计数

2. 成本还原金额 = ③ × ②（按成本项目进行）

3. 还原后产成品成本 = ① + ③（按成本项目进行）

如果企业半成品的定额成本或计划成本较准确，当生产步骤较多时，为简化计算也可以用定额成本或计划成本的成本结构进行还原。

采用综合结转分步法，可在各生产步骤的产品成本明细账中，反映各该步骤完工产品所耗半成品费用的水平和本步骤加工费用的水平，有利于各生产步骤的成本管理。

但为了从整个企业的角度反映产品成本的构成，加强企业综合的成本管理，必须进行成本还原，核算工作量大。因此，一般适用于管理上既要求单独计算各步骤所耗半成品费用又不要求成本还原的情况。

## 知识链接 3—4

### 综合结转的成本项目比重还原法

成本还原时除了采用还原分配率法外，还可以采用成本项目的比重进行成本还原。一般分为两个步骤进行：

第一步：计算上一步骤半成品成本中各成本项目占总成本的比重；

第二步：将本步骤所耗用的上一步骤半成品按上一步骤半成品成本项目的比重进行还原。

还原顺序一般也是从后向前还原，其他类似于还原分配率法还原。以【例 3－4】为例的还原程序如下：

①第一次还原

第二步骤乙半成品成本项目的比重分别为：

半成品 = 2 400/3 600 = 66.67%；直接人工 = 700/3 600 = 19.44%；制造费用 = 500/3 600 = 13.89%

A 产品中所耗乙半成品成本项目中的“半成品”金额 = 3 240 × 66.67% = 2 160（元）

A 产品中所耗乙半成品成本项目中的“直接人工”金额 = 3 240 × 19.44% = 630（元）

A 产品中所耗乙半成品成本项目中的“制造费用”金额 = 3 240 × 13.89% = 450（元）

②第二次还原

第一步骤甲半成品成本项目的比重分别为：

直接材料 =1 200/2 880 =41.67%；直接人工 =960/2 880 =33.33%；制造费用 =720/2880 =25%

乙半成品所耗甲半成品成本项目中的“直接材料”金额 =2 160 ×41.67% =900（元）

乙半成品所耗甲半成品成本项目中的“直接人工”金额 =2 160 ×33.33% =720（元）

乙半成品所耗甲半成品成本项目中的“制造费用”金额 =2 160 ×25% =540（元）

A 产品的总成本为：4 140 元，其中：

直接材料：900 元

直接人工：540 +630 +720 =1 890（元）

制造费用：360 +450 +540 =1 350（元）

## 四、分项结转分步法的应用

分项结转分步法是在上下两道工序之间结转半成品成本时，分别按照成本项目将半成品成本结转到下一步骤的方法。若半成品通过半成品库收发，在自制半成品明细账中登记半成品成本时，也要按照成本项目分别登记。

分项结转法的基本原理与综合结转法的基本相同，这里仍沿用前【例 3 –4】相关数据，假定三车间的月初材料费为 351 元，其余数据资料同于【例 3 –4】，其成本结转程序如下：

**表 3 –48　第一车间基本生产成本计算单**

产品名称：甲半成品　　201 ×年 2 月　　金额单位：元

| 项目 | 直接材料 | 直接人工 | 制造费用 | 合计 |
|---|---|---|---|---|
| 月初在产品成本 | 100 | 40 | 30 | 170 |
| 本月生产费用 | 1 300 | 1 000 | 750 | 3 050 |
| 合计 | 1 400 | 1 040 | 780 | 3 220 |
| 单位产品成本 | 100 | 80 | 60 | 240 |
| 完工半成品成本 | 1 200 | 960 | 720 | 2 880 |
| 月末在产品成本 | 200 | 80 | 60 | 340 |

**表 3 –49　第二车间基本生产成本计算单**

产品名称：乙半成品　　201 ×年 2 月　　金额单位：元

| 项目 | 直接材料（半成品） | 直接人工 | 制造费用 | 合计 |
|---|---|---|---|---|
| 月初在产品成本 | 480 | 70 | 50 | 600 |
| 上车间转入 | 1 200 | 960 | 720 | 2 880 |
| 本月生产费用 | | 770 | 550 | 1 320 |
| 合计 | 1 680 | 1 800 | 1 320 | 4 800 |

续表

| 项目 | 直接材料（半成品） | 直接人工 | 制造费用 | 合计 |
|---|---|---|---|---|
| 单位产品成本 | 120 | 150 | 110 | 380 |
| 完工产成品成本 | 1 200 | 1 500 | 1 100 | 3 800 |
| 月末在产品成本 | 480 | 300 | 220 | 1 000 |

**表 3－50　第三车间基本生产成本计算单**

产品名称：A 产成品　　201×年 2 月　　金额单位：元

| 项目 | 直接材料（半成品） | 直接人工 | 制造费用 | 合计 |
|---|---|---|---|---|
| 月初在产品成本 | 351 | 30 | 20 | 401 |
| 上车间转入 | 1 200 | 1 500 | 1 100 | 3 800 |
| 本月生产费用 | | 570 | 380 | 950 |
| 合计 | 1 551 | 2 100 | 1 500 | 5 151 |
| 单位产品成本 | 141 | 210 | 150 | 501 |
| 完工产成品成本 | 1 269 | 1 890 | 1 350 | 4 509 |
| 月末在产品成本 | 282 | 210 | 150 | 642 |

分项结转法一般多采用按实际成本分项结转的方法。一般适用于管理上不要求计算各步骤完工产品所耗上步骤半成品费用和本步骤加工费用，而要求按原始成本项目计算产品成本的企业。

**小提示：**

各步骤每月发生费用，并不都是完工半成品成本；每月所分配的费用，不仅包括本步骤发生费用，还包括上一步骤转来费用。

从以上成本计算程序可以看出，采用分项结转法结转半成品成本可以直接、准确地提供按原始成本项目反映的企业产品成本资料，便于从整个企业的角度考核和分析产品成本计划的执行情况，不需要进行成本还原，对考核分析产品成本结构和计划的执行情况有重要作用。但是这种方法的的成本结转工作比较复杂，工作量大，而且各步骤完工产品成本不能反映所耗上一步骤半成品费用和本步骤加工费用信息，不便于进行各步骤完工产品的成本分析和考核。

## 知识链接 3—5

### 逐步分项结转分步法与逐步综合结转分步法的区别

（1）结转方式不同。逐步分项结转分步法是将各步骤所耗用的上一步骤半成品成本，按照成本项目分项转入各该步骤产品成本明细账的各个成本项目中。而综合结转分步法是将各步骤所耗用的上一步骤半成品成本，按照成本项目综合转入各该步骤产品成本明细账中。

（2）结转方法不同。逐步分项结转分步法由于工作量大而一般多采用按实际成本分项结转的方法。而综合结转分步法可以按照半成品的实际成本结转，也可以按照半成品的计划成本（或定额成本）结转。

（3）综合结转分步法一般需要将综合结转算出的产成品成本进行成本还原，以便从整个企业的角度分析和考核产品成本的构成。而分项结转不需要进行成本还原。

利用逐步结转分步法计算产品成本，半成品成本随实物转移而结转，有利于加强半成品和在产品的实物和资金管理，但核算工作较复杂，成本计算的及时性差。所以，不计算半成品成本时，应采用平行结转分步法。

## 子任务三　平行结转分步法

案例资料：大全集团有限公司生产的甲产品经过三个车间连续加工制成，第一车间生产 A 半成品，直接转入二车间加工制成 B 半成品，B 半成品直接转入三车间加工成甲产成品。其中，1 件甲产品耗用 1 件 B 半成品，1 件 B 半成品耗用 1 件 A 半成品。试问：若大全公司管理上并不需要计算半成品成本，为了简化和加速成本计算工作，该公司宜采用什么方法计算产成品成本？

### 一、平行结转分步法的特点和适用范围

平行结转分步法又称为不计算半成品成本法，是指在计算产品成本时，不计算各步骤所产半成品的成本，也不计算各步骤所耗上步骤半成品的成本，而是根据本步骤归集的各项生产费用，计算出本步骤应计入产成品成本的“份额”，然后，将同种产品各步骤应计入产成品成本的“份额”平行结转、汇总，以确定该种产成品成本的方法。

在装配式多步骤大量大批生产的企业，如机械工业，用分步法计算产品成本，但各生产步骤所产半成品的种类很多，又很少对外销售，因而管理上并不需要计算半成品成本。在这种情况下，为了简化和加速成本计算工作，应采用平行结转分步法。同时在成本管理上要求分步归集生产费用，但不需要计算半成品成本的连续式多步骤大量大批生产的企业也适合采用平行结转分步法。

平行结转分步法的主要特点表现在以下四个方面：

1. 各步骤之间只进行实物转移，而不进行成本转移，各步骤只汇集本步骤发生的费用。

2. 半成品在各步骤之间转移，无论是否通过半成品库收发，均不通过“自制半成品”账户进行总分类核算。

3. 将各生产步骤所归集的本步骤所发生的生产费用在完工产品与广义在产品之间进行分配，计算各步骤应计入产成品成本的“份额”。这里的广义在产品既包括本步骤加工中的在产品，也包括本步骤已经完工、转入以后各步骤继续加工和已入半成品库但尚未最后产成的半成品。

4. 将各生产步骤确定的应计入产成品的“份额”平行汇总，计算产成品的总成本。

## 二、平行结转分步法的核算程序

采用平行结转分步法计算产品成本时，其计算程序如下：

1. 按产品品种及其所经过的生产步骤设置“基本生产成本”明细账。分成本项目归集各步骤发生的生产费用，各步骤成本明细账仅归集本步骤发生的费用，不反映耗用上一步骤半成品成本。

2. 根据各步骤“基本生产成本”明细账归集的生产费用，计算出各步骤应由产成品负担的成本“份额”。即将各步骤产品成本明细账中所归集的生产费用，采用一定的方法，在完工产成品与广义在产品之间进行分。其中，可采用约当产量法、定额比例法、定额成本法等方法并按成本项目分别进行。

3. 计算各步骤应计入产成品成本的“份额”。

计入产成品成本的“份额” = 完工产品数量 × 单位产成品耗用半成品量 × 该步骤半成品单位成本

某步骤月末在产品成本 = 该步骤月初在产品成本 + 本月发生生产费用 − 该步骤计入产成品成本份额

4. 将各步骤应由产成品负担的成本“份额”，按成本项目平行结转、汇总，计算出产成品的总成本和单位成本。

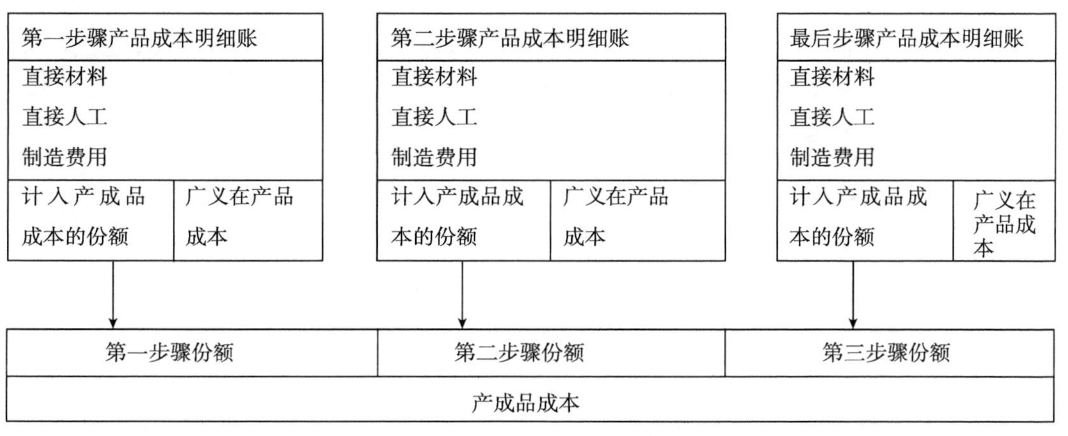


**图 3－4　平行结转法成本计算程序**

## 三、平行结转分步法的应用

**【例 3－9】** 某企业生产甲产品，该产品经过两个车间加工，每个车间分两道工序，材料在生产开始时一次性投入，材料成本为 50 元/件，有关资料如下：

**表 3－51　产量记录表**

| 投产量 | 完工量 | 在产量 | |
|---|---|---|---|
| 一车间 | 1 000 件 | 700 件 | 300 件 |
| 二车间 | 700 件 | 500 件 | 200 件 |

**表 3－52　各工序在产品量及工时**

| 项目 | | 1 工序 | 2 工序 |
|---|---|---|---|
| 一车间 | 工时数 | 3 工时 | 4 工时 |
| | 在产品数 | 200 件 | 100 件 |
| 二车间 | 工时数 | 2 工时 | 1 工时 |
| | 在产品数 | 100 件 | 100 件 |

**表 3－53　各车间生产费用**　　金额单位：元

| 项目 | 材料费 | 加工费 | 合计 |
|---|---|---|---|
| 一车间 | 50 000 | 8 000 | 58 000 |
| 二车间 | — | 7 000 | 7 000 |

则费用分配如下：

（1）一车间材料费用 50 000 元：

需要在完工产品 500 件与广义在产品 500 件（300＋200）之间进行分配，由于一次投料，所以完工产品 500 件的材料费用为 25 000 元。

（2）一车间加工费用 8 000 元：

一车间总工时：700×7＋200×3×50%＋100×3＋100×4×50%＝5 700（工时）

完工产品在一车间工时：500×7＝3 500（工时）

广义在产品在一车间工时：5 700－3 500＝2 200（工时）

一车间应计入完工产品的加工费份额 8 000/5 700×3 500＝4 912（元）

广义在产品加工费为：8 000/5 700×2 200＝3 088（元）

（3）二车间加工费用 7 000（元）：

二车间总工时＝500×3＋100×2×10%＋100×2＋100×1×50%＝1 850（工时）

应计入完工份额工时 500×3＝1 500（工时）

广义在产品工时：1 850－1 500＝350（工时）

分配：二车间应计入完工产品的份额 =7 000/1 850 ×1 500 =5 676（元）

二车间应计入在产品成本的加工费 =7 000/1 850 ×350 =1 324（元）

完工甲产品 500 件的总成本 =25 000 +4 912 +5 676 =35 588（元）

单位成本 =35 588/500 =71. 176（元）

在产品成本 =50 000 +8 000 +7 000 −35 588 =29 412（元）

**【例 3 −10】**　以前面案例资料中的大全集团有限公司为例，假设原材料于第一车间生产开始时一次投入，第二车间和第三车间不再投入材料。各车间月末在产品完工率均为 50%。各车间生产费用在完工产品和在产品之间的分配采用约当产量法。

1. 本月各车间产量资料如下，见表 3 −54。

**表 3 −54　各车间产量资料表**　　单位：件

| 摘要 | 第一车间 | 第二车间 | 第三车间 |
|---|---|---|---|
| 月初在产品数量 | 20 | 50 | 40 |
| 本月投产数量或上步转入 | 180 | 160 | 180 |
| 本月完工产品数量 | 160 | 180 | 200 |
| 月末在产品数量 | 40 | 30 | 20 |

2. 各车间月初及本月费用资料如下，见表 3 −55。

**表 3 −55　各车间月初及本月费用**　　单位：元

| 车间 | 摘要 | 直接材料 | 直接人工 | 制造费用 | 合计 |
|---|---|---|---|---|---|
| 第一车间 | 月初在产品成本 | 1 000 | 60 | 100 | 1 160 |
| | 本月的生产费用 | 18 400 | 2 200 | 2 400 | 23 000 |
| 第二车间 | 月初在产品成本 | | 200 | 120 | 320 |
| | 本月的生产费用 | | 3 200 | 4 800 | 8 000 |
| 第三车间 | 月初在产品成本 | | 180 | 160 | 340 |
| | 本月的生产费用 | | 3 450 | 2 550 | 6 000 |

下面采用平行结转法计算丁产品的生产成本，计算过程如下：

1. 编制各生产步骤的约当产量的计算表，见表 3 −56。

**表 3 −56　约当产量计算表**

| 摘要 | 直接材料 | 直接人工 | 制造费用 |
|---|---|---|---|
| 第一车间的约当产量 | 290 =（200 +40 +30 +20） | 270 =（200 +40 ×50% +30 +20） | 270 |
| 第二车间的约当产量 | | 235 =（200 +30 ×50% +20） | 235 |
| 第三车间的约当产量 | | 210 =（200 +20 ×50%） | 210 |

2. 编制各生产步骤的成本计算单，见表3－57、表3－58、表3－59。

**表3－57 产品成本计算单**

车间：第一车间　　　　品名：甲产品（A半成品）　　　　单位：元

| 摘要 | 直接材料 | 直接人工 | 制造费用 | 合计 |
|---|---|---|---|---|
| 月初在产品成本 | 1 000 | 60 | 100 | 1 160 |
| 本月发生费用 | 18 400 | 2 200 | 2 400 | 23 000 |
| 合计 | 19 400 | 2 260 | 2 500 | 24 160 |
| 第一步骤的约当产量 | 290 | 270 | 270 | |
| 分配率 | 66.90 | 8.37 | 9.26 | |
| 应计入产成品成本份额 | 13 380 | 1 674 | 1 852 | 16 906 |
| 月末在产品成本 | 6 020 | 586 | 648 | 7 254 |

**表3－58 产品成本计算单**

车间：第二车间　　　　品名：甲产品（B半成品）　　　　单位：元

| 摘要 | 直接人工 | 制造费用 | 合计 |
|---|---|---|---|
| 月初在产品成本 | 200 | 120 | 320 |
| 本月发生费用 | 3 200 | 4 800 | 8 000 |
| 合计 | 3 400 | 4 920 | 8 320 |
| 第二步骤约当产量 | 235 | 235 | |
| 分配率 | 14.47 | 20.94 | |
| 应计入产成品成本份额 | 2 894 | 4 188 | 7 082 |
| 月末在产品成本 | 506 | 732 | 1 238 |

**表3－59 产品成本计算单**

车间：第三车间　　　　品名：甲产品　　　　单位：元

| 摘要 | 直接人工 | 制造费用 | 合计 |
|---|---|---|---|
| 月初在产品成本 | 180 | 160 | 340 |
| 本月发生费用 | 3 450 | 2 550 | 6 000 |
| 合计 | 3 630 | 2 710 | 6 340 |
| 第三步骤约当产量 | 210 | 210 | |
| 分配率 | 17.29 | 12.90 | |
| 应计入产成品成本份额 | 3 458 | 2 580 | 6 038 |
| 月末在产品成本 | 172 | 130 | 302 |

3. 编制产品成本汇总表如下，见表3－60。

**表3－60　产品成本汇总计算表**

名称：甲产品　　　　　　　　　　　　　　　　金额单位：元

| 项目 | 数量 | 直接材料 | 直接人工 | 制造费用 | 总成本 | 单位成本 |
|---|---|---|---|---|---|---|
| 第一车间 | | 13 380 | 1 674 | 1 852 | 16 906 | 84.53 |
| 第二车间 | | | 2 894 | 4 188 | 7 082 | 35.41 |
| 第三车间 | | | 3 458 | 2 580 | 6 038 | 30.19 |
| 合计 | 200 | 13 380 | 8 026 | 8 620 | 30 026 | 150.13 |

根据产品成本汇总表和产成品入库单，编制结转完工入库产品生产成本的会计分录如下：

借：库存商品——甲产品　　　　　　　　　　30 026
　　贷：基本生产成本——第一车间　　　　　　　16 906
　　　　　　　　　　——第二车间　　　　　　　7 082
　　　　　　　　　　——第三车间　　　　　　　6 038

由上述举例可以看出，平行结转法不仅可以简化和加速成本计算工作，也能够直接提供按原始成本项目反映的产品成本资料，不必进行成本还原。但是，平行结转分步法不能提供半成品成本资料及各步骤耗用上一步骤半成品费用资料，因而不能全面反映各步骤生产耗费的水平，不利于各步骤的成本管理；且各步骤不计算、不结转半成品成本，不能为在产品的实物管理和资金管理提供资料。

## 项目小结

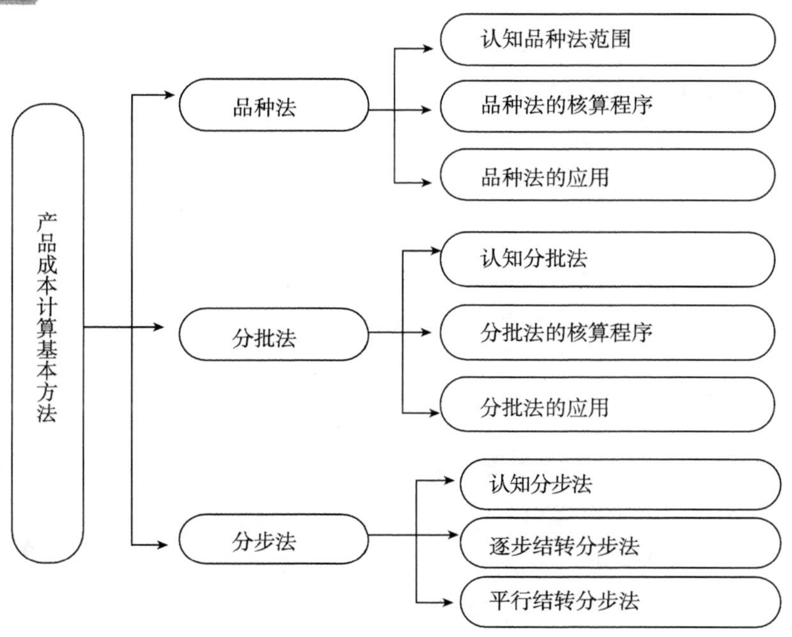

## 职业能力训练

### 一、单项选择题

1. 产品成本计算方法中，最基本的成本计算方法是（　　）。

A. 分类法　　B. 分步法　　C. 品种法　　D. 分批法

2. 在大量大批多步骤生产企业里，若管理上不要求计算各步骤产品成本，则应采取的成本计算方法是（　　）。

A. 品种法　　B. 分批法　　C. 分类法　　D. 分步法

3. 作为最基本的成本计算方法，（　　）的计算程序代表了产品成本计算的一般程序。

A. 分批法　　B. 分类法　　C. 品种法　　D. 分步法

4. 下列方法中，必须设置基本生产成本二级账的是（　　）。

A. 分类法　　B. 简化分批法　　C. 定额法　　D. 简化品种法

5. 分批法的主要特点是（　　）。

A. 批内产品都同时完工，不存在完工产品与在产品之间分配费用的问题

B. 以产品批别为成本计算对象

C. 费用归集和分配比较简便

D. 定期计算成本

6. 小批单件多步骤生产，成本管理不要求分步计算成本时，应采用（　　）方法计算产品成本。

A. 分批法　　B. 品种法　　C. 分步法　　D. 分类法

7. 简化分批法适用于（　　）的企业。

A. 投产批数繁多，而且未完工批数较多　　B. 投产批数繁多，而且完工批数较多

C. 投产批数繁多，而未完工批数较少　　D. 投产批数较少，而未完工批数较多

8. 采用简化分批法计算产品成本，基本生产成本二级账与产品成本计算单无法核对的项目是（　　）。

A. 月末在产品生产工时项目余额　　B. 月末在产品直接材料项目余额

C. 完工产品成本合计数　　D. 月末在产品间接计入费用项目余额

9. 采用简化分批法，在产品完工之前，产品成本计算单（　　）。

A. 只登记直接材料费用　　B. 不登记任何费用

C. 只登记直接材料和生产工时　　D. 登记间接费用，不登记直接费用

10. 在简化分批法下，累计间接费用分配率（　　）。

A. 只是在各批在产品之间分配间接费用的依据

B. 只是在各批完工产品之间分配间接费用的依据

C. 只是在完工产品与在产品之间分配间接费用的依据

D. 既是各批产品之间，也是完工产品与在产品之间分配间接费用的依据

11. 累计间接计入费用分配率是依据（　　）的有关数据计算的。

A. 基本生产成本明细账　　B. 基本生产成本总账

C. 基本生产成本二级账　　D. 都不是

12. 采用分批法计算产品成本时，如果批内跨月完工产品的数量较多，且月末批内完工产品数量占全部批量的比重较大，则完工产品成本可按（　　）计算。

A. 计划单位成本　　B. 约当产量比例分配

C. 近期同种产品的实际单位成本　　D. 定额单位成本

13. 简化分批法与分批成本法的主要区别是（　　）。

A. 不分配间接费用　　B. 分批计算直接材料成本

C. 不分批计算在产品成本　　D. 不分批计算完工产品成本

14. 采用平行结转分步法时，完工产品与在产品之间的费用分配，是指下列（　　）之间的费用分配。

A. 各步骤完工半成品与月末加工中在产品

B. 各步骤完工产品与广义在产品

C. 完工产成品与狭义在产品

D. 完工产成品与月末广义在产品

15. 某种产品由三个生产步骤形成，采用逐步结转分步法计算成本。本月第一生产步骤转入第二生产步骤的生产费用为 2 300 元，第二生产步骤转入第三生产步骤的生产费用为 4 100 元。本月第三生产步骤发生的加工费用为 2 500 元，第三生产步骤月初在产品费用 800 元，月末在产品费用为 600 元。本月该种产品的完工产品成本为（　　）元。

A. 10 900　　B. 6 800　　C. 6 400　　D. 2 700

16. 采用逐步结转分步法时，前一生产步骤完工的半成品直接转入后一生产步骤，应借记的科目是（　　）。

A. “基本生产成本”　　B. “自制半成品”

C. “制造费用”　　D. “原材料”

17. 采用平行结转分步法（　　）。

A. 能够全面地反映最后一个生产步骤产品的生产耗费水平

B. 能够全面地反映第一个生产步骤产品的生产耗费水平

C. 能够全面地反映各个生产步骤产品的生产耗费水平

D. 不能全面地反映各个生产步骤产品的生产耗费水平

18. 不计算半成品成本的分步法是指（　　）。

A. 逐步分项结转分步法　　B. 平行结转分步法

C. 按实际成本综合结转分步法　　D. 按计划成本综合结转分步法

19. 产品成本计算的分步法是（　　）。

A. 计算各步骤半成品和最后步骤完工产品成本的方法

B. 分车间计算产品成本的方法

C. 计算产品成本中各步骤“份额”的方法

D. 按照生产步骤计算产品成本的方法

20. 成本还原的对象是（　　）。

A. 完工产品成本　　B. 各步骤所耗上一步骤半成品的综合成本

C. 最后步骤的完工产品成本　　D. 各步骤半成品成本

21. 综合逐步结转法适用于（　　）。

A. 要求计算完工产品所耗半成品费用但不需进行成本还原的企业

B. 不要求计算完工产品所耗半成品费用但要求按原始成本项目计算产品成本的企业

C. 要求计算半成品成本的企业

D. 不要求计算半成品成本的企业

22. 采用平行结转分步法，第二生产步骤的广义在产品不包括（　　）。

A. 第一生产步骤正在加工的在产品　　B. 第二生产步骤正在加工的在产品

C. 第二生产步骤完工入库的半成品　　D. 第三生产步骤正在加工的在产品

23. 在一般情况下，下列企业适合选择逐步结转分步法的有（　　）。

A. 采掘企业　　B. 有半成品对外销售的企业

C. 发电厂　　D. 单件小批生产企业

24. 在采用分批法时，产品成本明细账的设立和结账，应与（　　）的签发和结束密切配合，协调一致，以保证各批产品成本计算的正确性。

A. 生产令号　　B. 生产通知单　　C. 订单　　D. 生产成本总账

25. 如果同一时期内，在几张订单中规定有相同的产品，则计算成本时可以（　　）。

A. 按订单分批组织生产　　B. 按品种分批组织生产

C. 按产品的组成部分分批组织生产　　D. 将相同产品合为一批组织生产

**二、多项选择题**

1. 品种法的成本计算程序包括（　　）。

A. 按产品品种开设基本生产成本明细账归集生产费用

B. 归集并分配辅助生产费用

C. 归集并分配制造费用

D. 月末将归集的生产费用在完工产品和在产品之间分配

2. 下列属于品种法成本计算特点的是（　　）。

A. 以产品品种作为成本计算对象

B. 成本计算期与会计周期一致

C. 成本计算期与会计周期不一致

D. 若有在产品，月末需将生产费用在完工和在产之间分配

3. 品种法适用于（　　）。

A. 小批单件单步骤生产

B. 大量大批单步骤生产

C. 管理上不要求分步计算产品成本的小批单件多步骤生产

D. 管理上不要求分步计算产品成本的大量大批多步骤生产

4. 下列企业中，运用品种法计算产品成本的有（　　）。

A. 糖果厂　　B. 饼干厂　　C. 造船厂　　D. 发电厂

5. 采用分批法计算产品成本，在批内产品跨月陆续完工不多的情况下，结转完工产品成本的方法可以按（　　）。

A. 定额单位成本计算　　B. 计划单位成本计算

C. 近期同种产品实际单位成本计算　　D. 暂不结转，待全部完工后一并计算

6. 分批法适用于（　　）。

A. 新产品的试制　　B. 单件生产

C. 小批生产　　D. 机器设备的大修理

7. 采用分批法计算产品成本，作为某一成本计算对象的批别，可以按以下方法确定（　　）。

A. 同一订单中的多种产品　　B. 同一订单中同种产品的组成部分

C. 不同订单中的同种产品　　D. 本企业规定的产品批别

8. 分批法和品种法主要区别是（　　）。

A. 成本计算对象　　B. 成本计算期

C. 生产周期　　D. 会计核算期

9. 采用简化的分批法，在各批产品成本明细账中，对于没有完工产品的月份，只登记（　　）。

A. 生产工时　　B. 直接材料

C. 直接人工费用　　D. 间接计入费用

10. 下列关于分批法的说法不正确的有（　　）。

A. 分批法也称为定额法

B. 分批法适用于小批单件及大批生产

C. 按产品批别计算产品成本也就是按订单计算产品成本

D. 如果一张订单中规定有几种产品，也应合为一批组织生产

11. 采用简化的分批法，必须具备的条件是（　　）。

A. 各个月份的间接计入费用的水平相差悬殊

B. 各个月份的间接计入费用的水平相差不多

C. 月末完工产品批数比较多

D. 月末完工产品批数比较少

12. 在简化的分批法下，（　　）。

A. 在产品完工之前，产品成本计算单只登记直接材料费用和生产工时

B. 在产品完工之前，产品成本计算单既要登记直接计入费用，又要登记间接计入费用

C. 在基本生产成本二级账中，既要登记直接计入费用，又要登记间接计入费用

D. 只在有完工产品的那个月份，才计算完工产品成本

13. 在分批法下，间接费用的分配方法有（　　）。

A. 定额比例法　　B. 直接成本分配法

C. 当月分配法　　D. 累计分配法

14. 累计间接费用分配率是（　　）。

A. 在各车间产品之间分配间接费用的依据

B. 在各批产品之间分配间接费用的依据

C. 在完工批别与月末在产品批别之间分配各费用的依据

D. 在某批产品的完工产品与月末在产品之间分配各费用的依据

15. 半成品成本的综合结转可以（　　）。

A. 按计划成本结转　　B. 按实际成本结转

C. 按成本项目结转　　D. 按生产步骤平行结转

16. 在分步法中，相互对称的结转方法有（　　）。

A. 逐步结转与分项结转　　B. 综合结转与平行结转

C. 逐步结转与平行结转　　D. 综合结转与分项结转

17. 按计划成本综合结转半成品成本的优点是（　　）。

A. 便于反映计划成本与实际成本的差异

B. 便于考核产品成本的构成和水平

C. 可以简化和加速半成品核算和完工产品成本计算工作

D. 便于各步骤进行成本的考核和分析

18. 采用逐步结转分步法，按照结转的半成品本在下一步骤产品成本明细账中的反映方法，分为（　　）。

A. 综合结转法　　B. 分项结转法

C. 按实际成本结转　　D. 按计划成本结转

19. 按实际成本综合结转半成品成本的缺点是（　　）。

A. 领用半成品按实际单位成本计算烦琐

B. 各步骤不能同时计算成本

C. 不能直接反映产品的原始成本构成

D. 成本还原，工作量大

20. 采用分步法时，作为成本计算对象的生产步骤可以（　　）。

A. 按生产车间设立　　B. 按实际生产步骤设立

C. 在一个车间内按不同生产步骤设立　　D. 将几个车间合并设立

21. 采用分项结转法结转半成品成本的优点是（　　）。

A. 可以直接、正确地提供按原始成本项目反映的产品成本资料

B. 便于从整个企业角度考核和分析产品成本计划的执行情况

C. 不必成本还原，减轻工作量

D. 可以提供耗用上一步骤半成品成本水平

22. 下列方法中，成本计算期与会计报告期一致的有（　　）。

A. 品种法　　B. 逐步结转分步法　　C. 分批法　　D. 平行结转分步法

23. 平行结转分步法的特点是（　　）。

A. 各生产步骤不计算半成品成本，只归集本步骤所发生的生产费用

B. 各步骤的在产品成本是广义在产品成本

C. 各步骤应计算本步骤应计入完工产品成本的"份额"

D. 各步骤应计入产品成本的"份额"平行结转，汇总计算完工产品的总成本和单位成本

24. 采用平行结转分步法不提供（　　）。

A. 按原始成本项目反映的完工产品成本资料

B. 所耗上一步骤半成品成本的资料

C. 各步骤完工半成品成本的资料

D. 本步骤应计入完工产品成本份额的资料

**三、判断题**

1. 品种法只适用于单步骤生产。(　　)

2. 采用逐步结转分步法，半成品成本的结转与半成品实物的转移是分离的，因而不利于半成品的实物管理和在产品的资金管理。(　　)

3. 品种法下，成本计算期一般与会计报告期一致，而与生产周期不一致。(　　)

4. 品种法的特点主要体现在成本计算对象、成本计算期和月末生产费用在完工和在产之间的分配等方面。(　　)

5. 为了使同一批产品同时完工，避免跨月陆续完工的情况，减少在完工产品与月末在产品之间分配费用的工作，产品的批量越小越好。(　　)

6. 按品种法计算产品成本时，不存在将生产费用在各种产品之间的分配问题。(　　)

7. 在月末未完工产品批数较多的情况下，不适宜采用简化的分批法。(　　)

8. 在单件小批生产的企业中，按照产品批别计算产品成本，往往也就是按照定单计算产品成本，因此，产品成本计算的分批法，也称定单法。(　　)

9. 由于各个企业生产工艺过程的特点不同，各生产步骤成本的计算和结转采用着两种不同的方法：逐步结转和平行结转。(　　)

10. 采用简化的分批法计算产品成本，不必设置基本生产成本二级账。(　　)

11. 采用逐步结转分步法，按照结转的半成品在下一步骤产品成本明细账中的反映方法，分为综合结转和分项结转两种方法。(　　)

12. 采用分批法计算产品成本时，不存在完工产品与月末在产品之间分配费用的问题。(　　)

13. 简化的分批法就是不分批计算在产品成本的分批法。(　　)

14. 分批法成本计算期与产品生产周期一致。(　　)

15. 在简化的分批法下，在各批产品成本计算单中，对于没有完工产品的月份，只登记直接材料费用和生产工时。(　　)

16. 采用简化的分批法计算产品成本，各批完工产品的间接计入费用是根据完工产品生产工时和累计间接计入费用分配率计算的。(　　)

17. 采用累计间接费用分批法，在间接费用水平相差悬殊的情况下，会影响成本的正确性。(　　)

18. 逐步结转分步法就是为了计算半成品成本而采用的一种分步法。(　　)

19. 在平行结转分步法下，只能采用定额比例法进行完工产品和在产品之间的费用分配。(　　)

20. 产品成本计算的分步法均应逐步结转半成品成本，最后计算出完工产品成本。(　　)

21. 采用分步法时，不论是综合结转还是分项结转，第一个生产步骤的成本明细账的登记方法均相同。(　　)

22. 成本还原的对象是还原前完工产品成本中的半成品的综合成本。(　　)

23. 采用分项结转半成品成本，在各步骤完工产品成本中可以看出所耗上一步骤半成品的费用和本步骤加工费用的水平。(　　)

24. 不论是综合结转还是分项结转，半成品成本都是随着半成品实物的转移而结转。(　　)

**四、业务处理题**

(一) 目的：品种法的能力训练

华宇公司是一个单步骤中小型的工业生产型企业，设有一个基本生产车间，大量大批生产甲乙两种产品。还设有供水、机修两个辅助生产车间，为全厂提供劳务，辅助生产车间之间相互提供的劳务按计划分配法分配，计划单位成本水 1.9 元/吨，修理 7 元/小时，

辅助生产车间不单独核算制造费用。产品成本需要在完工产品和月末在产品之间分配，分配方法采用约当产量法，月末在产品的完工程度均为50%，原材料是在生产开始时一次投入。其他资料如下：

1. 产量资料

| 产品 | 月初在产品 | 本月投入 | 本月完工产品 | 月末在产品 |
|---|---|---|---|---|
| 甲产品 | 150 | 1 050 | 800 | 400 |
| 乙产品 | 200 | 1000 | 900 | 300 |

2. 月初在产品成本　　单位：元

| 产品 | 直接材料 | 直接人工 | 制造费用 | 合计 |
|---|---|---|---|---|
| 甲产品 | 30 000 | 12 000 | 16 800 | 58 800 |
| 乙产品 | 25 000 | 11 000 | 8 000 | 44 000 |

3. 本月发生费用

（1）材料费用表　　单位：元

| 材料用途 | 直接用料（A） | 共同用料（B） | 合计 | B材料消耗定额 |
|---|---|---|---|---|
| 甲产品 | 150 000 | | | 27.50 |
| 乙产品 | 160 000 | | | 20.00 |
| 小计 | 310 000 | 95 000 | 405 000 | |
| 车间一般耗用 | 20 000 | 10 000 | 30 000 | |
| 机修车间 | 65 000 | | 65 000 | |
| 供水车间 | 18 000 | | 18 000 | |
| 合计 | 413 000 | 105 000 | 518 000 | |

（2）工资费用计算表　　单位：元

| 生产人员类别 | 应付职工薪酬——工资 | 应付职工薪酬——福利费 | 合计 |
|---|---|---|---|
| 生产工人 | 62000 | 8 680 | 70 680 |
| 机修工人 | 45000 | 6 300 | 51 300 |
| 供水工人 | 26000 | 3 640 | 29 640 |
| 车间管理 | 12000 | 1 680 | 13 680 |
| 合计 | 145 000 | 20 300 | 165 300 |

（3）折旧计算表　　单位：元

| 车间名称 | 金额 |
|---|---|
| 基本生产 | 20 000 |
| 机修车间 | 5 000 |
| 供水车间 | 8 000 |
| 合计 | 33 000 |

(4) 其他费用分配表 单位：元

| 车间名称 | 费用项目 | | | | | |
|---|---|---|---|---|---|---|
| | 低值易耗品 | 办公费 | 电费 | 保险费 | 其他 | 合计 |
| 基本生产 | 4 500 | 800 | 5 520 | 3 680 | 820 | 15 320 |
| 机修车间 | 900 | 300 | 4 600 | 1 200 | 200 | 7 200 |
| 供水车间 | 700 | 500 | 6 900 | 3 500 | 760 | 12 360 |
| 合计 | 6 100 | 1 600 | 17 020 | 8 380 | 1 780 | 34 880 |

4. 工时资料：甲产品2600小时　　乙产品2400小时

5. 辅助生产车间劳务供应量

| 收益单位 | 机修/小时 | 供水/吨 | 计划单位成本 |
|---|---|---|---|
| 基本生产 | 18 000 | 34 000 | |
| 机修车间 | | 750 | 7元/小时 |
| 供水车间 | 500 | | 1.9元/吨 |
| 合计 | 18 500 | 34 750 | |

辅助生产车间按计划成本分配后的差额全部计入管理费用。

有关费用分配方法：

(1) 甲乙产品共同耗用的材料按定额耗用量比例分配；

(2) 生产工人工资按生产工时比例分配；

(3) 制造费用按生产工时比例分配。

要求：用品种法计算甲乙产品成本。

1) 材料费用分配表 金额单位：元

| 应借账户 | | A材料 | B材料 | | | 合计 |
|---|---|---|---|---|---|---|
| 总账户 | 明细账户 | | 定额耗用量（kg） | 分配率 | 分配金额 | |
| 基本生产成本 | 甲产品 | | | | | |
| | 乙产品 | | | | | |
| | 小计 | | | | | |
| 辅助生产成本 | 机修车间 | | | | | |
| | 供水车间 | | | | | |
| | 小计 | | | | | |
| 制造费用 | 基本车间 | | | | | |
| 合计 | | | | | | |

2）

职工薪酬费用分配表

金额单位：元

| 应借账户 | | 分配标准（工时） | 工资 | | 福利费 | 合计 |
|---|---|---|---|---|---|---|
| 总账户 | 明细账户 | | 分配率 | 分配金额 | | |
| 基本生产成本 | 甲产品 | | | | | |
| | 乙产品 | | | | | |
| | 小计 | | | | | |
| 辅助生产成本 | 机修车间 | | | | | |
| | 供水车间 | | | | | |
| | 小计 | | | | | |
| 制造费用 | 基本车间 | | | | | |
| 合计 | | | | | | |

3）

折旧及其他费用汇总表

单位：元

| 借方科目 | | 金额 | | | | | | |
|---|---|---|---|---|---|---|---|---|
| 总账户 | 明细科目 | 折旧 | 低值易耗品 | 办公费 | 电费 | 保险 | 其他 | 合计 |
| 制造费用 | 基本车间 | | | | | | | |
| 辅助生产成本 | 机修车间 | | | | | | | |
| | 供水车间 | | | | | | | |
| | 小计 | | | | | | | |
| 合计 | | | | | | | | |

4）分配辅助生产成本

辅助生产费用分配：

机修车间成本＝　　　　　　　　供水车间成本＝

辅助生产费用分配表

金额单位：元

| 内容 / 应借科目 | | | 机修车间 | | 供水车间 | | 合计 |
|---|---|---|---|---|---|---|---|
| | | | 劳务数量 | 分配金额 | 劳务数量 | 分配金额 | |
| 待分配费用 | | | | | | | |
| 计划单位成本 | | | | | | | |
| 辅助生产成本 | 机修车间 | | | | | | |
| | 供水车间 | | | | | | |
| | 小计 | | | | | | |
| 制造费用 | 基本生产车间 | 水费 | | | | | |
| | | 修理费 | | | | | |
| | 小计 | | | | | | |

续表

| 应借科目 \ 内容 | 机修车间 | | 供水车间 | | 合计 |
|---|---|---|---|---|---|
| | 劳务数量 | 分配金额 | 劳务数量 | 分配金额 | |
| 按计划成本分配合计 | | | | | |
| 辅助生产实际成本 | | | | | |
| 差异率 | | | | | |

5）分配制造费用

①制造费用总额 =

②制造费用分配表　　金额单位：元

| 产品名称 | 分配标准（工时） | 分配率 | 待分配费用 |
|---|---|---|---|
| 甲产品 | | | |
| 乙产品 | | | |
| 合计 | | | |

6）登记基本生产成本明细账

产品名称：甲产品　　基本生产成本明细账　　单位：元

| 年 | | 凭证 | | 摘要 | 成本项目 | | | 合计 |
|---|---|---|---|---|---|---|---|---|
| 月 | 日 | 字 | 号 | | 直接材料 | 直接人工 | 制造费用 | |
| × | 1 | | | 月初在产品成本 | | | | |
| | | | | 生产领用材料 | | | | |
| | | | | 结转工资福利费 | | | | |
| | | | | 结转制造费用 | | | | |
| | | | | 生产费用合计 | | | | |
| | | | | 分配率 | | | | |
| | | | | 结转完工产品成本 | | | | |
| | | | | 月末在产品成本 | | | | |

直接材料费用分配率 =

直接人工费用分配率 =

制造费用分配率 =

产品名称：乙产品　　基本生产成本明细账　　单位：元

| 年 | | 凭证 | | 摘要 | 成本项目 | | | 合计 |
|---|---|---|---|---|---|---|---|---|
| 月 | 日 | 字 | 号 | | 直接材料 | 直接人工 | 制造费用 | |
| × | 1 | | | 月初在产品成本 | | | | |
| | | | | 生产领用材料 | | | | |

续表

| 年 | | 凭证 | | 摘要 | 成本项目 | | | 合计 |
|---|---|---|---|---|---|---|---|---|
| 月 | 日 | 字 | 号 | | 直接材料 | 直接人工 | 制造费用 | |
| | | | | 结转工资福利费 | | | | |
| | | | | 结转制造费用 | | | | |
| | | | | 生产费用合计 | | | | |
| | | | | 分配率 | | | | |
| | | | | 结转完工产品成本 | | | | |
| | | | | 月末在产品成本 | | | | |

直接材料费用分配率＝

直接人工费用分配率＝

制造费用分配率＝

7）编制完工产品成本汇总表

完工产品成本汇总表　　单位：元

| 成本项目 | 甲产品（800 件） | | 乙产品（900 件） | |
|---|---|---|---|---|
| | 总成本 | 单位成本 | 总成本 | 单位成本 |
| 直接材料 | | | | |
| 直接人工 | | | | |
| 制造费用 | | | | |
| 合计 | | | | |

（二）目的：品种法运用的能力训练

鸿运公司有一个基本生产车间，生产甲、乙两种产品；一个机修车间，为基本生产车间提供服务。201×年10月份有关产品生产资料如下表：

1. 期初甲在产品40件。有关费用情况如下表：　　单位：元

| 直接材料 | 燃料动力 | 直接人工 | 制造费用 | 合计 |
|---|---|---|---|---|
| 1 485 | 346 | 2 480 | 1 678 | 5 989 |

2. 本月费用发生情况如下：

（1）基本车间生产甲产品领用A材料200公斤，计划单价10元，领用B材料1 000公斤，计划单价8元。

（2）生产乙产品领用A材料1 000公斤，计划单价10元。领用C材料500公斤，计

划单价 15 元。

(3) 机修车间修理基本车间设备领用 A 材料 300 公斤，C 材料 50 公斤，价格同上。本车间修理使用 A 材料，计划成本 300 元。

(4) 基本车间一般耗用 B 材料，计划成本 1 200 元，企业管理部门维修领用 A 材料计划成本 1 400 元。

(5) 本月发生的职工薪酬费用如下表： 单位：元

| | | 工资总额 | 福利费（14%） |
|---|---|---|---|
| 生产车间 | 工人 | 45 000 | |
| | 管理人员 | 6 000 | |
| 机修车间 | 工人 | 16 000 | |
| | 管理人员 | 5 000 | |
| 企业管理部门 | | 7 600 | |
| 销售部门 | | 6 300 | |

(6) 支付生产车间的办公费 500 元，支付车间的设备修费用 450 元。

(7) 生产车间的设备折旧费用本月应负担 1 600 元，机修车间为 2 000 元，管理部门的设备折旧费用本月应负担 1 400 元。

(8) 车间生产甲、乙两种产品共同耗用材料费用计划成本为 36 000 元。甲产品定额费用为 10 000 元，乙产品为 20 000 元，按定额比例分配。

(9) 基本生产车间生产甲产品完成定额工时 6 000 小时，生产乙产品完成工时定额 8 000小时。

(10) 本月甲产品投产 160 件，月末入库 150 件。乙产品投产 300 件，入库 100 件。

(11) 甲、乙两种产品的在产品完工程度为 50%。

(12) 本月经计算材料成本差异率为 -5%。

(13) 该企业生产用原材料一次投入，要求用品种法计算甲、乙两种产品的完工产品成本和月末在产品成本。完工产品成本和在产品的成本分配方法采用约当产量法。职工薪酬费用和制造费用的分配采用定额工时。

(14) 要求编制有关费用分配表，分配相关费用并编制会计分录，登记生产成本明细账和开设成本计算单，计算完工产品和在产品成本。

(三) 目的：分批法能力训练

某厂根据客户的订单组织生产，采用分批法计算产品成本。该厂有两个生产车间，原材料在一车间生产开始时一次投入，201×年 12 月份的有关资料如下：

1. 各批产品的生产情况

各批产品的生产情况

| 产品批号 | 产品名称 | 开工日期 | 批量/台 | 完工产量/台 | | 本月耗用工时/小时 | |
|---|---|---|---|---|---|---|---|
| | | | | 11 月 | 12 月 | 一车间 | 二车间 |
| 07 | 甲产品 | 11 月份 | 20 | 10 | 10 | 3 000 | 1 600 |
| 08 | 乙产品 | 12 月份 | 15 | | 15 | 1 500 | 2 000 |
| 09 | 丙产品 | 12 月份 | 10 | | | 1 000 | 1 500 |

2. 07 批甲产品 11 月份的有关资料

直接材料为 10 500 元，直接人工为 18 900 元，制造费用为 6 050 元。

3. 12 月份各批产品耗用材料的情况

08 批乙产品耗用材料 40 500 元，

09 批丙产品耗用材料 9 500 元。

4. 12 月份的直接人工费用资料

直接人工费用表　　单位：元

| 项目 | 一车间 | 二车间 |
|---|---|---|
| 07 批甲产品 | 9 900 | 4 000 |
| 08 批乙产品 | 4 950 | 5 010 |
| 09 批丙产品 | 3 300 | 3 750 |

5. 12 月份的制造费用资料

一车间为 5 500 元，二车间为 6 120 元。制造费用按生产工时比例在各批产品之间分配。

该厂对订单内跨月陆续完工的产品，月末计算成本时，对完工产品按计划成本转出，待全部完工后再重新计算完工产品的实际总成本和单位成本。本例中 07 批甲产品 11 月末完工 10 台，按计划单位成本结转，其中原材料计划单位成本 500 元，工资计划单位成本 950 元，制造费用计划单位成本 300 元。

要求：(1) 编制制造费用分配表。

(2) 设置并登记 07 批甲产品基本生产成本明细账及其成本计算。

(3) 设置并登记 08 批乙产品基本生产成本明细账及其成本计算。

(4) 设置并登记 09 批丙产品基本生产成本明细账及其成本计算。

制造费用分配表

201×年12月　　　　金额单位：元

| 产品批别 | 一车间 | | | 二车间 | | | 合计 |
|---|---|---|---|---|---|---|---|
| | 工时 | 分配率 | 金额 | 工时 | 分配率 | 金额 | |
| 07 批 | | | | | | | |
| 08 批 | | | | | | | |
| 09 批 | | | | | | | |
| 合 计 | | | | | | | |

基本生产成明细账

批号：07　　　　产品名称：甲产品　　　　金额单位：元

开工日期：201×年11月　　　　完工日期：201×年12月

| 201×年 | | 凭证号数 | 摘要 | 直接材料 | 直接人工 | 制造费用 | 合计 |
|---|---|---|---|---|---|---|---|
| 月 | 日 | | | | | | |
| 11 | 30 | 略 | 11 月份成本合计 | | | | |
| | 30 | | 完工 10 台转出成本 | | | | |
| | 30 | | 11 月末在产品成本 | | | | |
| 12 | 31 | | 一车间成本分配 | | | | |
| | 31 | | 二车间成本分配 | | | | |
| | 31 | | 12 月份成本合计 | | | | |
| | 31 | | 12 月份完工 10 台转出成本 | | | | |
| | 31 | | 20 台产品累计总成本 | | | | |
| | | | 单位成本 | | | | |

基本生产成明细账

批号：08　　　　产品名称：乙产品　　　　金额单位：元

开工日期：201×年11月　　　　完工数量：15 台　　　　完工日期：201×年12月

| 201×年 | | 凭证号数 | 摘要 | 直接材料 | 直接人工 | 制造费用 | 合计 |
|---|---|---|---|---|---|---|---|
| 月 | 日 | | | | | | |
| 12 | 31 | | 一车间成本分配 | | | | |
| | 31 | | 二车间成本分配 | | | | |
| | 31 | | 生产成本合计 | | | | |
| | 31 | | 转出完工产品成本 | | | | |
| | | | 单位成本 | | | | |

基本生产成明细账

批号：09　　　　产品名称：丙产品　　　　金额单位：元

开工日期：201×年12月　　　　完工日期：

| 201×年 | | 凭证号数 | 摘要 | 直接材料 | 直接人工 | 制造费用 | 合计 |
|---|---|---|---|---|---|---|---|
| 月 | 日 | | | | | | |
| 12 | 31 | | 一车间成本分配 | | | | |
| | 31 | | 二车间成本分配 | | | | |
| | 31 | | 12月份累计成本 | | | | |

（四）目的：分批法运用的能力训练

长城工厂产品成本计算采用分批法，201×年3月份同时生产三批产品，批号#101A产品，1月份投产，产量20台，2月份已完工8台，本月完工12台；批号#201B产品，2月份投产，产量30台，本月完工30台；批号#301C产品，本月投产，产量45台，本月尚未完工。3月份有关成本资料如下：

1. 月初在产品成本如下（单位：元）：　　　　单位：元

| 产品批号及名称 | 月份 | 摘要 | 直接材料 | 直接人工 | 制造费用 |
|---|---|---|---|---|---|
| #101A产品 | 1 | | 12 000 | 2 200 | 1 980 |
| | 2 | | 38 000 | 8 800 | 6 020 |
| | 2 | 减完工8台计划成本 | −27 600 | −7 100 | −6 160 |
| #201B产品 | 2 | | 9 300 | 1 060 | 1 100 |

2. 本月耗用原材料及生产工时如下：

| 产品批号 | 产品名称 | 直接材料 | 生产工时 |
|---|---|---|---|
| #101 | A产品 | 20 000 | 1 240 |
| #201 | B产品 | 15 000 | 1 660 |
| #301 | C产品 | 9 800 | 500 |

3. 本月发生的直接人工18 700元，制造费用20 400元。

要求：

（1）编制费用分配表，按生产工时比例分配直接人工和制造费用。

（2）登记产品成本明细账，计算各种完工产品的总成本和单位成本。

（3）编制完工产品入库的会计分录。

制造费用分配表

201×年 3 月　　金额单位：元

| 产品批别 | 工时 | 分配率 | 金额 |
| --- | --- | --- | --- |
| #101 | | | |
| #201 | | | |
| #301 | | | |
| 合 计 | | | |

人工费用分配表

201×年 3 月　　金额单位：元

| 产品批别 | 工时 | 分配率 | 金额 |
| --- | --- | --- | --- |
| #101 | | | |
| #201 | | | |
| #301 | | | |
| 合计 | | | |

基本生产成明细账

批号：#101　　产品名称：A 产品　　金额单位：元

开工日期：201×年 1 月　　完工日期：201×年 3 月

| 201×年 | | 凭证号数 | 摘要 | 直接材料 | 直接人工 | 制造费用 | 合计 |
| --- | --- | --- | --- | --- | --- | --- | --- |
| 月 | 日 | | | | | | |
| 1 | 31 | 略 | 1 月份产品成本 | | | | |
| 2 | 28 | | 2 月份产品成本 | | | | |
| | 28 | | 2 月末产品成本合计 | | | | |
| | 28 | | 8 台转出成本 | | | | |
| | 28 | | 2 月末在产品成本 | | | | |
| 3 | 31 | | 3 月份产品成本 | | | | |
| | 31 | | 3 月份完工 12 台转出成本 | | | | |
| | 31 | | 20 台产品累计总成本 | | | | |
| | 31 | | 单位成本 | | | | |

基本生产成明细账

批号：#201　　产品名称：B产品　　金额单位：元

开工日期：201×年2月　　完工数量：30台　　完工日期：201×年3月

| 201×年 | | 凭证号数 | 摘要 | 直接材料 | 直接人工 | 制造费用 | 合计 |
|---|---|---|---|---|---|---|---|
| 月 | 日 | | | | | | |
| 2 | 28 | | 2月份产品成本 | | | | |
| 3 | 31 | | 3月分产品成本 | | | | |
| | 31 | | 生产成本合计 | | | | |
| | 31 | | 转出完工产品成本 | | | | |
| | | | 单位成本 | | | | |

基本生产成明细账

批号：#301　　产品名称：C产品　　金额单位：元

开工日期：201×年3月　　完工日期：

| 201×年 | | 凭证号数 | 摘要 | 直接材料 | 直接人工 | 制造费用 | 合计 |
|---|---|---|---|---|---|---|---|
| 月 | 日 | | | | | | |
| 3 | 31 | | 3月份产品成本 | | | | |
| | 31 | | 3月份累计成本 | | | | |

（五）目的：简化分批法运用能力训练

新益工厂的生产组织属于小批生产，产品批数多，每月末完工不多，为简化核算，采用简化的分批法计算产品成本。201×年7、8月份有关成本资料如下：

1. 产品批号及完工情况如下：

| 批号 | 产品别 | 投产日期 | 完工情况 |
|---|---|---|---|
| #701 | 甲产品12件 | 7月12日投产 | 8月15日完工 |
| #702 | 乙产品8件 | 7月28日投产 | 8月30日完工3件 |
| #703 | 丙产品6件 | 8月15日投产 | 尚未完工 |

2. 各批号各月份发生的原材料费用及生产工时如下：

| 批号 | 原材料 | 生产工时 |
|---|---|---|
| #701 | 7月份原材料12 400元<br>8月份原材料10 600元 | 生产工时1 020小时<br>生产工时1 780小时 |
| #702 | 7月份原材料30 800元<br>8月份原材料0 | 生产工时4 140小时<br>生产工时5 560小时 |
| #703 | 8月份原材料25 000元 | 生产工时1 200小时 |

（注：#702 产品的原材料在生产开始时一次投入的，其完工 3 件产品的生产工时为 6 800 小时。）

3. 7 月份该厂全部在产品的职工薪酬费用 24 800 元，制造费用 27 920 元。

4. 8 月份该厂全部产品的职工薪酬费用 36 850 元，制造费用 48 800 元。

要求：

采用简化分批法，计算完工产品总成本和单位成本。

（六）目的：综合结转分步法能力训练

益友公司的丙产品分三个步骤在三个基本生产车间陆续进行，上一步骤的产品是下一步骤的半成品，半成品不经过半成品库收发，直接被下一步骤全部领用。假定各步骤的投料均在生产一开始投入，月末在产品的完工程度为 50%。

201×年 6 月其他相关资料如下：

1. 产量资料 单位：件

| 项目 | 一车间 | 二车间 | 三车间 |
|---|---|---|---|
| 月初在产品 | 20 | 40 | 30 |
| 本月投入产量 | 100 | 90 | 110 |
| 本月完工 | 90 | 110 | 120 |
| 月末在产品 | 30 | 20 | 20 |

2. 月初在产品成本 单位：元

| 项目 | 直接材料（自制半成品） | 直接人工 | 制造费用 | 合计 |
|---|---|---|---|---|
| 一车间 | 20 000 | 12 000 | 10 000 | 42 000 |
| 二车间 | 92 800 | 25 000 | 15 000 | 132 800 |
| 三车间 | 95 100 | 15 000 | 8 000 | 118 100 |

3. 本月发生费用 单位：元

| 项目 | 直接材料（自制半成品） | 直接人工 | 制造费用 |
|---|---|---|---|
| 一车间 | 133 600 | 45 750 | 41 450 |
| 二车间 |  | 32 600 | 29 400 |
| 三车间 |  | 65 600 | 62 200 |

要求：登记基本生产成本明细账，计算完工产品成本

第一车间基本生产成本明细账

产品名称：甲半成品　　完工：90 件　　20××年 6 月　　金额单位：元

| 201×年 | | 凭证号数 | 摘要 | 直接材料 | 直接人工 | 制造费用 | 合计 |
|---|---|---|---|---|---|---|---|
| 月 | 日 | | | | | | |
| | | | 月初在产品 | | | | |
| | | | 本月发生费用 | | | | |
| | | | 本月生产费用合计 | | | | |
| | | | 单位成本 | | | | |
| | | | 完工产品成本 | | | | |
| | | | 月末在产品成本 | | | | |

第二车间基本生产成本明细账

产品名称：乙半成品　　20××年 6 月　　完工：120 件　　金额单位：元

| 201×年 | | 凭证号数 | 摘要 | 直接材料 | 直接人工 | 制造费用 | 合计 |
|---|---|---|---|---|---|---|---|
| 月 | 日 | | | | | | |
| | | | 月初在产品 | | | | |
| | | | 本月发生费用 | | | | |
| | | | 本月生产费用合计 | | | | |
| | | | 单位成本 | | | | |
| | | | 完工产品成本 | | | | |
| | | | 月末在产品成本 | | | | |

第三车间基本生产成本明细账

产品名称：丙产品　　20××年 6 月　　完工：120 件　　金额单位：元

| 201×年 | | 凭证号数 | 摘要 | 直接材料 | 直接人工 | 制造费用 | 合计 |
|---|---|---|---|---|---|---|---|
| 月 | 日 | | | | | | |
| | | | 月初在产品 | | | | |
| | | | 本月发生费用 | | | | |
| | | | 本月生产费用合计 | | | | |
| | | | 单位成本 | | | | |
| | | | 完工产品成本 | | | | |
| | | | 月末在产品成本 | | | | |

（七）目的：逐步结转分步法和自制半成品结转能力训练

益友公司的丙产品分三个步骤在三个基本生产车间陆续进行，上一步骤的产品是下一步骤的半成品，但半成品需要经过半成品库收发。201×年 6 月其他相关资料如下：

一车间的产量资料、月初在产品成本和本月发生费用如上题（六）所示；二车间产量资料：月初40件，本月投产100件，月末完工120件，月末在产20件，二车间月初在产品成本与题（六）一致，本月发生费用中直接人工和制造费用分别为39 350元和31 800元；三车间产量资料与题（六）一致，三车间月初在产品成本中直接材料为95 178元，其他两项不变，本月发生费用中直接人工不变，制造费用为64 800元。自制半成品发出采用全月一次加权平均法。

要求：登记基本生产成本明细账，计算完工产品成本

第一车间基本生产成本明细账

产品名称：甲半成品　　完工：90件　　金额单位：元

| 年 | | 凭证号数 | 摘要 | 直接材料 | 直接人工 | 制造费用 | 合计 |
|---|---|---|---|---|---|---|---|
| 月 | 日 | | | | | | |
| | | | 月初在产品 | 20 000 | 12 000 | 10 000 | 42 000 |
| | | | 本月发生费用 | 133 600 | 45 750 | 41 450 | 220 800 |
| | | | 本月生产费用合计 | | | | |
| | | | 单位成本 | | | | |
| | | | 完工产品成本 | | | | |
| | | | 月末在产品成本 | | | | |

自制半成品明细账

产品名称：甲半产品　　数量单位：件　　金额单位：元

| 月份 | 月初结存 | | | 本月增加 | | | 合计 | | | 本月减少 | | |
|---|---|---|---|---|---|---|---|---|---|---|---|---|
| | 数量 | 单价 | 金额 | 数量 | 单价 | 金额 | 数量 | 单价 | 金额 | 数量 | 单价 | 金额 |
| 6 | 30 | 2 320 | 69 600 | 90 | | | | | | 100 | | |
| 7 | | | | | | | | | | | | |

第二车间基本生产成本明细账

产品名称：乙半成品　　完工：120件　　金额单位：元

| 年 | | 凭证号数 | 摘要 | 直接材料 | 直接人工 | 制造费用 | 合计 |
|---|---|---|---|---|---|---|---|
| 月 | 日 | | | | | | |
| | | | 月初在产品 | 92 800 | 25 000 | 15 000 | 132 800 |
| | | | 本月发生费用 | | 39 350 | 31 800 | |
| | | | 本月生产费用合计 | | | | |
| | | | 单位成本 | | | | |
| | | | 完工产品成本 | | | | |
| | | | 月末在产品成本 | | | | |

自制半成品明细账

产品名称：乙半成品　　　　　　　　数量单位：件　　　　　　　　金额单位：元

| 月份 | 月初结存 | | | 本月增加 | | | 合计 | | | 本月减少 | | |
|---|---|---|---|---|---|---|---|---|---|---|---|---|
| | 数量 | 单价 | 金额 | 数量 | 单价 | 金额 | 数量 | 单价 | 金额 | 数量 | 单价 | 金额 |
| 6 | 30 | 3163 | 94890 | | | | | | | 110 | | |
| 7 | 40 | | | | | | | | | | | |

第三车间基本生产成本明细账

产品名称：丙产品　　　　20××年6月　　　　完工：120件　　　　金额单位：元

| 年 | | 凭证号数 | 摘要 | 直接材料 | 直接人工 | 制造费用 | 合计 |
|---|---|---|---|---|---|---|---|
| 月 | 日 | | | | | | |
| | | | 月初在产品 | 95 178 | 15 000 | 8 000 | 118 178 |
| | | | 本月发生费用 | | 65 600 | 64 800 | |
| | | | 本月生产费用合计 | | | | |
| | | | 单位成本 | | | | |
| | | | 完工产品成本 | | | | |
| | | | 月末在产品成本 | | | | |

（八）目的：成本还原能力训练

假设某企业的一种产品经过三道工序加工而成，成本结转方法采用综合逐步结转分步法，还原前的成本资料如下，现需要反映产成品的原始成本项目构成，编制成本还原表进行成本还原。

产品成本还原计算表

20××年6月　　　　　　　　金额单位：元

| | 项目 | 产量 | 还原分配率 | 半成品 | 直接材料 | 直接人工 | 制造费用 | 合计 |
|---|---|---|---|---|---|---|---|---|
| 1 | 还原前产成品成本 | 120 | | 380 712 | | 74 400 | 67 200 | 522 312 |
| 2 | 第二步骤半成品成本 | | | 278 400 | | 59 400 | 43 200 | 381 000 |
| 3 | 第一次成本还原 | | | | | | | |
| 4 | 第一步骤半成品成本 | | | | 115 200 | 49 500 | 44 100 | 208 800 |
| 5 | 第二次成本还原 | | | | | | | |
| 6 | 还原后产品总成本 | | | | | | | |
| 7 | 还原后产品单位成本 | | | | | | | |

（九）目的：分项结转分步法能力训练

中金公司生产的A产品，分三个步骤加工完成，原材料在生产开始时一次投入，成本计算方法采用分项结转分步法，各步骤的成本资料如下，计算完工产品成本。

| 项目 | 第一步骤 | | 第二步骤 | | 第三步骤 | |
|---|---|---|---|---|---|---|
| | 本期发生 | 本期完工 | 本期发生 | 本期完工 | 本期发生 | 本期完工 |
| 直接材料 | 100 000 | 88 000 | | 78 000 | | 75 000 |
| 直接人工 | 40 000 | 32 000 | 25 000 | 50 000 | 18 000 | 65 000 |
| 制造费用 | 35 000 | 30 000 | 14 000 | 42 000 | 24 000 | 62 000 |

基本生产成本明细账

产品名称：甲半成品　　201×年9月　　金额单位：元

| | 摘要 | 直接材料 | 直接人工 | 制造费用 | 合计 |
|---|---|---|---|---|---|
| | 本月发生生产成本 | | | | |
| | 本月生产费用合计 | | | | |
| | 本月完工半成品成本 | | | | |
| | 月末在产品成本 | | | | |

基本生产成本明细账

产品名称：乙半成品　　201×年9月　　金额单位：元

| | 摘要 | 直接材料 | 直接人工 | 制造费用 | 合计 |
|---|---|---|---|---|---|
| | 上一步骤转入 | | | | |
| | 本月发生生产成本 | | | | |
| | 本月生产费用合计 | | | | |
| | 本月完工半成品成本 | | | | |
| | 月末在产品成本 | | | | |

基本生产成本明细账

产品名称：丙产品　　201×年9月　　金额单位：元

| | 摘要 | 直接材料 | 直接人工 | 制造费用 | 合计 |
|---|---|---|---|---|---|
| | 上一步骤转入 | | | | |
| | 本月发生生产成本 | | | | |
| | 本月生产费用合计 | | | | |
| | 本月完工产成品成本 | | | | |
| | 月末在产品成本 | | | | |

（十）目的：平行结转分步法能力训练

黄海公司生产的甲产品经过三个生产车间加工完成，原材料在生产开始时一次投入，各生产车间的在产品完工程度均为50%，各步骤的半成品不对外销售，管理上也不需要计

算各步骤的半成品成本，采用平行结转分步法计算产品成本，生产费用在完工产品和在产品之间采用约当产量法分配。

产量资料

单位：件

| 项目 | 一车间 | 二车间 | 三车间 | 产成品 |
|---|---|---|---|---|
| 月初在产品 | 30 | 20 | 40 | |
| 本月投产或上车间转入 | 130 | 140 | 130 | |
| 本月完工或转入下车间 | 140 | 130 | 150 | 150 |
| 月末在产品 | 20 | 30 | 20 | |
| 在产品完工程度 | 50% | 50% | 50% | |

生产费用

金额单位：元

| 项目 | | 直接材料 | 直接人工 | 制造费用 | 合计 |
|---|---|---|---|---|---|
| 一车间 | 月初在产品成本 | 21 600 | 12 000 | 9 000 | 42 600 |
| | 本月发生费用 | 136 800 | 17 400 | 14 100 | 168 300 |
| 二车间 | 月初在产品成本 | | 14 000 | 11 000 | 25 000 |
| | 本月发生费用 | | 17 450 | 16 750 | 34 200 |
| 三车间 | 月初在产品成本 | | 9 000 | 5 200 | 14 200 |
| | 本月发生费用 | | 10 200 | 10 480 | 20 680 |

要求：计算完工产品成本。

第一车间成本计算单

201×年8月

金额单位：元

| | 摘要 | 直接材料 | 直接人工 | 制造费用 | 合计 |
|---|---|---|---|---|---|
| | 月初在产品成本 | | | | |
| | 本月发生费用 | | | | |
| | 生产费用合计 | | | | |
| | 费用分配率 | | | | |
| | 应计入产成品份额 | | | | |
| | 月末在产品成本 | | | | |

第二车间成本计算单

201×年8月

金额单位：元

| | 摘要 | 直接材料 | 直接人工 | 制造费用 | 合计 |
|---|---|---|---|---|---|
| | 月初在产品成本 | | | | |
| | 本月发生费用 | | | | |

**续表**

| | 摘要 | 直接材料 | 直接人工 | 制造费用 | 合计 |
|---|---|---|---|---|---|
| | 生产费用合计 | | | | |
| | 费用分配率 | | | | |
| | 应计入产成品份额 | | | | |
| | 月末在产品成本 | | | | |

第三车间成本计算单

201×年8月　　金额单位：元

| | 摘要 | 直接材料 | 直接人工 | 制造费用 | 合计 |
|---|---|---|---|---|---|
| | 月初在产品成本 | | | | |
| | 本月发生费用 | | | | |
| | 生产费用合计 | | | | |
| | 费用分配率 | | | | |
| | 应计入产成品份额 | | | | |
| | 月末在产品成本 | | | | |

产品成本汇总表

201×年8月　　金额单位：元

| 项目 | 一车间份额 | | 二车间份额 | | 三车间份额 | | 合计 | |
|---|---|---|---|---|---|---|---|---|
| | 总成本 | 单位成本 | 总成本 | 单位成本 | 总成本 | 单位成本 | 总成本 | 单位成本 |
| 直接材料 | | | | | | | | |
| 直接人工 | | | | | | | | |
| 制造费用 | | | | | | | | |
| 合计 | | | | | | | | |

（十一）目的：综合结转法和分项结转法比较能力训练

实训内容：宏达公司甲产品经过三个车间连续加工制成，一车间生产A半成品，直接转入二车间加工制成B半成品，B半成品直接转入三车间加工成甲产品。原材料于生产开始时一次投入，各车间月末在产品完工率均为50%。各车间生产费用在完工产品和在产品之间的分配采用约当产量法。该企业201×年4月份有关资料如下所示。

各车间的产量资料

201×年4月　　单位：件

| 摘要 | A半成品 | B半成品 | 甲产品 |
|---|---|---|---|
| 月初在产品数量 | 20 | 30 | 50 |

续表

| 摘要 | A 半成品 | B 半成品 | 甲产品 |
|---|---|---|---|
| 本月投产数量或上步转入 | 190 | 180 | 190 |
| 本月完工产品数量 | 180 | 190 | 200 |
| 月末在产品数量 | 30 | 20 | 40 |

各车间月初、本月生产费用资料

201×年 4 月　　　　金额单位：元

| 摘要 | | 直接材料 | 直接人工 | 制造费用 | 合计 |
|---|---|---|---|---|---|
| A 半成品 | 月初在产品成本 | 600 | 300 | 100 | 1 000 |
| | 本月生产费用 | 5 400 | 2 700 | 900 | 9 000 |
| B 半成品 | 月初在产品成本 | 900 | 450 | 150 | 1 500 |
| | 本月生产费用 | | 3 150 | 1 050 | 4 200 |
| 甲产品 | 月初在产品成本 | 2 300 | 900 | 300 | 3 500 |
| | 本月生产费用 | | 7 200 | 2 400 | 9 600 |

要求：(1) 根据上述资料开设甲产品三个生产步骤的基本生产成本明细账，并过入期初在产品成本和本月生产费用。

(2) 根据上述资料采用逐步结转法的综合结转法计算各步骤半成品或完工产品成本，计算过程直接在账上进行，并转账。

(3) 对采用综合结法计算出来的完工产品成本进行成本还原，计算出原始成本项目金额。

(4) 根据上述资料采用逐步结转法的分项结转法计算各步骤半成品或完工产品成本，计算过程直接在账上进行，并转账。

(十二) 目的：平行结转分步法能力训练

内容：某企业设有三个制造车间分别大量生产甲 A 半成品、甲 B 半成品和甲产品。采用平行结转分步法计算完工产品成本。原材料在第一车间一次性投入，在生产过程中第二车间的甲 B 半成品耗用第一车间的甲 A 半成品 1 件，第三车间的甲产品耗用第二车间的甲 B 半成品 1 件。该企业月末在产品成本按着约当产量法计算，在产品的完工程度均为 50%。该企业 20××年 12 月份有关产量与成本费用资料如下表所示：

各车间产量资料

20××年 12 月　　　　金额单位：件

| 项目 | 一车间 | 二车间 | 三车间 |
|---|---|---|---|
| 月初在产品 | 10 | 20 | 30 |
| 本月投入或上步骤转入 | 130 | 100 | 110 |

**续表**

| 项目 | 一车间 | 二车间 | 三车间 |
|---|---|---|---|
| 本月完工 | 100 | 110 | 120 |
| 月末在产品 | 40 | 10 | 20 |

各车间成本费用资料

20××年12月　　金额单位：元

| 项目 | 车间 | 直接材料 | 直接人工 | 制造费用 | 合计 |
|---|---|---|---|---|---|
| 月初在产品 | 一车间 | 3 300 | 720 | 1 200 | 5 220 |
| | 二车间 | | 225 | 520 | 745 |
| | 三车间 | | 210 | 265 | 475 |
| 本月发生的费用 | 一车间 | 6 000 | 1 200 | 2 500 | 9 700 |
| | 二车间 | | 1 500 | 2 700 | 4 200 |
| | 三车间 | | 700 | 1 100 | 1 800 |

要求：

(1) 根据上述资料开设三个生产步骤的基本生产成本明细账，并过入期初在产品成本和本月生产费用。

(2) 根据上述资料采用平行结转法计算各步骤应计入完工产品成本的“份额”，计算过程直接在账上进行，并根据计算结果，编制完工产品成本汇总表，并转账。

(3) 若在生产过程中第二车间的甲B半成品耗用第一车间甲A半成品3件，第三车间的甲产品耗用第二车间甲B半成品2件。其他资料同上，计算各步骤应计入完工产品成本的“份额”，并计算完工产品成本。(另附账表纸完成)

第一车间基本生产成本明细账

产品名称：甲A半成品　　金额单位：元

| 年 | | 凭证号数 | 摘要 | 直接材料 | 直接人工 | 制造费用 | 合计 |
|---|---|---|---|---|---|---|---|
| 月 | 日 | | | | | | |
| | | | 月初在产品 | | | | |
| | | | 本月发生费用 | | | | |
| | | | 本月生产费用合计 | | | | |
| | | | 约当产量 | | | | |
| | | | 分配率 | | | | |
| | | | 计入完工产品份额 | | | | |
| | | | 月末在产品成本 | | | | |

第二车间基本生产成本明细账

产品名称：甲 B 半成品　　　　金额单位：元

| 年 | | 凭证号数 | 摘要 | 直接材料 | 直接人工 | 制造费用 | 合计 |
|---|---|---|---|---|---|---|---|
| 月 | 日 | | | | | | |
| | | | 月初在产品 | | | | |
| | | | 本月发生费用 | | | | |
| | | | 本月生产费用合计 | | | | |
| | | | 约当产量 | | | | |
| | | | 分配率 | | | | |
| | | | 计入完工产品份额 | | | | |
| | | | 月末在产品成本 | | | | |

第三车间基本生产成本明细账

产品名称：甲产品　　　　金额单位：元

| 年 | | 凭证号数 | 摘要 | 直接材料 | 直接人工 | 制造费用 | 合计 |
|---|---|---|---|---|---|---|---|
| 月 | 日 | | | | | | |
| | | | 月初在产品 | | | | |
| | | | 本月发生费用 | | | | |
| | | | 本月生产费用合计 | | | | |
| | | | 约当产量 | | | | |
| | | | 分配率 | | | | |
| | | | 计入完工产品份额 | | | | |
| | | | 月末在产品成本 | | | | |

产品名称：甲产品　　　　产品成本汇总计算表　　　　金额单位：元

| 项目 | 数量 | 直接材料 | 直接人工 | 制造费用 | 总成本 | 单位成本 |
|---|---|---|---|---|---|---|
| 第一车间 | | | | | | |
| 第二车间 | | | | | | |
| 第三车间 | | | | | | |
| 合计 | | | | | | |

# 项目四　产品成本计算辅助方法的运用

## 职业能力目标：

### 技能目标

1. 能够运用产品成本计算的分类法进行成本计算的能力；
2. 能够运用产品成本计算的定额法进行成本计算的能力；
3. 适应工作岗位需求，能够灵活选用分类法和定额法进行成本计算；
4. 能够进行成本的定性与定量分析，寻找差距，分析原因，以利于挖潜增效。

### 知识目标

1. 熟悉并理解产品成本计算的分类法及其适用范围；
2. 熟悉并理解产品成本计算的定额法及其适用范围；
3. 熟练运用分类法进行产品成本计算；
4. 熟练运用定额法进行产品成本计算；
5. 探索运用成本分析方法进行脱离定额差异成因分析。

### 案例导入

东方木材加工公司在加工圆木产品时，会生产出 A、B、C、D 四种同类木材产品，各种产品均有一等品木材、二等品木材和三等品木材，另外还有锯末和木片。某年 3 月份，该公司耗用圆木 25 万元，共加工出各种产品的一等品木材 150 立方米、二等品木材 260 立方米，三等品木材 60 立方米，锯末和木片共 10 立方米，加工成本 8 万元。高职会计专业实习生李慧发现公司将上述产品按照市场上同类产品销售价格出售后，只有一等品盈利而且利润很高，其他等次各种产品都是亏损，而且单位产品亏损额逐渐加大。账上为何会出现这样奇怪的现象？

李慧分析后发现原来是公司将总成本按各种、各等次产品的数量平均分配的结果，即成本分配方法影响所致。那么，应该用哪种分配方法更合理呢？

1. 企业的日常成本计算工作能否简化？如何简化？
2. 成本计算的辅助方法具体有哪些？如何运用？
3. 成本计算的辅助方法是否为独立的成本计算方法？它与成本计算的基本方法有何关系？

# 任务一　分类法的应用

案例资料：圆通农具公司产品品种规格繁多，所有产品可以按照所耗用原材料和工艺过程的不同，分为大型农具和小型农具两大类不同规格的产品，其中小型农具类有 A、B、C、D 四种产品。试问：

1. 该公司成本计算工作应选用什么成本计算方法？该如何进行？

2. 什么是分类法？分类法的选用适用情况如何？究竟应如何进行分类？

3. 分类法应怎样与基本方法结合运用？

分类法是将企业生产的产品分为若干类别，以各产品类别作为成本计算对象归集生产费用，先计算出各类别产品的成本，然后再按一定的方法在类内各种产品之间进行分配，以计算出各种产品成本的一种方法。

## 子任务一　分类法的特点及适用范围

### 一、分类法的特点

产品成本计算的分类法是在产品品种、规格繁多，但又可以按照一定标准分类的情况下，为了简化计算工作而采用的一种成本计算方法。

#### （一）成本计算对象

分类法是以每一类产品作为成本计算对象，按照产品的类别设立产品成本明细账归集生产费用，并结合企业的生产工艺过程和生产组织方式的特点，选择一定的方法计算出每类完工产品的总成本；然后再按照一定的方法在类内产品之间分配费用，从而计算出类内各种产品的成本。

#### （二）成本计算期

分类法不是一种独立的成本计算方法，它可以和品种法、分批法、分步法等结合起来应用。当分类法与品种法和分步法结合应用时，产品成本计算期与会计核算的报告期相一致，与生产周期不一致；当分类法与分批法结合应用时，产品成本计算期与产品生产周期相一致，与会计核算的报告期不一致。

#### （三）生产费用在完工产品和期末在产品之间的分配

分类法与品种法结合时，即把某类产品视为某一品种的产品；当其与分批法结合时，即把某类产品视为某一批产品；当其与分步法结合时，即把某类产品视为某一生产步骤的产品等等。所以类别产品之间生产费用在产品与完工产品成本的分配方法，要视其采用的基本方法而定。

类内各种产品之间分配费用时，各成本项目可以采用一个分配标准进行分配，也可以分别成本项目，按不同的分配标准进行分配。

## 二、分类法的适用范围

1. 一般适用于使用同样的原材料，通过基本相同的加工工艺过程，所生产产品的品种、规格、型号繁多，可以按照一定标准将产品划分为若干类别的企业和车间，如鞋厂、轧钢厂等。

2. 在自制“通用件”、“标准件”较多的企业里，对性质、结构相同的通用件、标准件，也可以按照类别作为成本计算对象，计算产品成本。

联产品所用的原材料和工艺过程相同，因而归为一类，采用分类法计算成本。

## 三、分类法的计算程序

1. 按产品类别设立生产成本明细账

根据产品的性质、结构、用途、生产工艺过程、耗用原材料的不同标准，将产品划分为若干类别。如鞋厂可以按照耗用原材料不同，将产品分为塑料鞋、布鞋、皮鞋三个类别。按照产品的类别设立生产成本明细账，归集每类产品所发生的生产费用。

2. 将每类产品的生产费用在该类产品的完工产品和在产品间进行分配，计算出各类完工产品成本和在产品成本。

3. 将每类完工产品的成本在类内各种完工产品间进行分配，计算出类内每种产品的总成本和单位成本。

**小思考：**

设立产品成本明细账和生产费用在完工产品和在产品之间的分配是否也属于产品成本计算方法中基本方法的计算程序（按每种、每步、每批进行）呢?

类内各种产品之间分配费用的标准有：产品的重量、体积、长度、定额消耗量、定额工时、定额费用、定额成本、以及产品的售价等。选择分配标准时，应根据各类产品的实际情况和管理要求，在保证成本计算正确的前提下，尽可能选择与产品成本高低关系较大，而且简便易行的分配标准。对于不同的成本项目，可采用相同的分配标准，也可采用不同的分配标准，以使分配结果更加合理。分配标准一经确定，不应随意变动，以保持会计核算指标口径的一致性。

# 子任务二　分类法的计算与应用

分类法的计算实质上是指分类法计算程序中的第三个步骤，即企业在结合前面的基本方法计算出每类产品成本后，如何将每类产品成本在类内各种产品之间的分配问题。

## 一、系数法（系数分配法）

为了使分配工作简化，可以将分配标准折算成相对固定的系数，按照固定的系数分配同类产品内各种产品的成本。

### （一）定义

系数法是根据类内不同品种或规格产品的一定标准，折合成相对固定的系数，再根据系数分配类内各种产品成本的一种方法。

### （二）计算步骤及公式

1. 确定标准产品及其他产品的系数

标准产品系数＝1

$$其他产品系数=\frac{该产品的分配标准}{标准产品的分配标准}$$

**小提示：**

确定系数时，一般在同类产品中，选择一种产品产量较大的、生产比较稳定或规格折中的产品作为标准产品，把这种产品的分配标准额的系数定为“1”；用其他产品的分配标准与该产品的标准计算系数比率即计算出其他产品系数。

2. 计算类内各产品的实际产量按系数折算出相当于标准产品的产量

类内某种完工产品标准产量＝该种完工产品实际产量×该产品系数

类内在产品标准产量＝在产品数量×完工程度×该产品系数

类内标准产品总产量＝$\sum$（各种产品标准产量＋类内在产品标准产量）

3. 分别成本项目确定费用分配率计算类内各种产成品的成本

$$某项费用分配率=\frac{该项费用总额}{类内标准产品总产量}$$

类内某种完工产品负担的费用＝该种完工产品标准产量×费用分配率

期末在产品负担的费用＝在产品标准产量×费用分配率

采用系数法分配，对不同的成本项目分配标准不同，可有不同的分配系数。并以此计算出该类中各种规格产品的总成本，并计算出单位成本。

**小思考：**

标准产品及分配标准如何确定？是否分成本项目确定相关系数？

### （三）系数法的应用

圆通农具公司生产的A、B、C、D、E、F、G、H八种产品，按照各种产品所耗用原材料和工艺过程的不同分为两类，其中小型农具类包括A、B、C、D四种产品，类内各种产品成本采用系数法分配费用。

小型农具类产品以 C 产品为标准产品，原材料在生产开始时一次投入，月末在产品的完工程度为 50%，本月小型农具类产品的有关成本资料如下：

（1）有关产量记录和定额成本资料见表 4－1。

**表 4－1　产品产量和定额成本表**

201×年 3 月

| 产品类别 | 产品名称 | 产量/件 | | 单位定额成本（元） | |
|---|---|---|---|---|---|
| | | 本月完工产品 | 月末在产品 | 直接材料 | 加工费用 |
| 小型农具类 | A | 200 | 10 | 190 | 286 |
| | B | 250 | 30 | 210 | 247 |
| | C | 400 | 40 | 200 | 260 |
| | D | 300 | 20 | 180 | 234 |

（2）甲类产品月初在产品成本与本月发生费用见表 4－2。

**表 4－2**

单位：元

| 项目 | 直接材料 | 加工费用 | 合计 |
|---|---|---|---|
| 月初在产品成本 | 20 000 | 7 000 | 27 000 |
| 本月发生费用 | 224 300 | 134 150 | 358 450 |
| 合计 | 244 300 | 141 150 | 385 450 |

根据上述资料，计算小型农具类各产品系数，见表 4－3、表 4－4。

**表 4－3　材料系数计算表**

| 产品名称 | 单位定额成本① | 单位系数② | 完工产品系数 | | 在产品系数 | | 总系数 ⑦＝④＋⑥ |
|---|---|---|---|---|---|---|---|
| | | | 产成品数量③ | 系数 ④＝②×③ | 在产品数量⑤ | 系数 ⑥＝②×⑤ | |
| A | 190 | 0.95 | 200 | 190 | 10 | 9.5 | 199.5 |
| B | 210 | 1.05 | 250 | 262.5 | 30 | 31.5 | 294 |
| C | 200 | 1.00 | 400 | 400 | 40 | 40 | 440 |
| D | 180 | 0.90 | 300 | 270 | 20 | 18 | 288 |
| 合 计 | | | | 1 122.5 | | 99 | 1 221.5 |

**表 4－4　加工费用系数计算表**

| 产品名称 | 单位定额成本① | 单位系数② | 完工产品系数 | | 在产品系数 | | 总系数⑦＝④＋⑥ |
|---|---|---|---|---|---|---|---|
| | | | 产成品数量③ | 系数④＝②×③ | 在产品数量⑤ | 系数⑥＝②×⑤ | |
| A | 286 | 1.10 | 200 | 220 | 5 | 5.5 | 225.5 |
| B | 247 | 0.95 | 250 | 237.5 | 15 | 14.25 | 251.75 |
| C | 260 | 1.00 | 400 | 400 | 20 | 20 | 420 |
| D | 234 | 0.90 | 300 | 270 | 10 | 9 | 279 |
| 合计 | | | | 1 127.5 | | 48.75 | 1176.25 |

根据小型农具类产品的有关成本资料和系数计算资料，编制小型农具类产品成本计算表并登记小型农具类产品成本明细账，见表 4－5、表 4－6。

**表 4－5　小型农具类产品成本明细账**　　金额单位：元

| 年 | | 凭证编号 | 摘要 | 成本项目 | | 成本合计 |
|---|---|---|---|---|---|---|
| 月 | 日 | | | 直接材料 | 加工费用 | |
| | | | 期初在产品成本 | 20 000 | 7 000 | 27 000 |
| | | | 本月发生费用 | 224 300 | 134 150 | 358 450 |
| | | | 合计 | 244 300 | 141 150 | 385 450 |
| | | | 结转完工产品成本 | 224 500 | 135 300 | 359 800 |
| | | | 月末在产品成本 | 19 800 | 5 850 | 25 650 |

**表 4－6　小型农具类产品成本计算表**　　金额单位：元

| 产品名称 | | 产品产量 | 直接材料 | | | 加工费用 | | | 完工产品成本 | | 在产品成本 | 合计 |
|---|---|---|---|---|---|---|---|---|---|---|---|---|
| | | | 单位系数 | 总系数 | 材料成本 | 单位系数 | 总系数 | 加工费成本 | 总成本 | 单位成本 | | |
| A | 产成品 | 200 | 0.95 | 190 | 38 000 | 1.1 | 220 | 26 400 | 64 400 | 322 | | 64 400 |
| | 在产品 | 10 | 0.95 | 9.5 | 1 900 | 1.1 | 5.5 | 660 | | | 2 560 | 2 560 |
| B | 产成品 | 250 | 1.05 | 262.5 | 52 500 | 0.95 | 237.5 | 28 500 | 81 000 | 324 | | 81 000 |
| | 在产品 | 30 | 1.05 | 31.5 | 6 300 | 0.95 | 14.25 | 1 710 | | | 8 010 | 8 010 |
| C | 产成品 | 400 | 1 | 400 | 80 000 | 1 | 400 | 48 000 | 128 000 | 320 | | 128 000 |
| | 在产品 | 40 | 1 | 40 | 8 000 | 1 | 20 | 2 400 | | | 10 400 | 10 400 |
| D | 产成品 | 300 | 0.9 | 270 | 54 000 | 0.9 | 270 | 32 400 | 86 400 | 288 | | 86 400 |
| | 在产品 | 20 | 0.9 | 18 | 3 600 | 0.9 | 9 | 1 080 | | | 4 680 | 4 680 |
| 合计 | | | | 1221.5 | 244 300 | | 1 176.25 | 141 150 | 359 800 | | 25 650 | 385 450 |

## 二、定额比例法

### （一）定义

定额比例法，是指以类内不同品种规格产品的定额消耗量或定额费用作为分配标准，分配计算类内各品种规格产品成本的一种方法，同时又是生产成本在完工产品与在产品之间分配的方法。

### （二）计算步骤及公式

1. 计算各类产品的定额成本（或定额消耗量）

分别成本项目计算出各类产品的本月定额成本或定额耗用量总数。在实际工作中通常先计算出原材料定额成本（定额耗用量）和工时定额耗用量，其他成本项目可以根据原材料定额成本（定额耗用量）或工时定额耗用量比例进行分配。

各类产品的定额成本（或定额消耗量）

=月初在产品定额成本（或定额耗用量）+本月投产产品定额成本（或定额耗用量）

或 =月末在产品定额成本（或定额耗用量）+本月完工产品定额成本（或定额耗用量）

2. 分成本项目计算各类产品本月实际总成本，并计算出各项费用分配率

$$原材料费用分配率=\frac{某类产品原材料实际总成本}{某类产品的原材料定额成本(定额耗用量)总数}$$

$$工资（制造）费用分配率=\frac{某类产品工资或制造费用实际总成本}{某类产品的定额工时总数}$$

3. 计算各类产品中每一种产品的成本

将各类产品中各种产品分别成本项目计算的定额成本或定额耗用量乘以相关的分配率，即可求得各种产品的实际成本。应区分完工产品和在产品分别计算。

某种产品成本（分成本项目）=该种产品定额成本×分配率

类内产品中某种产品原材料成本=该种产品的材料定额成本（或定额耗用量）×原材料费用分配率

类内产品中某种产品工资（或制造费用）成本=该种产品定额工时×工资（制造费用）分配率

在产品的原材料成本=在产品的材料定额成本（或定额耗用量）×原材料成本分配率

在产品的工资（制造费用）成本=在产品定额工时×工资（费用）分配率

分类法能够大大简化成本的核算工作，但它不是一种独立的成本计算方法，类内不同品种产品的成本核算是按一定标准分配计算的，不同品种产品成本计算的正确性受到一定的影响。

采用分类法进行成本计算时注意的问题：

（1）产品分类要适当。

（2）在类内不同品种或规格产品间分配成本，应选择与生产费用发生有密切关系的分

配标准。各成本项目可以采用统一分配标准进行分配，也可以按照成本项目的性质，分别采用不同的分配标准进行分配，以使分配结果更加合理。

（3）当产品结构、耗用原材料或加工过程发生较大变动时，应重新调整产品的分类，或重新制定系数，以正确的反映产品成本核算水平。

## 知识链接 4—1

### 分类法的应用——联、副产品成本计算

#### 一、联产品成本的计算

##### （一）含义

联产品是指使用同种材料在同一个生产过程中，同时生产出几种使用价值不同的并具有同等地位的企业主要产品。如炼油厂从原油中可以同时提炼出汽油、机油、煤油、柴油等，制糖厂用甜菜制成各种冰糖、白糖和红糖等主要产品。

联产品的生产是联合生产，其特征为：在投入相同的原材料，经过同一生产过程，在某一个“点”上分离出两种或两种以上的主要产品，其中个别产品的产出，必然伴随联产品同时产出。“分离点”是联产品的联合生产程序结束，各种产品可以辨认的生产交界点。分离后的联产品有的可以直接销售，有的可以经过进一步加工后再出售。在分离点前发生的成本称为联合成本或共同成本，在分离点后再发生的加工成本称为可归属成本。

##### （二）联合成本的分配方法

联产品的联合成本的分配，可以有许多方法，如系数分配法、实物量分配法等，企业可以根据实际情况选用。分离点后，企业应按其生产类型和管理要求，选用适宜的成本计算方法计算可归属成本。

1. 系数分配法。系数分配法是以产量为基础，各种产品都按照与标准产品折算的系数，计算出相当于标准产品的产量，再按标准产量分配联合成本的一种方法。

2. 实物量分配法。实物量分配法是按分离点上各种联产品的重量、容积或其它实物量比例分配联合成本的一种方法。

3. 销价分配法（相对销售价值分配法）。销价分配法是按照各种联产品的近似相对销售收入分配联合成本的一种方法。

东方公司利用相同材料在同一加工过程中加工出甲、乙、丙三种主要产品。统计三种产品在分离前耗用直接材料、直接人工和制造费用等联合成本 99 000 元，共生产出甲产品 2 000 方，乙产品 1 500 方，丙产品 1 000 方，销售单价分别为 100 元，200 元和 50 元。设甲、乙、丙种产品的系数分别为 1、0. 6 和 0. 4，则运用以上三种方法分别计算各产品应分摊的联合成本计算过程如下：

①系数分配法：

总系数 = 2 000 × 1 + 1 500 × 0.6 + 1 000 × 0.4 = 3 300

分配率 = 99 000/3 300 = 30

甲产品成本 = 2 000 × 30 = 60 000（元）

乙产品成本 = 900 × 30 = 27 000（元）

丙产品成本 = 400 × 30 = 12 000（元）

②实物量分配法

总产量 = 2 000 + 1 500 + 1 000 = 4 500

分配率 = 99 000/4 500 = 22

甲产品成本 = 2 000 × 22 = 44 000（元）

乙产品成本 = 1 500 × 22 = 33 000（元）

丙产品成本 = 1 000 × 22 = 22 000（元）

③相对销售价值分配法

总售价 = 2 000 × 100 + 1 500 × 200 + 1 000 × 50 = 550 000

分配率 = 99 000/550 000 = 0.18

甲产品成本 = 200 000 × 0.18 = 36 000（元）

乙产品成本 = 300 000 × 0.18 = 54 000（元）

丙产品成本 = 50 000 × 0.18 = 9 000（元）

## 二、副产品成本的计算

### （一）含义

副产品是指在生产主要产品的过程中，附带生产出一些非主要产品，它不是企业的主要产品，但这些副产品尚有一定的用途，能满足某些方面的需要，如在制皂生产中产生的甘油等。有些企业对在生产过程中所产生的一些废气、废水、废渣进行综合利用、回收或提炼而出来的产品，也可以称为副产品。

联产品都是主要产品，是企业生产活动的主要目的；副产品是次要产品，随主要产品附带生产出来，依附于主要产品，不是企业生产活动的主要目的。但主副产品不是固定不变的，随着各种条件的变化，副产品也能转为主要产品。原来的副产品，由于新的用途而提高售价，就可能从副产品上升为主产品。

副产品与联产品的异同点：

相同点：利用相同材料，同一生产过程中产生。

区别点：主要在于价值。一般联产品价值较大，副产品价值较小。

### （二）副产品成本的计算

副产品在分离后，可以作为产成品直接对外销售，也可以进一步加工后再出售。

1. 分离后不再加工直接对外销售的副产品，若价值不大（与主要产品比）可以不负担分离前的联合成本，或以定额单位成本计算其成本。

2. 分离后不再加工直接对外销售但价值较高的副产品，以其销售价格作为计算依据，按销售价格扣除销售税金、销售费用和合理利润后的余额即为副产品成本。作为副产品应负担的成本从联合成本中扣除时，既可以从直接材料成本项目中扣除，也可以按比例从联合成本各成本项目中减除。

3. 分离后仍需进一步加工才能出售的副产品，如价值较低，可只计算归属于本产品的成本；如价值较高，则需同时负担可归属成本和分离前联合成本，以保证主要产品成本计算的合理性。

东方公司在同一生产过程中利用相同材料在生产出 A、B 两种主要产品同时，附带生产出了 C 副产品。假定本期联合成本为 100 000 元，其中直接材料 60 000 元，直接人工 24 000元，制造费用 16 000 元，C 副产品 2 000 公斤，每公斤售价 1 元、税金 0. 17 元、销售费用 0. 03 元，副产品成本按比例从各成本项目中扣除。

C 产品成本 = 2 000 × （1 − 0. 17 − 0. 03） = 1 600 元

## 三、等级产品

等级产品是指在同一生产过程中以相同的材料生产出来的品种相同但质量不同的产品。

等级产品成本的计算方法，应根据等级品产生的原因不同，采用不同的成本计算方法，如果等级品的产生是由于原材料质量或工艺技术条件不同而引起的，则可采用分类法，按一定的分配标准，计算各等级产品成本。如果等级品的产生是由于生产和管理不善造成的，不同等级产品的单位成本是相同的，因而不能采用分类法计算这些不同等级产品的成本。

各等级产品由于质量高低不同，其售价也不相同。次级产品由于售价较低而引起的损失，正好说明企业经营管理上存在不足，应进一步加强管理，不断提高产品质量。

# 任务二　定额法的应用

案例资料：南方公司丁产品的各项消耗定额比较准确、稳定。丁产品单位定额成本 550 元，其中直接材料定额耗用量 100 公斤，计划单价 5 元，直接人工定额工时 10 小时，计划单价 6 元，制造费用定额工时 10 小时，计划单价 4 元。20 × ×年 5 月投入生产该产品 400 件，月初在产品 50 件，本月完工 420 件，月末在产品 30 件，原材料是在开始时一次投入的，月初、月末在产品的完工程度均为 50%。本月发生的直接材料 200 000 元，直接人工 26 000 元，制造费用 16 500 元，材料成本差异率为 −1%。该公司由于改进丁产品的设计及工艺过程，决定自本月起将原材料消耗定额由原来的每件 100 公斤，修订为 90 公斤，其余各项定额不变。

1. 该公司成本计算工作应选用什么成本计算方法？如何进行？

2. 什么是定额法？定额法的选用适用情况如何？定额应如何制定？

3. 定额法应如何与基本方法结合运用？

定额法是指在成本计算基本方法的基础上以产品为对象，用现行定额乘以计划单价的定额成本，再加、减脱离定额的差异，求出实际成本的一种方法。它以定额成本为目标成本，及时揭示生产费用脱离定额的差异，加强成本控制，并根据定额成本、脱离定额差异和定额变动差异计算产品实际成本的一种成本管理和成本计算方法。是目标成本的一种。

## 子任务一　定额法的特点及适用范围

### 一、定额法的特点

1. 事先制定产品的各项消耗定额、费用定额和定额成本，作为成本控制的目标、成本计算的基础。

2. 在发生生产耗费的当时，将符合定额的费用和发生的差异分别核算，能够反映、监督生产费用和产品成本脱离成本的差异、发生差异的原因，以加强对生产费用的日常控制。

3. 定额法下，成本计算建立在日常揭示差异的基础之上。月末计算产成品成本时，根据产品的定额成本，加减各种成本差异，调整计算出完工产品的实际成本，不仅能加速产品实际成本的计算，而且可为成本的定期分析和考核提供依据。

4. 将各种管理工作结合起来，克服在采用品种法、分批法、分步法、分类法等成本计算方法下，只能事后计算，不能在费用成本发生的当时掌握和利用会计信息，及时控制和防止浪费和损失的发生，以及只能说明过去，不能预测和控制未来等缺陷。

5. 定额法不是一种独立的成本计算方法，必须与品种法、分步法、分批法等相结合使用。

### 二、定额法的适用范围

定额法与生产类型没有直接关系，无论何种生产类型，只要具备下列条件，都可采用定额法计算产品成本。

（1）企业的定额管理制度比较健全，定额管理工作基础较好。

（2）产品生产已经定型，消耗定额比较准确、稳定。

计算产品实际成本的基本公式为：

产品实际成本 = 产品定额成本 ± 脱离定额差异 ± 材料成本差异 ± 定额变动差异

## 子任务二　定额法的计算与应用

### 一、定额法的计算程序

#### （一）制定产品定额成本

在定额法下，产品的实际成本是以定额成本为基础，加减有关差异计算的，所以应首

先计算确定产品的定额成本。产品定额成本的计算应分别按成本项目进行。

原材料费用定额 = 原材料消耗定额 × 原材料计划单价

生产工资费用定额 = 产品生产工时定额 × 生产工资计划单价

制造费用定额 = 产品生产工时定额 × 制造费用计划单价

**小提示：**

定额成本与计划成本的相同之处：二者都是以产品生产耗费的消耗定额和计划价格确定的目标成本，其计算公式均为：

原材料费用定额 = 产品原材料消耗定额 × 原材料计划单价

生产工资费用定额 = 产品生产工时定额 × 计划小时工资率

其他费用定额 = 产品生产工时定额 × 计划小时费用率

定额成本与计划成本的不同之处：计算计划成本的消耗定额是计划期内平均消耗定额，也称计划定额，在计划期内通常不变。定额成本的消耗定额则是现行消耗定额，它随着技术进步和劳动生产率提高不断修订。计划成本一般是国家或上级机构对企业下达的指令性指标；企业可以不制定计划成本。定额成本则是企业自行制订的，是企业对当时的产品成本进行自我控制和考核的依据。

### （二）计算脱离定额差异

脱离定额差异是指实际支出的生产费用与定额费用的差额。为了及时反映生产费用的节约或超支，在发生生产费用时，应该将符合定额的费用和脱离定额的差异，分别编制定额凭证和差异凭证，并在有关的费用分配表和明细账中分别予以登记。为了更好地控制成本，避免浪费和损失，差异凭证填制以后，还必须按照规定办理有关审批手续。

*1. 原材料脱离定额差异（量差）的计算*

原材料脱离定额差异是指实际产量按照现行材料消耗定额计算的定额费用与材料实际费用的差额。原材料脱离定额差异计算一般有限额法、切割核算法和盘存法等。

原材料脱离定额差异 = 原材料计划价格费用 − 原材料定额费用

= 实际消耗量 × 材料计划单价 − 定额消耗量 × 材料计划单价

= （实际消耗量 − 定额消耗量） × 材料计划单价

## 知识链接 4—2

### 原材料脱离定额差异的计算方法

①限额法：

限额法是通过运用限额领料单和限额领料卡来反映材料领用数量和实际耗用量的一种方法。对于符合定额的材料应根据限额领料单等定额凭证领发，因增加产量或需要增加用料的，必须办理追加领料手续，然后凭定额凭证领发。这种超额领用的材料，全部属于定额差异。

②切割核算法：

切割核算法是对于需要切割才能使用的材料（如板材等），通过材料切割核算单核算用料差异，以控制用料的一种方法。切割核算单一般应按切割材料的批别开立，单中填明发交切割材料的种类、数量、消耗定额和应切割成的毛坯数量；切割完成后，再填写实际切割成的毛坯数量和材料的实际消耗量。通过实际切割成的毛坯数量和消耗定额计算出材料定消耗量，与材料实际消耗量相比较，得出用料脱离定额差异。

③盘存法：

盘存法是通过盘存的完工产品数量和在产品数量计算产品的投产量，首先根据产品投产数量计算出材料消耗定额，再根据限额领料单、超额领料单和退料单及车间余料的盘存数量，计算出材料的实际消耗量，最后以材料定额消耗量和实际消耗量对比，确定材料脱离定额差异的一种方法。

2. 生产工资脱离定额差异的计算

生产工资脱离定额差异是指在产品生产过程中，生产工人的实际工资费用与定额工资费用之间的差额。由于工资的支付形式不同，其差异的计算也不相同。

在计件工资形式下，如果单位产品的工资定额不变，则按计划单价支付的工资就是某一产品的定额工资，工资定额差异只是由于工作条件变化多付的工资，如加班加点工资等。这些应该在费用发生时，直接填入“工资补付单”等差异凭证中，生产工人工资差异可按差异凭证中的数额计算。

在计时工资形式下，如果只生产一种产品，工资费用属于直接费用。

该产品生产工资脱离定额的差异

=该产品实际生产工资－该产品定额生产工资

=该产品实际生产工时×实际小时工资率－该产品实际完成的定额生产工时×计划小时工资率

如果生产两种或两种以上产品，各车间生产工人的工资费用属于间接计入费用，其脱离定额差异不能在平时按照产品直接计算，只有在月末实际生产工人工资确定以后分配计算：

$$实际小时工资率=\frac{某车间实际生产工人工资总额}{该车间实际生产工时总数}$$

$$计划小时工资率=\frac{某车间计划产量的定额生产工人工资}{该车间计划产量的定额生产工时}$$

某产品实际完成的定额工时

=（该产品本月完工产品产量＋月末在产品约当产量－月初在产品约当产量）×单位产品工时定额

3. 制造费用脱离定额差异的计算

制造费用脱离定额差异是指实际发生的制造费用与定额制造费用之间的差额。由于制造费用是产品生产过程中的间接费用，通常与计时工资一样，其脱离定额差异不能在平时按照产品直接进行，只有在月末实际制造费用确定后与定额制造费用比较计算：

某产品制造费用脱离定额差异

＝该产品制造费用实际分配额－该产品实际完成定额工时×计划小时制造费用分配率

**小思考：**

影响脱离定额差异的因素有哪些？

## （三）分配材料成本差异

定额法下，原材料的日常核算一般按计划成本进行，原材料脱离定额差异只是以计划单价反映的消耗量上的差异（量差），未包括价格因素。因此，月末计算产品的实际原材料费用时，需计算所耗原材料应分摊的成本差异，即所耗原材料的价格差异（价差）。

某产品应分配的原材料成本差异

＝（该产品原材料定额费用 ± 原材料脱离定额差异）×材料成本差异率

＝实际消耗量×材料计划单价×材料成本差异率

＝（材料实际单价－材料计划单价）×实际消耗量

## （四）计算定额变动差异

定额变动差异是指由于修订消耗定额或生产耗费的计划价格而产生的新旧定额之间的差额。

定额成本的修订一般在月初、季初或年初定期进行，但在定额变动的月份，月初在产品的定额成本仍然按照旧的定额计算，因此需要按新定额计算月初在产品的定额变动差异，用以调整月初在产品的定额成本。定额变动的计算应分别成本项目进行：

月初在产品定额变动差异

＝（新定额－旧定额）×月初在产品中定额变动的零部件数量

或简化为：

月初在产品定额变动差异

＝按旧定额计算的月初在产品费用×（1－定额变动系数）

$$定额变动系数=\frac{按新定额计算的单位产品费用}{按旧定额计算的单位产品费用}$$

月初在产品定额变动差异通常表现为月初在产品价值的降低，即贬值。此时，应从月初在产品定额费用中扣除该项差异，加入本月产品成本中；反之，则月初在产品增值的差异则应加入月初在产品定额费用中，同时，从本月产品成本中扣除同等金额。

### （五）计算完工产品与在产品成本

定额法下，成本的日常核算是将定额成本和各种成本差异分别核算的，因而当某种产品如果既有完工产品又有月末在产品时，分配费用也应按定额成本和各种成本差异分别进行：首先计算完工产品和月末在产品的定额成本，然后分配各种成本差异。在定额法下，有现成的定额成本资料，各种成本差异应采用定额比例法或在产品按定额成本计价法分配；前者将成本差异在完工产品与月末在产品之间按定额成本比例分配，后者将成本差异归由完工产品成本负担。

分配成本差异时，应按脱离定额差异、材料成本差异和月初在产品定额变动差异分别进行。差异金额不大，或者差异金额虽大但各月在产品数量变动不大的，可以归由完工产品成本负担；差异金额较大而且各月在产品数量变动也较大的，应在完工产品与月末在产品之间按定额成本比例分配。

分配各种成本差异以后，根据完工产品的定额成本，加减应负担的各种成本差异，即可计算完工产品的实际成本；根据月末在产品的定额成本，加减应负担的各种成本差异，即可计算月末在产品的实际成本。

产成品实际成本

=产成品定额成本+脱离定额差异+材料成本差异+定额变动差异

## 二、定额法的应用

南方公司为了简化核算工作，规定该丁产品的定额变动差异和材料成本差异全部由完工产品成本负担；脱离定额差异按定额成本比例，在完工产品与在产品之间进行分配；月初在产品脱离定额差异共 2 180 元，其中直接材料 2 000 元，直接人工 100 元，制造费用 80 元。

丁产品成本计算如下：

1. 计算本月投产 400 件丁产品的定额成本

直接材料定额成本 = 400 × 90 × 5 = 180 000（元）

直接人工定额成本 =（420 + 30 × 50% − 50 × 50%）× 10 × 6 = 24 600（元）

制造费用定额成本 =（420 + 30 × 50% − 50 × 50%）× 10 × 4 = 16 400（元）

2. 计算本月完工 420 件丁产品的定额成本

直接材料定额成本 = 420 × 90 × 5 = 189 000（元）

直接人工定额成本 = 420 × 10 × 6 = 25 200（元）

制造费用定额成本 = 420 × 10 × 4 = 16 800（元）

3. 计算脱离定额差异

直接材料脱离定额差异 = 200 000 − 180 000 = 20 000（元）

直接人工脱离定额差异 = 26 000 − 24 600 = 1 400（元）

制造费用脱离定额差异 = 16 500 − 16 400 = 100（元）

4. 计算材料成本差异

材料成本差异 = （180 000 + 20 000）×（−1%）= −2 000（元）

5. 计算月初在产品定额变动差异

直接材料项目的定额变动差异 = （100 − 90）×5×50 = 2 500（元）

其他成本项目由于定额未变，所以无差异。

丁产品成本计算单见表 4 − 7：

**表 4 − 7　产品成本计算单**

产量：420 件　　产品名称：丁产品　　20××年 5 月　　金额单位：元

| 成本项目 | | | 直接材料 | 直接人工 | 制造费用 | 合计 |
|---|---|---|---|---|---|---|
| 月初在产品成本 | 定额成本 | (1) | 25 000 | 1 500 | 1 000 | 27 500 |
| | 脱离定额差异 | (2) | 2 000 | 100 | 80 | 2 180 |
| 月初在产品定额变动 | 定额成本调整 | (3) | −2 500 | | | −2 500 |
| | 定额变动差异 | (4) | +2 500 | | | +2 500 |
| 本月费用 | 定额成本 | (5) | 180 000 | 24 600 | 16 400 | 221 000 |
| | 脱离定额差异 | (6) | 20 000 | 1 400 | 100 | 21 500 |
| | 材料成本差异 | (7) | −2 000 | | | −2 000 |
| 生产费用合计 | 定额成本 | (8) = (1) + (3) + (5) | 202 500 | 26 100 | 17 400 | 246 000 |
| | 脱离定额差异 | (9) = (2) + (6) | 22 000 | 1 500 | 180 | 23 680 |
| | 材料成本差异 | (10) = (7) | −2 000 | | | −2 000 |
| | 定额变动差异 | (11) = (4) | +2 500 | | | +2 500 |
| 差异分配率 | 脱离定额差异 | (12) = (9) ÷ (8) | 10.86% | 5.75% | 1.03% | |
| 产成品成本 | 定额成本 | (13) | 189 000 | 25 200 | 16800 | 231 000 |
| | 脱离定额差异 | (14) = (13) × (12) | 20 525 | 1 449 | 173.04 | 22 147.04 |
| | 材料成本差异 | (15) = (10) | −2 000 | | | −2 000 |
| | 定额变动差异 | (16) = (11) | +2 500 | | | +2 500 |
| | 实际总成本 | (17) = (13) + (14) + (15) + (16) | 210 025 | 26 649 | 16973.04 | 253 647.04 |
| | 实际单位成本 | (18) = (17) ÷ 产量 | 500.06 | 63.45 | 40.41 | 603.92 |
| 月末在产品 | 定额成本 | (19) = (8) − (13) | 13 500 | 900 | 600 | 15 000 |
| | 脱离定额差异 | (20) = (9) − (14) | 1 475 | 51 | 6.96 | 1 532.96 |

## 项目小结

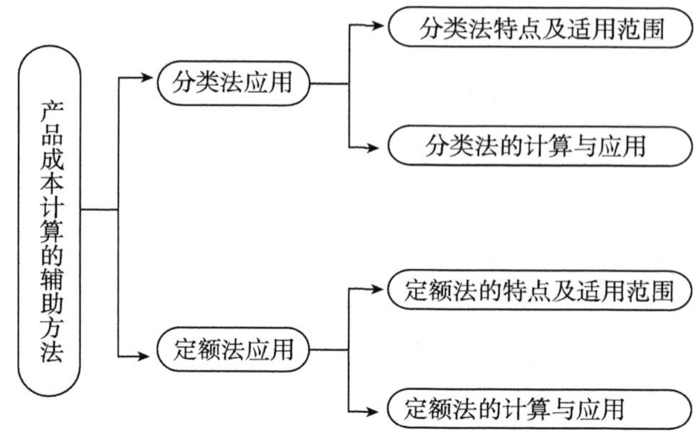


## 职业能力训练

### 一、单项选择题

1. 下列（　　）是产品成本计算的辅助方法。

A. 品种法　　B. 分步法　　C. 分类法　　D. 分批法

2. 在产品品种、规格繁多，又可按一定要求和标准划分为若干类别的企业或车间，产品成本计算一般可以采用（　　）。

A. 分批法　　B. 分步法　　C. 分类法　　D. 定额法

3. 分类法的成本计算对象是（　　）。

A. 产品品种　　B. 产品类别　　C. 产品规格　　D. 产品加工步骤

4. 下列企业中，适合采用分类法计算产品成本的是（　　）。

A. 制鞋厂　　B. 小型水泥厂　　C. 造纸厂　　D. 精密仪器生产企业

5. 在计算类内各种产品成本时，分配标准应选择与产品成本高低有着直接联系的项目，通常采用的分配标准有（　　）。

A. 定额成本　　B. 约当产量　　C. 标准产量　　D. 固定成本

6. 采用分类法按系数分配计算类内各种产品成本时，对于系数的确定方法是（　　）。

A. 选择产量大的产品作为标准产品，将其分配标准数定为1

B. 选择产量大、生产稳定的产品作为标准产品，将其分配标准数定为1

C. 选择产量大、生产稳定或规格折中的产品作为标准产品，将其分配标准数定为1

D. 自行选择一种产品作为标准产品，将其分配标准数定为1

7. 企业利用同种原材料，在同一生产过程中同时生产出的几种地位相同的主要产品，称为（　　）。

A. 半成品　　B. 联产品　　C. 副产品　　D. 等级品

8. 在分离后再发生的加工成本称为（ ）。

A. 联合成本 B. 可归属成本 C. 可分成本 D. 共同成本

9. 产品生产过程中各项实际生产费用脱离定额的差异，称为（ ）。

A. 定额成本 B. 脱离定额差异 C. 材料成本差异 D. 定额变动差异

10. 定额变动差异是指修复定额以后的，原定额成本与新的定额成本之间的差异，只有（ ）存在定额变动差异。

A. 月初在产品 B. 月末在产品 C. 本月投入产品 D. 本月完工产品

**二、多项选择题**

1. 分类法下对于类内产品成本的计算，一般可以采用的方法是（ ）。

A. 系数法 B. 按定额成本计价法

C. 按定额比例法计算 D. 分批法

E. 约当产量法

2. 分类法主要适用于产品品种较多的企业或车间，可以采用分类法计算产品成本的下列企业是（ ）。

A. 电子元件厂 B. 针织厂 C. 造船厂 D. 机床厂

E. 砖瓦厂

3. 在分类法下，将每类产品总成本在类内各种产品之间进行分配时所选择的分配标准通常可以是（ ）。

A. 定额消耗量 B. 计划成本 C. 产品售价 D. 定额成本

E. 产品的重量或体积

4. 下列可采用分类法进行产品成本计算的有（ ）。

A. 联产品 B. 等级产品

C. 标准产品 D. 产品品种规格繁多，但可按一定标准分类

5. 采用分类法计算产品成本，一般可以将（ ）等方面相同或相似的产品归为一类。

A. 产品的结构、性质 B. 产品耗用的原材料

C. 产品的生产工艺过程 D. 产品的销售和使用对象

6. 类内不同品种、规格之间费用分配的标准有（ ）等。

A. 定额耗用量 B. 定额成本 C. 产品售价 D. 产品排列顺序

7. 不属于产品成本计算的辅助方法有（ ）。

A. 品种法 B. 分步法 C. 分类法 D. 定额法

8. 联产品联合成本的分配方法有（ ）等。

A. 系数分配法 B. 相对销售价值分配法

C. 实物量分配法 D. 人工成本分配法

9. 对于分离后需要进一步加工的副产品，其成本计价的方法有（　　）。

A. 副产品只负担可归属成本

B. 副产品只负担联合成本

C. 副产品既负担可归属成本，也负担分离前的联合成本

D. 副产品不负担任何成本

10. 采用定额法计算产品成本，产品的实际成本由（　　）等组成。

A. 定额成本　　B. 脱离定额差异　C. 材料成本差异　D. 定额变动差异

## 三、判断题

1. 由于分类法是为了简化成本核算工作而采用的方法，因此只要能简化成本核算，产品可以随意进行分类。(　　)

2. 采用分类法计算产品成本，对类内产品成本的分配，各成本项目可采用相同的分配标准，也可采用不同的分配标准。(　　)

3. 分类法适用于产品品种、规格较多，并可按一定标准进行分类的企业的成本计算，也是成本计算的一种基本方法。(　　)

4. 定额法与品种法、分批法或分步法一起构成基本的成本计算方法。(　　)

5. 分类法是以成本项目为成本计算对象，归集生产费用，计算产品成本的一种方法。(　　)

6. 分类法与生产类型有直接关系，因而可以在各种类型的企业中应用。(　　)

7. 原材料脱离定额差异中既包含数量差异计算，又包含价格差异计算。(　　)

8. 定额变动差异是指实际支出的生产费用与定额费用的差额。(　　)

9. 联产品的成本计算，就是将分离点后联产品的联合成本在各类联产品之间进行分配。(　　)

10. 采用定额法计算产品成本，不仅能简化成本计算工作量，而且能在产品品种、规格繁多的情况下，分类掌握产品成本水平。(　　)

## 四、简答题

1. 试述分类法的概念及适用范围？

2. 试述定额法的概念及适用范围？

3. 试述分类法计算产品成本的一般程序？

4. 如何运用系数法计算类内各种产品的成本？

5. 如何运用定额法计算产品成本？

6. 什么是联产品，联产品与副产品有哪些异同点？

## 五、业务核算

（一）目的：分类法业务核算能力训练

南通公司生产联产品 A、B、C 三种主要产品，本月实际产量为 A 产品 40 000 千克。

B 产品 20 000 千克，C 产品 15 000 千克。各产品单位售价为：A 产品 15 元，B 产品 24 元，c 产品 12 元，分离前联合成本为 1 008 000 元。

要求：

(1) 按系数分配法计算各种产品的成本（以 A 产品的单位售价为标准）。

(2) 按实物量分配法计算各种产品的成本。

(3) 按相对售价分配法计算各种产品成本。

(二) 目的：分类法业务运用能力训练

某企业在生产 A 产品的同时，附带生产出丁副产品，丁副产品分离后需进一步加工后才能出售。本月共发生联合成本 155 000 元，其中直接材料占 50%，直接人工占 20%，制造费用占 30%。丁副产品进一步加工发生直接人工费 2 000 元，制造费用 2 500 元。本月生产 A 产品 1 000 千克，丁副产品 2 000 千克，丁副产品单位售价为 12 元，单位税金和利润合计为 2 元。

要求：按副产品既负担可归属成本，又负担分离前联合成本的方法计算丁副产品成本。

(三) 目的：定额法下分项目业务计算能力训练

某企业甲产品成本采用定额法计算，该产品本月原材料费用为：月初在产品定额费用 10 000 元，在产品脱离定额超支差异 360 元，在产品定额成本调整降低 420 元；本月定额费用 51 000 元，完工产品定额费用 46 000 元，本月脱离定额差异节约 1 430 元，本月原材料成本差异率为 −3%，材料成本差异和定额变动差异均由完工产品成本负担，脱离定额差异按定额费用比例在完工产品和月末在产品之间进行分配。

要求：(1) 计算月末在产品原材料定额费用；

(2) 计算原材料脱离定额差异分配率；

(3) 计算本月原材料费用应分配的材料成本差异；

(4) 计算本月完工产品原材料实际费用；

(5) 计算月末在产品原材料实际费用。

(四) 目的：定额法综合业务核算能力训练

利华公司为大量大批生产企业，采用定额法计算产品成本。有关产品成本资料如下：

(1) 产品定额成本计算表产品：

A 产品　　　　　　　　201 × 年 8 月

<table>
<tr><td>材料名称</td><td colspan="2">计量单位</td><td colspan="2">材料消耗定额</td><td colspan="2">计划单价</td><td>材料费用定额</td></tr>
<tr><td>B 材料</td><td colspan="2">千克</td><td colspan="2">60</td><td colspan="2">11</td><td>660</td></tr>
<tr><td rowspan="2">工时定额</td><td colspan="2">直接工资</td><td colspan="2">其他直接支出</td><td colspan="2">制造费用</td><td>产品定额成本合计</td></tr>
<tr><td>工资/小时</td><td>金 额</td><td>支出/小时</td><td>金 额</td><td>费用/小时</td><td>金 额</td><td></td></tr>
<tr><td>40</td><td>6</td><td>240</td><td>2</td><td>80</td><td>4</td><td>160</td><td>1 140</td></tr>
</table>

原材料在生产开始时一次投入，201×年9月该公司将其原材料消耗定额修订为55千克，其他消耗定额未变 。

（2）月初在产品定额成本和脱离定额差异

月初在产品定额成本和脱离定额差异

产品名称：A　　　　201×年9月　　　　金额单位：元

| 成本项目 | 定额成本 | 脱离定额差异 |
|---|---|---|
| 直接材料 | 6 600 | −162 |
| 直接工资 | 1 200 | +80 |
| 其他直接支出 | 400 | +26 |
| 制造费用 | 800 | +32 |
| 合计 | 9 000 | −24 |

（3）本月产量和生产费用

A产品月初在产品10件，本月投产110件，本月完工100件，月末在产品20件，月初和月末在产品的完工程度均为50%；本月定额工时4 200小时，实际直接材料5 280千克，金额58 080元，材料成本差异率+2%，实际直接工资27 900元，其他直接支出9 200元，制造费用17 280元。材料成本差异和定额变动差异由完工产品承担。

要求：（1）计算本月定额成本和脱离定额差异。

（2）计算材料成本差异。

（3）计算月初定额变动差异。

（4）计算本月完工产品和月末在产品的实际成本。

产品成本计算单

产品名称：A产品　　　　201×年9月　　　　金额单位：元

| 成本项目 | | 项目编号 | 直接材料 | 直接人工 | 制造费用 | 合计 |
|---|---|---|---|---|---|---|
| 月初在产品成本 | 定额成本 | （1） | | | | |
| | 脱离定额差异 | （2） | | | | |
| 月初在产品定额变动 | 定额成本调整 | （3） | | | | |
| | 定额变动差异 | （4） | | | | |
| 本月费用 | 定额成本 | （5） | | | | |
| | 脱离定额差异 | （6） | | | | |
| | 材料成本差异 | （7） | | | | |
| 生产费用合计 | 定额成本 | （8） | | | | |
| | 脱离定额差异 | （9） | | | | |
| | 材料成本差异 | （10） | | | | |
| | 定额变动差异 | （11） | | | | |
| 差异分配率 | 脱离定额差异 | （12） | | | | |

**续表**

| 成本项目 | | 项目编号 | 直接材料 | 直接人工 | 制造费用 | 合计 |
| --- | --- | --- | --- | --- | --- | --- |
| 产成品成本 | 定额成本 | (13) | | | | |
| | 脱离定额差异 | (14 | | | | |
| | 材料成本差异 | (15) | | | | |
| | 定额变动差异 | (16) | | | | |
| | 实际总成本 | (17) | | | | |
| | 实际单位成本 | (18) | | | | |
| 月末在产品 | 定额成本 | (19) | | | | |
| | 脱离定额差异 | (20) | | | | |

六、实训操作

（一）实训目的：运用系数法计算类内各产品的成本。

实训内容：某企业采用分类法计算产品成本，第一类产品共有甲、乙、丙三种产品，其中乙产品为主要产品，确定为标准产品。该类产品以定额成本为综合分配标准。甲、乙、丙三种产品的单位定额成本分别为1.2元、1.5元、1.8元。

实训要求：据上述资料，分别计算各产品综合系数及各项费用分配率，并完成第一类产品成本计算表。

类内各种产品成本计算表

产品名称：第一类产品　　201×年9月　　金额单位：元

| 项目 | 产量（件） | 定额成本 | 综合系数 | 标准产品 | 直接材料 | 直接人工 | 制造费用 | 成本合计 |
| --- | --- | --- | --- | --- | --- | --- | --- | --- |
| 甲产品 | 10 000 | | | | | | | |
| 乙产品 | 80 000 | | | | | | | |
| 丙产品 | 30 000 | | | | | | | |
| 合计 | | | | | 101 680 | 59 520 | 24 800 | 186 000 |

（二）实训目的：运用定额比例法计算类内各产品的成本。

实训内容：金红公司用同样的原材料和相同的工艺技术生产甲、乙、丙三种不同规格的产品。为简化核算工作，将三种相近的产品合并为A类计算成本。原材料费用按定额成本的比例分配，直接人工和制造费用按定额工时比例分配。

产品定额资料　　金额单位：元

| 产品名称 | 单位 | 产量 | 直接材料费用定额 | 工时消耗定额 |
| --- | --- | --- | --- | --- |
| 甲产品（标准产品） | 件 | 100 | 120 | 40 |
| 乙产品 | 件 | 200 | 132 | 60 |
| 丙产品 | 件 | 120 | 180 | 75 |

基本生产成本明细账

产量：　　成本对象：　　生产车间：　　投产时间：　　金额单位：元

| 201×年 | | 凭证 | | 摘要 | 成本项目 | | | 合计 |
|---|---|---|---|---|---|---|---|---|
| 月 | 日 | 字 | 号 | | 直接材料 | 直接人工 | 制造费用 | |
| 5 | 1 | | | 月初在产品定额成本 | 4 500 | 2 550 | 1 570 | 8 620 |
| | 31 | | 略 | 材料费用分配表 | 49 500 | | | 49 500 |
| | | | | 人工费用分配表 | | 40 850 | | 40 850 |
| | | | | 制造费用分配表 | | | 23 030 | 23 030 |
| | | | | 本月生产费用合计 | 54 000 | 43 400 | 24 600 | 122 000 |
| | | | | 完工产品成本 | | | | |
| | | | | 月末在产品成本 | | | | |

月末在产品定额成本表

产品类别：A类产品　　201×年5月　　金额单位：元

| 项目 | 直接材料 | 直接人工 | 制造费用 | 合计 |
|---|---|---|---|---|
| 月末在产品定额成本 | 6 000 | 3 400 | 2 100 | 11 500 |

实训要求：

1）计算A类完工产品总成本。

2）按标准产量比例分配，计算并填列各种产品的总成本和单位成本。

3）作完工产品入库的会计分录。

A类产品成本计算表

201×年5月　　金额单位：元

| 项目 | 产量（件） | 工时消耗定额 | 定额工时 | 材料费用定额 | 材料定额费用 | 直接材料 | 直接人工 | 制造费用 | 总成本 | 单位成本 |
|---|---|---|---|---|---|---|---|---|---|---|
| 分配率 | | | | | | | | | | |
| 甲产品 | | | | | | | | | | |
| 乙产品 | | | | | | | | | | |
| 丙产品 | | | | | | | | | | |
| 合计 | | | | | | | | | | |

# 项目五　成本报表的编制与分析

## 职业能力目标：

### 技能目标

1. 能够编制商品产品成本表；
2. 编制主要产品成本表和费用明细表的能力；
3. 能够对主要商品产品成本表进行分析。

### 知识目标

1. 了解成本报表的种类和特点；
2. 掌握成本报表的编制；
3. 熟悉成本报表的分析方法；
4. 掌握商品产品成本表、主要产品成本表和费用明细表具体分析。

### 案例导入

陆明是一家电子厂的会计，前一阵子领导让他对本厂产品成本分析一下，看看是什么原因导致了本厂产品销售不佳，竟比不上规模相当的同行凯立企业。陆明通过分析发现，和同行相比，本厂在销售成本率和产品成本结构方面存在问题，然后向领导提出了一些建议。经过领导确认采纳实施，最近本厂的经营业绩大大提高了。那么，陆明进行成本分析时可用的资料和方法有哪些？是如何进行的呢？

## 任务一　成本报表的编制

成本报表，是指根据日常成本核算资料以及其他有关资料定期或不定期编制的，用来反映企业产品成本水平和构成情况以及其升降变动情况，分析和考核企业在一定时期内成本计划执行情况及其结果的报告文件。企业报表一般分为两类：一类是向外报送的财务会计报表，如资产负债表、利润表和现金流量表等，其具体的格式和编制要求由企业会计准则规定；另一类是为企业内部管理需要所编制的报表，如成本报表、销售日报表等，其种类、格式由企业自行确定。成本报表是企业内部报表中的主要报表，通过成本报表可以了解成本、费用的升降情况，分析未完成计划或预算的原因，进而寻找降低成本的途径，同时对成本的监督和考核提供大量的数据资料。成本报表的作用，归结起来可体现在下列几个方面：

1. 反映了企业在一定时期内成本费用水平及其构成情况。通过成本报表分析，可以揭示影响产品成本指标和费用项目变动的因素，从生产技术、生产组织和经营管理等各方面挖掘节约费用和降低产品成本的潜力，提高企业经济效益。

2. 为企业制订成本计划提供依据。将成本报表的实际数字与成本计划进行比较，可以检查成本计划的执行情况，为进一步分析完成或未完成计划的具体原因、制订下期的成本计划提供依据。

3. 为企业成本决策提供依据。成本报表提供的实际产品成本和费用资料，不仅可以满足企业、车间和部门加强日常成本、费用管理的需要，而且是企业进行成本、利润的预测、决策，编制产品成本和各项费用计划，制定产品价格的重要依据。

## 子任务一　成本报表的种类及特点

### 一、成本报表的种类

目前企业（以工业制造业为例）较为普遍采用的成本报表有：商品产品成本表、主要产品单位成本表、制造费用明细表及其他成本报表。把它们按照内容可归结为两类，商品产品成本表和主要产品单位成本表属于反映成本计划执行情况的报表；制造费用明细表和其他成本表属于反映各种费用支出的报表。

#### （一）成本计划执行情况的报表

1. 商品产品成本表是反映企业在月份、年度内所生产的全部商品产品（包括可比产品和不可比产品）的总成本和各种主要商品产品的单位成本和总成本的会计报表。

2. 主要产品单位成本报表是反映企业在月份和年度内生产各种主要产品的单位成本的构成及其变动情况的报表。

#### （二）费用支出情况的会计报表

1. 制造费用明细表是反映企业在一定期间内发生的全部制造费用的会计报表。利用该表可以看出费用支出的合理程度和变化趋势，从而为制定费用预算、考核费用计划的完成情况提供依据。管理费用、销售费用等也可以比照制造费用明细表进行编制和分析。

2. 其他成本报表是企业根据本企业特定的工艺特点和成本管理要求设置的，例如生产情况表，材料成本考核表，人工成本考核表等。

按照成本报表的编制时间可以分为：日报、周报、旬报、月报、季报、年报等。

## 二、成本报表的特点

成本报表由于主要是满足内部管理需要而编制的报表，所以形成了它本身固有的特点。

首先，在报表编制目的上，它主要是为企业内部管理所服务；

其次，在报表的编制内容上，主要针对成本费用来进行编制；

再次，成本报表在格式上不同于一般会计报表，国家未做统一规定，企业可根据自身特点而定，有很大的灵活性；

最后，在编制时间上，可按月、季、年定期编制，也可根据情况按日、周、旬等进行编制。

**小思考：**

成本报表和财务报表有哪些不同？比照财务报表的编制要求，说说成本报表在编制时有哪些要求要遵守？

# 子任务二　商品产品成本表的编制

## 一、商品产品成本表的结构

商品产品成本表是反映企业在月份、年度内所生产的全部商品产品（包括可比产品和不可比产品）的总成本和各种主要商品产品的单位成本与总成本的会计报表。

商品产品成本表应按可比产品和不可比产品两部分分别反映其单位成本和总成本。可比产品指的是过去曾经正式生产过，有完整的成本资料可以进行比较的产品。不可比产品是指企业本年度初次生产的新产品，或者非初次生产，但以前年度没有正式生产过，缺乏可比成本资料的产品。对可比产品来说，实际成本降低额和实际成本降低率是指本期的实际成本同上年的实际成本相比而且计算出来的，所以表中不仅要列示本期的计划成本和实际成本，而且还要列示上年的实际成本。对不可比产品来说，因没有上年的实际成本可以比较，所以只列计划成本和实际成本。

商品产品成本表基本上有两种结构的表格，一种是按照产品成本项目反映企业报告期内发生的全部生产费用和产品成本的报表，一种是按照产品类别汇总反映企业报告期内发生的生产全部产品的单位成本和总成本的报表。本任务主要是以后者所反映的报表结构进行阐述。

商品产品成本表格式如表 5－1 所示。

## 二、商品产品成本表的编制方法

1. “产品名称”项目

应填列主要的“可比产品”和“不可比产品”名称，主要商品产品的品种要按规定填列。

2. “实际产量”项目

（1）各种产品的本月实际产量，应根据相应的产品成本明细账填列；

（2）本年累计实际产量，应根据本月实际产量，加上上月本表的本年累计实际产量计算填列。

3. “单位成本”项目

（1）“上年实际平均”单位成本，应根据上年度本表所列全年累计实际平均单位成本填列；

（2）“本年计划”单位成本，应根据本年度成本计划填列；

（3）“本月实际”单位成本，应根据表中本月实际总成本除以本月实际产量计算填列；如果产品成本明细账或产成品成本汇总表中有现成的本月产品实际产量、总成本和单位成本，表中这些项目都可以根据产品成本明细账或产成品成本汇总表填列；

（4）“本年累计实际平均”单位成本，应根据表中本年累计实际总成本除以本年累计实际产量计算填列。

4. “本月总成本”项目

（1）“按上年实际平均单位成本计算”，可比产品按上年实际平均单位成本计算的本月总成本和本年累计总成本，应根据本月实际产量和本年累计实际产量，分别乘以上年实际平均单位成本计算填列；

（2）“按本年计划单位成本计算”可比产品和不可比产品按本年计划单位成本计算的本月总成本和本年累计总成本，应根据本月实际产量和本年累计实际产量，分别乘以本年计划单位成本计算填列；

（3）“本月实际”，应根据产品成本明细账或产成品成本汇总表填列。

5. “本年累计总成本”项目

应按自年初至本月末止的本年累计产量分别乘以上年实际平均单位成本、本年计划单位成本和本年累计实际平均单位成本的积填列。

6. 补充资料

补充资料中的“可比产品成本计划降低额”和“可比产品成本降低率”的累计实际数，应该按下列公式计算填列：

（1）可比产品成本降低额

=可比产品按上年实际平均成本计算的本年累计总成本合计－可比产品本年实际累计总成本合计

**表 5－1　商品产品成本表**

编制单位：　　　　201×年 12 月

| 产品名称 | 计量单位 | 实际产量 | | 单位成本/元 | | | | 本月总成本/元 | | | 本年累计总成本/元 | | |
|---|---|---|---|---|---|---|---|---|---|---|---|---|---|
| | | 本月 | 本年累计 | 上年实际平均 | 本年计划 | 本月实际 | 本年累计实际平均 | 按上年实际平均单位成本计算 | 按本年计划单位成本计算 | 本月实际 | 按上年实际平均单位成本计算 | 按本年计划单位成本计算 | 本年实际 |
| | | 1 | 2 | 3 | 4 | 5＝9/1 | 6＝12/2 | 7＝1×3 | 8＝1×4 | 9＝1×5 | 10＝2×3 | 11＝2×4 | 12＝2×6 |
| 可比产品合计： | | | | | | | | 39 000 | 37 700 | 37 800 | 510 000 | 493 000 | 494 300 |
| 甲产品 | 件 | 100 | 1 000 | 150 | 145 | 148 | 147.5 | 15 000 | 14 500 | 14 800 | 150 000 | 145 000 | 147 500 |
| 乙产品 | 件 | 40 | 600 | 600 | 580 | 575 | 578 | 24 000 | 23 200 | 23 000 | 260 000 | 348 000 | 346 800 |
| 不可比产品合计： | | | | | | | | | 25 000 | 25 600 | | 225 000 | 228 600 |
| 丙产品 | 台 | 10 | 90 | | 2 500 | 2 560 | 2 540 | | 25 000 | 25 600 | | 225 000 | 228 600 |
| 全部产品成本合计 | | | | | | | | | 62 700 | 63 400 | | 718 000 | 722 900 |

补充资料：1. 可比产品实际成本降低额：510 000－494 300 ＝15 700（元）（计划成本降低额为：17 100 元）

2. 可比产品实际成本降低率：$\frac{15\ 700}{510\ 000}\times 100\% = 3.078\%$　（计划降低率为 3.333%）

（2）可比产品成本降低率

=可比产品成本降低额÷上年实际平均成本计算的本年累计总成本

可比产品成本降低率的本年计划数，应该根据年度成本计划填列，可比产品成本的“超支额”和“超支率”，应该在“降低额”和“降低率”项目内用负数（－）填列。

## 子任务三　主要产品单位成本表的编制

主要产品单位成本表是反映企业在一定时期内（月份、季度、年度）生产的各种主要产品单位成本的构成和各项主要经济指标执行情况的成本报表，是产品生产成本表的必要补充。

### 一、主要产品单位成本表的结构

主要产品单位成本表一般分为产量、单位成本和主要技术经济指标三部分，该表的产量部分反映报告期的计划产量和实际产量，以及本年累计的计划产量和实际产量，此外还反映产品的销售单价；该表的单位成本部分按照成本项目分别反映历史先进、上年实际平均、本年计划、本月实际和本年累计实际平均的单位成本。该表的技术经济指标部分主要反映原料及主要材料、燃料和动力的消耗数量。

**小提示：**

主要产品单位成本表应按每种主要产品分别编制。由于本报表是商品产品成本表的补充，所以该表中按成本项目反映的“上年实际平均”、“本年计划”、“本月实际”、“本年累计实际平均”的单位成本，应与商品产品成本表中相应的数字分别相等。

主要产品单位成本表格式如表5－2所示。

**表5－2　主要产品单位成本表**

企业名称：　　201×年12月

产品名称：　　产品销售价格：　　本月计划产量：

产品规格：　　本月实际产量：

计量单位：　　本月累计实际产量：

| 成本项目 | 历史先进水平（元） | 上年实际平均（元） | 本年计划（元） | 本月实际（元） | 本年累计实际平均（元） |
|---|---|---|---|---|---|
| 直接材料 | 62 | 65 | 64 | 66 | 65.80 |
| 燃料及动力 | 15 | 18 | 17.5 | 18.2 | 18.1 |
| 直接人工 | 28 | 28 | 29 | 28.8 | 29.2 |
| 制造费用 | 32 | 32 | 31 | 31.5 | 30.8 |

续表

| 成本项目 | 历史先进水平（元） | 上年实际平均（元） | 本年计划（元） | 本月实际（元） | 本年累计实际平均（元） |
|---|---|---|---|---|---|
| 产品单位成本 | 137 | 143 | 141.5 | 144.5 | 143.9 |
| 主要技术经济指标 | 耗用量 | 耗用量 | 耗用量 | 耗用量 | 耗用量 |
| A 材料 | 4.2 公斤 | 4.1 公斤 | 4 公斤 | 3.8 公斤 | 3.85 公斤 |
| B 材料 | 2.5 公斤 | 2.8 公斤 | 2.6 公斤 | 2.58 公斤 | 2.62 公斤 |

## 二、主要产品单位成本表的编制方法

1. 销售单价和产量

（1）“销售单价”应根据产品定价表填列；

（2）“本月和本年累计计划产量”应根据生产计划填列；

（3）本月实际和本年累计实际产量应根据产品成本明细账或产成品成本汇总表填列。

2. 单位成本

（1）“历史先进水平”，应根据历史上该种产品成本最低年度本表的实际平均单位成本填列；

（2）“上年实际平均”，应根据上年度本表实际平均单位成本填列；

（3）“本年计划”，应根据本年度成本计划填列；

（4）“本月实际”，应根据该种产品成本明细账或产成品汇总表填列；

（5）“本年累计实际平均”，应根据该种产品成本明细账所记年初起至报告期末止完工入库总成本除以本年累计实际产量计算填列。

不可比产品没有历史先进水平的单位成本和上年实际平均单位成本，这两项不填。

表中上年实际平均、本年计划、本月实际和本年累计实际平均的单位成本，应与产品生产成本表该种产品的相应单位成本核对相符。

3. 主要技术经济指标

表中主要技术经济指标部分，应根据业务技术核算资料填列。

# 子任务四　费用明细表的编制

费用明细表中的费用是指企业在生产经营过程中，各车间部门为进行产品生产，组织和管理生产经营活动所发生的制造费用、销售费用、管理费用和财务费用。本任务重点介绍制造费用明细表的编制。

制造费用明细表，是反映企业在报告期内发生的制造费用及其构成情况的报表。利用制造费用明细表，可以分析和考核制造费用计划的执行结果，可以分析各项制造费用的构成情况及增减变动的原因。

## 一、制造费用明细表的结构

制造费用明细表一般按制造费用项目分别反映制造费用的本年计划数、上年同期实际数和本年累计实际数。

该表的制造费用一般只反映基本生产车间制造费用，不包括辅助生产车间制造费用。

制造费用明细表格式如表 5－3 所示。

**表 5－3　制造费用明细表**

编制单位：　　　　201×年 12 月　　　　单位：元

| 项　目 | 本年计划数 | 上年同期实际数 | 本月实际数 | 本年累计实际数 |
|---|---|---|---|---|
| 人工费 | 912 | 855 | 969 | 8 721 |
| 折旧费 | 4 300 | 4 000 | 4 350 | 39 310 |
| 办公费 | 1 200 | 1 100 | 1 200 | 11 200 |
| 水电费 | 1 360 | 1 240 | 1 380 | 11 940 |
| 机物料消耗 | 1 700 | 1 580 | 1 500 | 14 300 |
| 低值易耗品摊销 | 1 400 | 1 150 | 1 470 | 13 790 |
| 劳动保护费 | 500 | 400 | 500 | 4 560 |
| 保险费 | 400 | 300 | 430 | 4 110 |
| 停工损失 | 210 | 180 | 220 | 2 060 |
| 其他 | 153 | 127 | 170 | 1 130 |
| 制造费用合计 | 12 135 | 10 932 | 12 189 | 111 021 |

## 二、制造费用明细表的编制方法

1. “本年计划”，根据制造费用的有关预算填列；

2. “上年同期实际”，根据上年同期本表的本月实际数填列；

3. “本月实际”，根据本月制造费用明细账相关项目计算填列；

4. “本年累计实际”，反映的是制造费用各项目自本年初起至填表月末止的累计实际数，根据制造费用明细账各项目实际数计算填列。

## 三、销售费用明细表的编制

销售费用明细表是反映企业在报告期内发生的全部销售费用及其构成情况的报表，格式如表 5－4 所示。

**表 5－4　销售费用明细表**

编制单位：　　　　　　　　　　　201×年 12 月　　　　　　　　　　　单位：元

| 项　　目 | 本年计划数 | 上年同期实际数 | 本月实际数 | 本年累计实际数 |
|---|---|---|---|---|
| 工资费用 | 1 000 | 950 | 1 020 | 9 165 |
| 业务费 | 312 | 305 | 322 | 2 500 |
| 运输费 | 1 400 | 1 300 | 1 500 | 11 300 |
| 装卸费 | 1 560 | 1 440 | 1 600 | 8 300 |
| 包装费 | 1 900 | 1 780 | 1 900 | 13 600 |
| 保险费 | 800 | 650 | 800 | 7 200 |
| 展览费 | 1 000 | 900 | 1 200 | 9 000 |
| 广告费 | 500 | 400 | 600 | 5 500 |
| 差旅费 | 200 | 190 | 230 | 1 860 |
| 租赁费 | 1 000 | 800 | 1 100 | 9 800 |
| 低值易耗品摊销 | 210 | 201 | 210 | 1 900 |
| 销售部门办公费 | 180 | 162 | 200 | 1 760 |
| 委托代销手续费 | 79 | 70 | 80 | 700 |
| 销售服务费 | 120 | 100 | 120 | 1 100 |
| 折旧费 | 3 000 | 2 700 | 3 100 | 2 750 |
| 其他 | 115 | 112 | 120 | 1 050 |
| 合　　计 | 13 376 | 12 060 | 14 102 | 87 485 |

表 5－4 中本年计划数应该根据本年产品销售费用计划填列；上年同期实际数应该根据上年同期本表的累计实际数填列；本月实际数应该根据销售费用明细账的本月发生数合计填列；本年累计实际数应该根据销售费用明细账的本月末累计发生数填列。

管理费用明细表的编制类似于制造费用明细表和销售费用明细表的编制方法。

# 任务二　成本报表的分析

成本报表分析主要是利用成本资料和其他相关资料，全面了解成本变动情况，系统研究影响成本升降的因素及形成的原因，寻求降低成本的途径，挖掘降低成本的潜力，以取得更大的经济效益。

## 子任务一　成本分析的方法

成本分析的方法是指成本分析时所采用的具体技术方法，是完成成本分析目标的重要手段。通常采用的成本分析具体方法有：比较分析法、比率分析法、连环替代分析法等。

## 一、比较分析法

比较分析法是把两个经济内容相同、时间或空间地点不同的经济指标相减从而进行分析的一种方法。比较分析法是日常分析工作中最常用的一种方法。

比较分析法是一种绝对数的比较分析，只适用于同类型企业、同质指标进行对比分析。

**小提示：**

采用比较分析法时，应注意进行比较的成本指标，在经济内容、计算方法、计算期间和影响指标形成的客观条件等方面的可比性。如果相比的指标之间有不可比因素，应先按可比的口径进行调整，然后再进行对比。

由于分析者的目的不同，对比的基数也有所不同。一般来说对比的基数有计划数（预算数）、以往年度同期实际数，以及本企业历史最好水平和国内国外同行业先进水平。

1. 本期实际与本期计划比较。主要是了解计划的完成情况，找出脱离计划的差距已经差距产生的原因。

2. 本期实际与上期或以前同期实际比较。主要是了解成本变化的趋势，找出差距，总结经验，吸取教训，不断改进成本管理工作。

3. 本期实际与国内外同行业先进水平比较。主要了解本企业与国内外先进企业之间的差距，以便采取措施，挖掘潜力，提高竞争力。

**小思考：**

企业的本期实际与本期计划比较是静态对比还是动态对比？本期实际与上期实际的比较呢？这些对比有什么作用？

## 二、比率分析法

比率分析法是通过计算有关指标之间的相对数，即比率，进行分析评价的一种方法。比率分析法一般有以下三种形式。

1. 相关比率分析法

相关比率分析法是通过计算两个性质不完全相同而又相关的指标的比率进行分析的一种方法。通常计算的相关比率指标有：

产值成本率 = 成本/产值 ×100%

销售收入成本率 = 成本/销售收入 ×100%

成本利润率 = 利润/成本 ×100%

存货周转率 = 销售成本/存货平均占用额

2. 构成比率分析法

构成比率分析法是计算某项指标的各个组成部分占总体的比重，即部分与总体的比率，进行数量分析一种方法。

直接材料费用占产品成本的比率 = 直接材料费用/产品成本 ×100%

管理费用占期间费用的比率 = 管理费用/期间费用总额 ×100%

3. 趋势比率分析法

趋势比率分析法是指对某项经济指标不同时期数值进行对比，求出比率，分析其增减速度和发展趋势的一种分析方法。由于计算时采用的基期数值不同，趋势比率又分为定基比率和环比比率两种形式。

定基比率 = 比较期数值/固定基期数值 ×100%

环比比率 = 比较期数值/前一期数值 ×100%

比率分析法的主要优点在于，通过比率计算，可以把某些不可比的企业变成可比的企业，便于外部或内部决策者选择投资方案时进行比较分析。但比率法也存在不足之处：①比率的数字只反映比值，不能说明其绝对额的变动；②比率分析法与比较分析法一样，无法说明指标变动的具体原因。成本分析的目标，一方面是发现问题，更重要的还是查明原因。

## 三、连环替代法

### （一）含义

连环替代法是根据因素之间的内在依存关系，依次测定各因素变动对经济指标差异影响的一种分析方法。

### （二）连环替代法的分析程序

1. 分解指标因素并确定因素的排列顺序

将影响某项经济指标完成情况的因素，按其内在依存关系，分解其构成因素，并按一定的顺序排列这些因素。

2. 逐次替代因素

每次将其中一个因素由基期数替换成分析期数，其他因素暂时不变。每个因素替换为分析期数后不再返回为基期数。后面因素的替换均是在前面因素已经替换成分析期数的基础上进行的。如此类推，有几个因素需要替换几次，逐一地替换。

3. 确定影响结果

每个因素替换以后，均会得出一个综合指标的结果，将每个因素替换以后的结果与替换以前的结果相减，即可得出该替换因素变动对综合指标的影响数额。

4. 汇总影响结果

将已计算出来的各因素的影响额汇总相加与综合指标变动的总差异比较，确定其计算的正确性。

连环替代法的主要作用在于分析计算综合经济指标变动的原因及其各因素的影响程度。

**小提示：**

连环替代法的特点：

（1）连环替代的顺序性。替换的顺序是先数量后质量，先实物后价值，先主后次。

（2）替代因素的连环性。连环替代法是严格按照各因素的排列顺序逐次以一个因素的实际数替换其基数。除第一次替换外，每各因素的替换都是在前一个因素替换的基础上进行的。

（3）计算结果的假设性。运用这一方法在测定某一因素影响是，是以假定其他因素不变为条件的。

### （三）连环替代法的运用

设某一分析指标 R 是由相互联系的 A、B、C 三个因素相乘得到，报告期（或实际）指标和基期（或计划）指标为：

报告期（或实际）指标 R1 = A1 × B1 × C1

基期（或计划）指标 R0 = A0 × B0 × C0

在测定各因素变动对指标 R 的影响程度时可按顺序进行：

基期（或计划）指标 R0 = A0 × B0 × C0 － － － － － － －（1）

第一次替代 R1 = A1 × B0 × C0 － － － － － － －（2）

第二次替代 R1 = A1 × B1 × C0 － － － － － － －（3）

第三次替代 R1 = A1 × B1 × C1 － － － － － － －（4）

（2）—（1）→A 变动对 R 的影响。

（3）—（2）→B 变动对 R 的影响。

（4）—（3）→C 变动对 R 的影响。

把各因素变动综合起来，总的影响△R = R1 － R0 。

**【例 5 －1】** 某企业甲产品耗用材料有关资料如表 5 －5 所示。

**表 5 －5 甲产品直接材料消耗表**

| 项　　目 | 计划数 | 实际数 |
|---|---|---|
| 产品产量（件） | 1 000 | 1 100 |
| 单耗（千克） | 100 | 95 |
| 材料单价（元） | 15 | 15. 5 |
| 材料费用（元） | 1 500 000 | 1 619 750 |

根据上述资料，采用连环替代法分析计算如下：

分析对象：总差异 = 1 619 750 - 1 500 000 = 119 750（元）

分析因素：材料费用 = 产品产量 × 单耗 × 材料单价

计划材料费用 = 1 000 × 100 × 15 = 1 500 000（元）

第一次替代：1 100 × 100 × 15 = 1 650 000……………150 000（产量变动影响）

第二次替代：1 100 × 95 × 15 = 1 567 500……………… -82 500（单耗变动影响）

第三次替代：1 100 × 95 × 15.5 = 1 619 750……………52 250（单价变动影响）

各因素影响合计 = 150 000 - 82 500 + 52 250 = 119 750（元）

通过上面的分析可以看出，甲产品材料费用本期超支 119 750 元，主要是由于产品产量增加 100 件，带来产品材料成本上升了 150 000 元；同时单耗降低节约了材料费用 82 500 元；而材料单价的上升又使材料成本增加了 52 250 元，三个因素综合作用使产品材料费用本期实际和计划相比增加了 119 750 元。

**小思考：**

上述例题中分析时，若将三个因素的分析顺序颠倒，请问三因素的分析结果与上面分析一样吗？各因素影响合计是否与上面计算结果一致？为什么？

## 子任务二　商品产品成本计划完成情况分析

商品产品成本计划完成情况分析主要是将本期实际成本与计划成本进行对比来评价计划完成情况的。

我们以彩虹电子厂 201×年 12 月的资料来进行具体分析。见表 5 - 6。

成本计划完成情况分析，应该根据表中所列全部产品和各种主要产品的本月实际总成本和本年累计实际总成本，分别与其本月计划总成本和本年累计计划总成本进行比较，确定全部产品和各种主要产品实际成本与计划成本的差异，确定实际成本相对应计划成本的降低额和降低率，了解成本计划的执行结果。由于商品产品成本表中的计划总成本是按实际产量计算的，因此，进行对比的商品产品计划总成本是按照经过调整后的实际产量计算的计划总成本，这样就剔除了产量变动和品种结构变动对总成本的影响。

表 5 - 6 中全部产品本月实际总成本 75 430 元，本年累计实际总成本 886 555 元，均低于全部产品本月计划总成本 75 750 元和本年累计计划总成本 888 680 元。总的看来，成本计划执行结果是比较好的。但是按产品品种来看，各种产品成本计划的执行结果并不相同：甲、丙两种产品的本月实际总成本均低于计划，丙种产品本年累计实际总成本也低于计划；甲、乙两种产品的本年累计实际总成本和乙种产品的本月实际总成本都高于计划。可见而知，丙种产品的成本计划完成的比较好；乙种产品的成本计划完成的不好；甲种产品的成本计划从全年来看完成的也不够好。应该进一步进行分析，以便查找原因，巩固成绩，克服缺点，更好地完成成本计划。

表 5－6　商品产品成本表

编制单位：彩虹电子厂　　　　201 x 年 12 月

| 产品名称 | 实际产量 | | | 单位成本/元 | | | 本月总成本/元 | | | 本年累计总成本/元 | | |
|---|---|---|---|---|---|---|---|---|---|---|---|---|
| | 本月 | 本年累计 | 上年实际平均 | 本年计划 | 本月实际 | 本年累计实际平均 | 按上年实际平均单位成本计算 | 按本年计划单位成本计算 | 本月实际 | 按上年实际平均单位成本计算 | 按本年计划单位成本计算 | 本年实际 |
| 可比产品： | | | | | | | 43 150 | 43 230 | 43 510 | 508 200 | 509 280 | 511 705 |
| 甲产品 | 100 | 1 100 | 163. 10 | 162. 3 | 161. 50 | 162. 50 | 16 310 | 16 230 | 16 150 | 179 410 | 178 530 | 178 750 |
| 乙产品 | 200 | 2 450 | 134. 20 | 135. 0 | 136. 80 | 135. 90 | 26 840 | 27 000 | 27 360 | 328 790 | 330 750 | 332 955 |
| 不可比产品： | | | | | | | | 32 520 | 31 920 | | 379 400 | 374 850 |
| 丙产品 | 300 | 3 500 | | 108. 4 | 106. 40 | 107. 10 | | 32 520 | 31 920 | | 379 400 | 374 850 |
| 全部产品成本合计 | | | | | | | | 75 750 | 75 430 | | 888 680 | 886 555 |

补充资料：1. 可比产品成本降低额：－3 505　　（本年计划降低额为－1 080）

2. 可比产品成本降低率：－0. 69%　　（本年计划降低率为－0. 216%）

企业还可以根据表中的数据计算全部商品产品成本降低额和全部商品可比产品成本降低率。

全部商品产品成本降低额 = 产品实际总成本 − ∑（实际产量 × 计划单位成本）

$$全部商品产品成本降低率 = \frac{全部商品产品成本降低额}{\sum \times（实际产量 \times 计划单位成本）}$$

根据表 5 −6 资料计算出的全部商品产品成本降低额和降低率见表 5 −7。

从表 5 −7 中可以看出，该企业全部商品产品成本实际比计划降低了 2 125，降低率为 0. 239%。从各产品来看，可比产品均未完成成本计划，其中甲产品超支率为 0. 123%，乙产品超支率为 0. 667%，不可比产品丙产品完成了计划，降低率为 1. 199%。

**表 5 −7 全部商品产品成本计划完成情况分析表**　　单位：元

| 产品名称 | 计划总成本 | 实际总成本 | 降低额 | 降低率 |
|---|---|---|---|---|
| 可比产品 | 509 280 | 511 705 | −2 425 | −0. 476% |
| 甲产品 | 178 530 | 178 750 | −220 | −0. 123% |
| 乙产品 | 330 750 | 332 955 | −2 205 | −0. 667% |
| 不可比产品： | 379 400 | 374 850 | 4 550 | 1. 199% |
| 丙产品 | 379 400 | 374 850 | 4 550 | 1. 199% |
| 合　　计 | 888 680 | 886 555 | 2 125 | 0. 239% |

## 知识链接 5—1

### 可比产品成本降低任务完成情况分析

可比产品成本分析的目的，在于揭示可比产品成本降低任务的完成情况，查明影响可比产品成本升降的因素及其影响程度，进一步弄清成本升降的原因。

可比产品成本分析的步骤

首先，确定分析对象。企业可比产品成本降低任务完成情况的分析对象是可比产品实际成本降低额与计划成本降低额的差额，以及可比产品实际成本降低率与计划成本降低率之间的差异。

然后，确定影响成本降低任务完成的因素。从一种产品看来影响因素是单位产品成本；从多种产品看来，除产品的单位成本外，还有产品品种结构和产量。

最后，计算各因素变动的影响。单位成本变动的影响可用下列公式计算：

单位成本变动对成本降低额的影响

= 可比产品的实际产量按计划成本计算的总成本 − 可比产品的实际总成本

单位成本变动对成本降低率的影响

= 产品单位成本变动影响的成本降低额/实际产量按上年实际平均单位成本计算的总成本 × 100%

实际降低额 = 全部可比产品的实际产量按上年实际平均单位成本计算的总成本 − 全部

可比产品的实际产量按本年实际单位成本计算的总成本

实际降低率 = 实际降低额/全部可比产品的实际产量按上年实际单位成本计算的总成本 ×100%

根据表 5 -6 资料，假定甲、乙两种产品都是可比产品，依据上面公式，计算该企业全部可比产品的成本降低额和降低率：

实际降低额 = 511 705 - 508 200 = -3 505 （元）

实际降低率 = -3 505/508 200 ×100% = -0.69%

## 子任务三　主要产品单位成本表分析

### 一、主要产品单位成本表分析的内容

主要产品单位成本分析包括两方面的内容，一是主要产品单位成本的一般分析，二是主要产品单位成本的分项目分析。

主要产品单位成本的一般分析

分析资料见表 5 -8：

**表 5 -8　主要产品单位成本表**

企业名称：秦江电子厂　　　　201× 年 12　月

产品名称：乙　　　　产品销售价格：168 元

产品规格：××　　　　本月实际产量：200 件

计量单位：件　　　　本月累计实际产量：2450 件

| 成本项目 | 历史先进水平（年/元） | 上年实际平均（元） | 本年计划（元） | 本月实际（元） | 本年累计实际平均（元） |
|---|---|---|---|---|---|
| 直接材料 | 67.10 | 67.30 | 67.00 | 68.00 | 67.00 |
| 直接人工 | 29.00 | 29.00 | 30.00 | 30.45 | 30.10 |
| 制造费用 | 37.90 | 37.90 | 38.00 | 39.20 | 38.80 |
| 产品单位成本 | 134.00 | 134.20 | 135.00 | 136.80 | 135.90 |
| 主要技术经济指标 | 耗用量 | 耗用量 | 耗用量 | 耗用量 | 耗用量 |
| A 材料 | 4.2 公斤 | 4.1 公斤 | 4 公斤 | 3.4 公斤 | 3.5 公斤 |
| B 材料 | | | | | |

从表 5 -8 中不难看出，乙产品的的本年累计实际平均成本和本月实际成本不仅高于本年计划成本，而且高于上年实际平均成本和历史先进水平，可见超支是很严重的。

下面是乙产品最近 5 年的资料，我们可以对其进行趋势分析。第 1 年（假设是历史先进水平）134 元，第 2 年 134.60 元，第 3 年 135.20 元，第 4 年 134.20 元，第 5 年 135.902 元。

以第 1 年为基数，计算如下：

第 2 年：134.60/134 ×100% =100.45%

第 3 年：135.20/134 ×100% =100.90%

第 4 年：134.20/134 ×100% =100.15%

第 5 年：135.90/134 ×100% =101.42%

通过分析可以看出乙产品的单位成本以后 4 年均高于第 1 年，只是提高的程度各不相同；第 5 年提高最多，第 4 年提高最少。

## 二、主要产品单位成本的分项目分析

1. 直接材料费用的分析

假定上述乙种产品本年计划材料消耗数量为 4 公斤，材料计划价格是 16.75 元/公斤，计划直接材料费用为 67 元；本月实际材料消耗数量为 3.4 公斤，材料实际价格是 20.00 元，实际直接材料费用为 68 元。现在用差额分析方法计算耗用数量及价格对直接材料费用的影响：

材料消耗数量变动的影响 =（3.4 −4）×16.75 = −10.05（元）

材料价格变动的影响 =（20 −16.75）×3.4 =11.05（元）

两因素影响合计 = −10.05 +11.05 =1（元）

分析结果表明，由于材料消耗量节约使得材料费用降低了 10.05 元，由于材料价格的提高使得材料费用超支了 11.05 元，两者相抵超支了 1 元。可见，材料消耗量的节约掩盖了绝大部分价格提高带来的费用超支。

2. 直接人工费用分析

单位产品中的直接人工费用分析，应结合不同的工资制度来进行。计件工资制度下，影响单位产品中直接人工的因素是计件单价；而在计时工资制度下，单位成本中的直接人工费用的影响因素有单位产品所耗工时和每小时工资费用两项。现以秦江电子厂为例，有关资料如表 5 −9 所示。

**表 5 −9 秦江电子厂直接人工分析资料表**

| 项 目 | 计 划 | 实 际 | 差 异 |
|---|---|---|---|
| 单位产品直接人工 | 30.00 | 30.45 | +0.45 |
| 单耗工时 | 3 | 2.90 | −0.10 |
| 小时工资率 | 10.00 | 10.50 | +0.5 |

根据表 5 −9 资料，可以分析秦江电子厂影响单位产品直接人工费用的两个因素：

单耗工时变动影响 =（实际工时 − 计划工时）×计划小时工资率

=（2.9 −3）×10 = −1.00（元）

小时工资率变动影响 = （实际小时工资率 - 计划小时工资率）×实际单耗工时

= （10.5 - 10）×2.9 = +1.45（元）

二者共同作用的影响 = -1.00 + 1.45 = +0.45（元）

从以上分析可以看出，乙产品单位成本中直接人工实际比计划增加了 0.45 元，主要是由于小时工资率上升影响的结果。

3. 制造费用分析

一般来说制造费用分析与计时工资制下直接人工费用的分析类似，可以从单位产品所耗工时和每小时制造费用率两因素入手进行。

单耗工时变动影响 = （实际工时 - 计划工时）×计划小时制造费用率

小时制造费用率变动影响 = （实际小时制造费用率 - 计划小时制造费用率）×实际单耗工时

在分析两因素变动影响的基础上，进一步查明这两个因素变动的具体原因，为企业挖掘潜力、降低制造费用提供决策的依据。

**小思考：**

企业管理者想给职工提高工资，可又不想提高单位产品的人工成本，你能帮他筹划一下吗？

## 项目小结

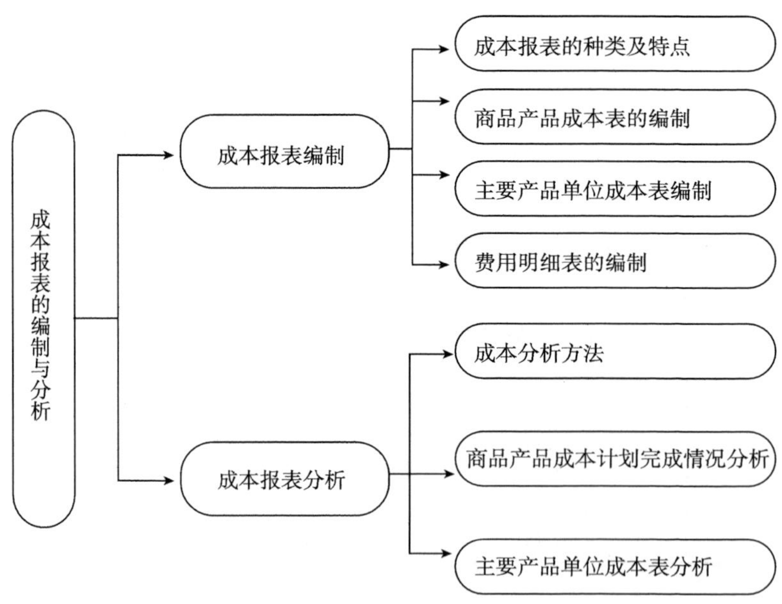

## 职业能力训练

### 一、单项选择题

1. 下列不属于成本报表的是（　　）。

A. 商品产品成本表　　B. 主要产品单位成本表

C. 现金流量表　　D. 制造费用明细表

2. 成本报表属于（　　）。

A. 对内报表

B. 对外报表

C. 既是对内报表，又是对外报表

D. 对内还是对外，由企业自选确定

3. 在“主要产品单位成本表”中，不需要反映的指标是（　　）。

A. 上年实际平均单位成本　　B. 本年计划单位成本

C. 本月实际单位成本　　D. 本月实际总成本

4. 反映企业报告期内所生产的各种主要产品的单位成本的构成情况及其水平的报表是（　　）。

A. 主要产品单位成本表　　B. 商品产品成本表

C. 制造费用明细表　　D. 期间费用明细表

5. 主要产品单位成本的一般分析，通常首先采用（　　）进行分析。

A. 对比分析法　　B. 趋势分析法　　C. 比率分析法　　D. 连环替代法

### 二、多项选择题

1. 工业企业一般编制的成本报表主要有（　　）。

A. 商品产品成本表　　B. 销售产品成本表

C. 主要产品单位成本表　　D. 制造费用明细表

E. 期间费用明细表

2. 编制成本报表的基本要求是（　　）。

A. 数字准确　　B. 格式统一

C. 内容完整　　D. 方法统一

E. 编报及时

3. 在商品产品成本表中反映的指标有（　　）。

A. 全部商品产品的总成本　　B. 全部商品产品的单位成本

C. 主要商品产品的总成本　　D. 主要商品产品的单位成本

E. 主要商品产品的单耗

4. 商品产品成本表中对于可比产品需要列出的单位成本有（　　）。

A. 上年实际平均单位成本　　B. 本年计划单位成本

C. 本月实际单位成本　　D. 本年累计实际平均单位成本

E. 历史最好水平单位成本

5. 企业编制的成本报表中，除了商品产品成本表和主要产品单位成本表外，还要编制的其他成本报表有（　　）。

A. 制造费用明细表　　B. 财务费用明细表

C. 管理费用明细表　　D. 营业费用明细表

E. 产品单位成本明细表

6. 某企业1999年和2000年有关材料费用、产品产量、材料单耗和材料单价的资料见下表：

| 指　标 | 1999 年 | 2000 年 |
| --- | --- | --- |
| 材料费用（元） | 40 000 | 46 200 |
| 产品产量（件） | 1 000 | 1 100 |
| 材料单耗（千克） | 8 | 7 |
| 材料单价（元） | 5 | 6 |

如果用连环替代法分析时，产品产量变动对材料费用的影响额是（　　）元。

A. +4000　　B. −5500　　C. +7700　　D. +6200

7. 见第6题，在采用连环替代法分析时，材料单耗变动对材料费用的影响额是（　　）元。

A. +4000　　B. −5500　　C. +7700　　D. +6200

8. 见第6题，在采用连环替代法分析时，材料单价变动对材料费用的影响额是（　　）元。

A、+4000　　B. −5500　　C. +7700　　D. +6200

9. 见第6题，在采用连环替代法分析时，各因素变动对材料费用的综合影响额是（　　）元。

A. +4000　　B. −5500　　C. +7700　　D. +6200

10. 影响可比产品成本降低任务完成情况的因素有（　　）。

A. 产品产量　　B. 产品品种构成

C. 产品单位成本　　D. 产品总成本

**三、判断题**

1. 商品产品成本表是反映企业在报告期内生产的全部商品产品的总成本的报表。（　　）

2. 企业编制的成本报表一般不对外公布，所以，成本报表的种类、项目和编制方法可由企业自行确定。（　　）

3. 企业编制的所有成本报表中，“商品产品成本表”是最主要的报表。（　　）

4. 产品生产成本表的基本报表部分，反映可比产品、不可比产品和全部产品的本月

总成本和本年累计总成本。(  )

5. 产品生产成本表的补充资料部分，只反映可比产品成本的降低率资料。(  )

6. 制造费用明细表是对产品生产成本表的补充说明。(  )

**四、思考题**

1. 怎样对全部商品产品成本进行分析？分析时应该注意什么问题？

2. 可比产品成本降低任务完成情况的分析对象如何确定和计算？

3. 运用连环替代法进行分析时，应注意哪些问题？

4. 为什么要对产品单位成本进行分析？具体分析怎样进行？

**五、实训操作**

1. 某企业生产甲产品，有关资料如下：

(1) 单位甲产品耗用原材料的资料：

| 项 目 | 上年实际平均 | 本年计划 | 本期实际 |
|---|---|---|---|
| 原材料消耗量（千克） | 950 | 900 | 890 |
| 原材料单价（元） | 1.96 | 2.10 | 2.30 |

(2) 主要产品单位成本表：　　金额单位：元

| 成本项目 | 上年实际平均 | 本年计划 | 本年实际 |
|---|---|---|---|
| 直接材料 | 1 862 | 1 890 | 2 047 |
| 直接人工 | 150 | 168 | 164 |
| 制造费用 | 248 | 212 | 209 |
| 合计 | 2 260 | 2 270 | 2 420 |

要求：根据上述资料，分析甲产品单位成本变动情况，并分析影响原材料费用变动的因素和各因素对变动的影响程度。

2. 某企业有关产品产量、单位成本和总成本的资料如下：　　金额单位：元

| 产品名称 | | 实际产量 | | 单位成本 | | 总成本 | |
|---|---|---|---|---|---|---|---|
| | | 本月 | 本年累计 | 上年实际平均数 | 本年计划 | 本月实际 | 本年累计实际 |
| 可比产品 | A 产品 | 100 | 900 | 800 | 780 | 75 000 | 684 000 |
| | B 产品 | 30 | 500 | 500 | 480 | 13 500 | 235 000 |
| | C 产品 | 80 | 1 100 | 700 | 710 | 55 200 | 748 000 |
| 不可比产品 | D 产品 | 300 | 3 200 | | 1 150 | 375 000 | 3 520 000 |
| | E 产品 | 600 | 7 800 | | 1 480 | 894 000 | 11 076 000 |

要求：根据上述资料，编制如下“商品产品成本表”。

**商品产品成本表**

| 产品名称 | 实际产量 | | 单位成本 | | | | 本月总成本 | | | 本年累计总成本 | | |
|---|---|---|---|---|---|---|---|---|---|---|---|---|
| | 本月 | 本年累计 | 上年实际平均 | 本年计划 | 本月实际 | 本年累计实际平均 | 上年实际平均单位成本计算 | 本年计划单位成本计算 | 本月实际 | 上年实际平均单位成本计算 | 本年计划单位成本计算 | 本年实际 |
| | 1 | 2 | 3 | 4 | 5 | 6 | 7 | 8 | 9 | 10 | 11 | 12 |
| 可比产品成本合计 | | | | | | | | | | | | |
| A | | | | | | | | | | | | |
| B | | | | | | | | | | | | |
| C | | | | | | | | | | | | |
| 不可比产品成本合计 | | | | | | | | | | | | |
| D | | | | | | | | | | | | |
| E | | | | | | | | | | | | |
| 全部商品产品成本合计 | | | | | | | | | | | | |

# 项目六　其他行业成本计算

## 职业能力目标：

### 技能目标

1. 能区分其他行业与生产企业成本计算的不同；
2. 能熟练进行商品流通企业成本的核算；
3. 能独立进行施工企业成本核算；
4. 能独立进行物流企业成本核算；
5. 能独立进行房地产开发企业成本核算。

### 知识目标

1. 了解商品流通企业，施工企业，物流企业，房地产企业的成本内容；
2. 熟悉商品流通企业，施工企业，物流企业，房地产企业的成本核算流程；
3. 掌握商品流通企业，施工企业，物流企业，房地产企业的成本核算方法。

### 案例导入

阳光商贸是一家专门从事商品批发的公司，春天百货是一家从事商品零售的小型超市，阳光商贸和春天百货都从相同的生产厂家购进一批旅行包，它们在核算各自的采购成本及销售成本上有区别吗？它们各自有哪些核算方法？

## 任务一　商品流通企业成本计算

### 子任务一　商品流通企业成本费用的内容和账户设置

商品流通企业即商业企业，是指以从事商品流通（买卖）为主营的企业，是商品流通中交换关系的主体。主要包括：商业、供销合作社、粮食、外贸、物资供销、图书发行等企业。如商场、大中小型超市、粮店，等等。因商品流通企业的经济活动主要是流通领域中的购销存活动，所以这类企业的核算主要侧重于商品采购成本、商品销售成本及库存商品成本的核算。

**小提示：**

商品流通企业的基本职能：组织商品购进；搞好商品销售；合理储备商品。

## 一、商品流通企业的经营特点

与工业企业等其他行业企业的经营活动相比较，商品流通企业在经营方面主要有三个特点：

### （一）商品流通企业经营活动的主要内容是商品购销

商品流通企业主要从事各类商品的购进和销售业务，不生产产品，因而经济业务事项主要产生于流通领域。

### （二）商品资产在企业全部资产中占有较大的比例，是企业资产管理的重点

商品流通企业由于没有生产过程，也就没有生产时所需要的一些机器设备，因此，企业资产的主要构成部分就是商品存货，而且存货的品种规格又特别繁多，流转频率快，容易造成资产的损失。因此，商品资产是企业资产管理的重点内容。

### （三）企业营运中资金活动的轨迹是“货币——商品——货币”

商品的流转伴随着资金运动。在商品采购阶段，我们将支付货币资金采购回商品，资金形态从货币资金转化为商品资金；在商品销售阶段，商品一旦实现销售，资金形态又从商品资金转化为货币资金。这与工业企业的资金运动的轨迹“货币资金——储备资金——生产资金——成品资金——货币资金”明显不同。

## 二、商品流通企业成本费用的内容

商品流通企业主要通过低价格购进商品，高价格出售商品的方式实现商品进销差价，以此差价弥补企业各项费用和税金，从而获得利润。商品流通企业的成本费用也就是其在采购环节、销售环节及日常经营管理过程中所剩的费用。因此，商品流通企业的成本费用可以分为商品购进过程中的进价成本，销售过程中的销售成本，以及在日常经营过程中的销售费用、管理费用、财务费用，这些费用统称为商品流通费用。

### （一）商品采购成本

商品采购成本是指因购进商品而发生的有关支出。按照存货准则规定，企业外购商品的采购成本，指企业物资从采购到入库前所发生的全部支出，包括购买价款、相关税费、运输费、保险费以及其他可归属于存货采购成本的费用。实务中，企业也可以将发生的运输费、装卸费、保险费以及其他可归属于存货采购成本的进货费用先进行归集，期末，按照所购商品的存销情况进行分摊。对于已销商品的进货费用，计入主营业务成本；对于未销售商品的进货费用，计入期末存货成本。若商品流通企业采购商品的进货费用金额较小

的，可以在发生时直接计入当期销售费用。

### （二）商品销售成本

商品销售成本是指已销商品的进价成本，即采购成本。由于商品流通企业商品品种规格繁多，商品的进货渠道、数量、时间等不同，按照每种商品直接确定原采购成本难度较大。一般情况下，商品销售成本都要采用一定的方法来计算确定。

### （三）商品流通费用

商品流通费用是指商品流通过程中发生的不能计入商品购货成本和销售成本的期间费用，包括销售费用、管理费用、财务费用。

1. 销售费用

指企业在销售商品、提供劳务过程中发生的各项期间费用，包括装卸费、包装费、整理费、保险费、展览费、广告费、专设销售机构人员的工资及福利费等，也包括金额较小的进货费用。

2. 管理费用

指管理部门为组织和管理经营活动而发生的费用，包括业务招待费、工会经费、技术开发费、职工教育经费、劳动保险费、咨询费、诉讼费、商标注册费、技术转让费、折旧费、修理费、房产税、土地使用税、印花税、车船使用税，以及管理人员工资及福利费等。

3. 财务费用

指企业为筹集经营所需资金而发生的费用，包括利息支出以及金融机构手续费等。

除此之外，商品流通企业还会发生其他支出，主要有：

（1）营业税金及附加，指由于销售商品而应负担的税金，包括增值税，城市维护建设税，教育附加等。

（2）其他业务成本，指除商品销售以外的其他销售或提供其他劳务所发生的支出。

（3）营业外支出等。

## 三、核算需要设置的主要账户

商品流通企业在经营过程中所设置的账户，除某些具体核算内容具有自身特点与工业制造业稍有不同外，其他基本一致。主要账户有：

### （一）“材料采购”账户

1. 性质：资产类账户

2. 用途：核算企业购入商品的采购成本。

（1）购入商品不论是否进入本企业仓库，凡是通过企业结算货款的，都在该账户核算。

（2）目前尚未实行企业会计准则，而是执行“企业会计制度”的企业，商品流通企业采购商品也可不通过该账户核算，对因采购商品而在期末发生的在途商品通过“在途物资”账户，按在途物资核算方法进行核算。

3. 结构

借方：登记货款已付，商品尚未入库的采购成本；

贷方：登记商品验收入库的采购成本；

借方余额：表示货款已付，但商品尚未入库的在途商品的采购成本。

### （二）“库存商品”账户

1. 性质：资产类账户

2. 用途：核算企业外购或委托加工完成验收入库用于销售的各种商品，包括存放在仓库、门市部和寄存在外库的商品、委托其他单位代管代销的商品等。

3. 结构：

借方：登记商品的购进、调入、盘盈之数额；

贷方：登记商品的调出、销售、盘亏之数额；

借方余额：表示库存商品的实存数额。

4. 明细分类账：按照商品的品种、规格、等级设置

### （三）“商品进销差价”账户

1. 性质：资产类账户，“库存商品”账户的抵减账户。

2. 用途：核算商品流通企业采用售价核算的商品售价与进价之间的差额。

3. 结构：

贷方：（1）售价大于进价的差价（商品购入时售价与进价的差额）；

（2）商品调价和商品溢余增值等因素增加的差额；

借方：（1）售价小于进价的差额（销售后结转的商品进销差价）；

（2）销售商品已实现的差价以及商品短缺和调价减值等因素转销的差额。

余额：表示实际“库存商品”的进销差价（反映库存存货的售价与进价的差额）。

**小提示：**

“商品进销差价”主要是商品零售企业所设置的账户，此时商品零售企业的“库存商品”账户的收、发、结、存均按售价计价。

### （四）“销售费用”账户

1. 性质：损益类账户

2. 用途：

（1）销售过程中发生的运输费、装卸费、包装费、保险费、展览费、广告费；

（2）金额较小的进货费用。

**小提示：**

不单独设置“管理费用”账户的商品流通企业，其核算内容也在“销售费用”账户核算。

## 知识链接6—1

### 商品流通企业经营过程和资金运动特点

一、主要经营过程——商品流转过程

1. 商品流转：

指工农业产品通过买卖方式，从生产领域转移到消费领域的转移过程。

2. 两个阶段：

①商品购进、

②商品销售

3. 两个环节：

①批发商品流转：商品在批发环节的流转活动，是整个商品流转的起点和中间环节；

②零售商品流转：商品在零售环节的流转活动，是商品流转的终点。

二、资金运动

（1）资金：商品、物资和财产的货币表现就是资金。

（2）运动形式：

“货币　——“ 商品 ”——　货币”

（3）商业资金运动与工业资金运动区别

| 类别 | 工　业 | 商　业 |
|---|---|---|
| 过程 | 供应、生产、销售， | 购进、销售 |
| 形态 | 货币资金、储备资金、生产资金、成品资金 | 货币资金、商品资金 |

（4）过程与形态

①购进过程中，通过购买商品，支付货款及费用，使货币资金转化为商品资金；

②在销售过程中，通过销售商品取得收入，使商品资金又转化为货币资金。

（5）资金运动：

随着商品购销活动的进行，资金不断地转化形态，这种周而复始的循环周转，构成商品流通企业的资金运动。

（6）资金状态：

①资金静态：指资金在某一时点上的暂时停留状态，表现为企业的资产、负债和所有者权益。

②资金动态：指资金经营活动时刻处于运动变化状态，表现为循环和周转、资金的耗费和收回、不断改变形态的周期性和周转过程。

## 子任务二　商品流通企业采购成本核算

### 一、商品批发企业采购成本

商品批发企业的客户主要是生产和零售企业，它的购销数量较大，批发商品的储备量也大，经营商品的品种规格复杂多样，而且商品批发企业规模较大，管理比较规范，因此商品批发企业一般采用“数量进价金额法”核算成本。

#### （一）批发企业核算特点

采用数量、金额核算的方法。即同时采用数量和金额两种计量单位进行双重核算，反映商品的进、销、存情况。

1. “库存商品”的总分类账和明细分类账统一按进价记账。

2. “库存商品”明细分类账按商品的编号、品名、规格、等 级分户，登记数量和金额。

3. 设置类目账（又称二级账），按商品大类分户，控制明细分类账。

4. 在业务部门和仓库设置商品调拨账和商品保管账，分户方法与“库存商品”明细账相同，只记数量，不记金额，以随时掌握各种商品数量变化情况。

5. 根据商品不同特点，采用不同方法，定期计算和结转已销商品的进价成本。

#### （二）批发商品购进过程的主要经济业务核算

1. 批发商品的流转过程三个环节 ：商品购进、销售、储存。

2. 批发商品购进：

含义：指企业为了销售或加工后销售，通过货款结算而购进商品的交易行为。

时间：以支付货款和收到商品的时间作为核算购进入账时间。

种类：分为本地购进和外地购进。

经济业务：购买商品，支付货款及费用。

①货款已付，商品未到；

②商品已到，货款未付；

③商品到达同时支付货款等情况。

**【例6－1】**　向本地某工厂购入棉毛衫1 000件，每件56元，共计56 000元。进项增值税税率17%，计9 520元。商品已运到，并验收入库，货款以银行存款支付。

| | | |
|---|---|---|
| 借：库存商品——棉毛衫 | 56 000 | |
| 　　应缴税费——应缴增值税（进项税额） | 9 520 | |
| 　　贷：银行存款 | | 655 200 |

【例6-2】 从外地某工厂购入香皂20 000块，每块1.10元，进项增值税税率17%；厂方代垫运费500元，应扣增值税35元，已通知银行支付，商品未到。

根据增值税暂行条例的相关规定：企业购进商品物资（含生产性可抵扣增值税固定资产）所支付的运输费用，根据运费结算单据（普通发票）所列金额，按7%的扣除率计算进货税额，准予扣除。但随同运费支付的装卸费、保险费等其他杂费，不得计算扣除进项税额。

进项税额（增值税）=500×7%=35元

会计分录：

| |  |  |
|---|---|---|
| 借：在途物资 | 22 465 | |
| 应缴税费——应缴增值税（进项税额） | 3 775 | |
| 贷：银行存款 | | 26 240 |

**小提示：**

按照企业会计准则规定，商品流通企业采购商品时发生的运杂费用扣除完增值税后应计入采购成本。

【例6-3】 上项商品运到，经仓库点验入库。

| |  |  |
|---|---|---|
| 借：库存商品——香皂 | 22 465 | |
| 贷：在途物资 | | 22 465 |

【例6-4】 向本地批发站购入玻璃杯20 000个，每个进价1元。商品已到，验收入库，货款未付。

| |  |  |
|---|---|---|
| 借：库存商品——玻璃杯 | 20 000 | |
| 贷：应付账款——暂估应付账款 | | 20 000 |

## 二、商品零售企业采购成本

商品零售企业是指从批发商业企业或生产企业购进商品，再将商品直接出售给最终消费者的商业企业。商品零售企业的销售对象是直接消费者，零售企业经营品种多，交易次数频繁，平均每次交易额较小。属于一手交钱一手交货的现金交易，并不一定都要填制销售凭证。根据零售企业的经营特点，商品核算一般采用“金额”核算的方法反映商品进销存情况。只记金额，不记数量，按照商品入账价格的不同，分为“进价金额核算”和“售价金额核算”两种。“进价金额核算”法一般适用于金银珠宝等贵重商品和鲜活农产品，其他大部分零售企业一般采用“售价金额核算”法。“售价金额核算法”下所设置的主要账户有“库存商品”账户和“商品进销差价”账户。

【例6-5】 春天百货商店从当地批发市场购进旅行包20个，进价每只65元，增值税率17%，货款及进项税合计为1 521元，开出银行转账支票付讫。含税零售价每只

89 元。

企业财会部门收到增值税发票支付货款时应作分录如下：

借：材料采购——旅行包　1 300

　应缴税费——应缴增值税——进项税额　221

　　贷：银行存款　1 521

上项货物运达，仓库验收入库，根据送来的收货单和随货同行的增值税专用发票（发票联）审核无误后，结转商品采购成本，编制会计分录如下：

借：库存商品——旅行包　1 780

　　贷：材料采购 ——旅行包　1 300

　　　商品进销差价　480

**【例 6－6】**　某零售商店向市内批发公司购进下列甲、乙两种商品，进销价格如下：

1. 购进价及进项税额

**表 6－1**　单位：元

| | 商品进价 | 进项税额（17%） | 进价合计 |
|---|---|---|---|
| 甲商品 | 20 000 | 3 400 | 23 400 |
| 乙商品 | 10 000 | 1 700 | 11 700 |
| 合计 | 30 000 | 5 100 | 35 100 |

2. 销售价（包括销项税额）

**表 6－2**　单位：元

| | 商品进价 | 毛利率 | 毛利额 | 销项税额 | 销售价 |
|---|---|---|---|---|---|
| 甲商品 | 20 000 | 20% | 4 000 | 24 000 × 17% ＝4 080 | 28 080 |
| 乙商品 | 10 000 | 10% | 1 000 | 11 000 × 17% ＝1 870 | 12 870 |
| 合计 | 30 000 | | 5 000 | 5 950 | 40 950 |

3. 进销差价（即毛利）5 000 元

借：库存商品（零售价）　40 950

　应缴税费——应缴增值税（进项税额）　5 100

　　贷：商品进销差价（含税）（毛利额 5 000 元 ＋销项税额 5 950 元）　10 950

　　　银行存款　35 100

## 子任务三　商品流通企业销售成本核算

### 一、商品批发企业销售成本

商品销售成本是指已销商品的进价成本，即购货价格。由于批发商品的进货渠道、进

货批量、进货时间和付款条件的不同，同种规格的商品，前后进货的单价也可能不同。除了能分清批次的商品可以按原进价直接确定商品销售成本外，一般情况下，出售的商品都要采用一定的方法来确定一个适当的进货单价，以计算商品销售成本和确定库存价值，据以核算商品销售损益，反映经营成果。

**小提示：**

商品销售成本的计算程序，有顺算和倒算两种方法。

1. 顺算法：先计算商品销售成本，再据以计算期末结存金额。

本期商品销售成本 = 本期商品销售数量 × 进货单价

期末结存商品金额 = 期末结存数量 × 进货单价

2. 倒算法：先计算期末结存金额，再据以计算商品销售成本。

期末结存金额 = 期末结存数量 × 进货单价

本期商品销售成本 = 期初结存金额 + 本期增加金额 − 本期非销售减少金额 − 期末结存金额

批发企业商品销售成本的具体计算方法有以下五种：

### （一）先进先出法

先进先出法是假定按最早购入的商品进价作为出售或发出商品成本的一种方法，即先购入先销售。因此，每次发出的商品都假定是库存最久的存货，期末库存则是最近购入的商品。这种方法一般适用于先入库必须先发出的商品，如易变质的鲜活商品。

采用先进先出法计算商品销售成本，可以逐笔结转，不需计算商品单价，但工作量较大，如购进批次多，而单价又各异，则计算工作较为复杂，一般适用于经营品种简单的企业。

### （二）加权平均法

加权平均法是以每种商品库存数量和金额计算出加权平均单价，再以平均单价乘以库存数量或销售数量，计算出商品销售成本的一种方法。其计算公式为：

加权平均单价 =（期初库存金额 + 本期购入金额）/（期初库存数量 + 本期购入数量）

本期商品销售成本 = 本期销售数量 × 加权平均单价

期末库存金额 = 期末库存数量 × 加权平均单价

采用加权平均法计算的商品销售成本比较均衡，计算结果亦较准确，但工作量较大，一般适用于经营品种较少，前后进价相差幅度较大的商品。

### （三）移动加权平均法

移动加权平均法是在每次购入商品以后，根据库存数量及总成本算出新的平均单位成本的一种方法。其计算公式如下：

移动加权平均单价 = （结存金额 + 购进金额）/（结存数量 + 购进数量）

采用移动加权平均法计算商品销售成本比较均衡，但也存在企业经营商品品种多，每月进销业务频繁时计算工作量较大的问题。一般适用于品种简单，前后进货单价相差幅度较大的商品。

### （四）个别计价法

个别计价法是以每一批商品的实际进价作为计算销售成本的一种方法。其计算公式如下：

每批商品销售成本 = 每批商品销售数量 × 该批商品实际进货单价

采用个别计价法，会计部门应按进货批次设置商品明细账；业务部门应在发货单上注明进货批次；仓库部门应按进货批次分别堆放商品。

这种方法便于逐笔结转商品销售成本，计算比较正确，但工作量较大，适用于直运商品和进货批次少、销售能分清进货批次的商品。

### （五）毛利率法

毛利率法是一种对商品销售成本估算的方法。即用估计的毛利率（按上季实际毛利率或本季计划毛利率）计算商品销售成本。其计算公式如下：

商品销售成本 = 本月商品销售额 × ［1 – 上季实际（或本季计划）毛利率］

采用毛利率法，计算手续简便，但计算的商品销售成本不够准确，因为这种方法是按照企业全部商品或大类商品计算的。通常只有在季度的第一、第二两个月采用，季末应选用其他五种成本计算方法中的一种进行调整。一般适宜于经营品种较多，月度计算商品销售成本有困难的企业。

**小提示：**

在计算出商品的实际销售成本之后，企业应按规定的要求进行结转销售成本的账务处理。在实际工作中，商品销售成本的结转时间有逐日结转和定期结转两种方式。一般来说，委托代销业务、直运商品销售业务应采用逐日结转方式，除此之外的其他销售业务都采用定期（按月或按季）结转方式。

在结转成本时，应根据“主营业务成本计算单”作如下分录：

借：主营业务成本

　　贷：库存商品——×××

## 知识链接 6—2

### 商品批发企业各种销售成本计算方法的比较

批发企业商品销售成本计算方法包括：先进先出法、加权平均法、移动平均法、个别

计价法和毛利率法等，每种方法各有特点，企业应根据实际业务情况选择使用。一经选定，在一个年度内不能随意更换，以保持年度商品销售成本计算口径一致。下面是前三种计算方法的比较：

阳光公司采用先进先出法计算商品销售成本，商品明细账资料如下表：

| 9月 | 摘要 | 收入 | | | 发出 | | | 结存 | | |
|---|---|---|---|---|---|---|---|---|---|---|
| | | 数量 | 单价 | 金额 | 数量 | 单价 | 金额 | 数量 | 单价 | 金额 |
| 1日 | 月初结存 | | | | | | | 1 200 | 10 | 12 000 |
| 4日 | 销售 | | | | 900 | 10 | 9 000 | 300 | 10 | 3 000 |
| 8日 | 购入 | 1 000 | 11 | 1 100 | | | | 300<br>1 000 | 10<br>11 | 3 000<br>11 000 |
| 12日 | 销售 | | | | 300<br>500 | 10<br>11 | 3 000<br>5 500 | 500 | 11 | 5 500 |
| 19日 | 购入 | 1 500 | 11.5 | 17 250 | | | | 500<br>1 500 | 11<br>11.5 | 5 500<br>17 250 |
| 26日 | 销售 | | | | 500<br>500 | 11<br>11.5 | 5 500<br>5 750 | 1 000 | 11.5 | 11 500 |
| 合　计 | | 2 500 | | 28 250 | 2 700 | | 28 750 | 1 000 | 11.5 | 11 500 |

9月份的商品销售成本按先进先出法计算为28750元。

阳光公司采用加权平均法计算商品销售成本，商品明细账资料如下表：

| 9月 | 摘要 | 收入 | | | 发出 | | | 结存 | | |
|---|---|---|---|---|---|---|---|---|---|---|
| | | 数量 | 单价 | 金额 | 数量 | 单价 | 金额 | 数量 | 单价 | 金额 |
| 1日 | 月初结存 | | | | | | | 1 200 | 10 | 12 000 |
| 4日 | 销售 | | | | 900 | | | 300 | | |
| 8日 | 购入 | 1 000 | 11 | 1 100 | | | | 1 300 | | |
| 12日 | 销售 | | | | 800 | | | 500 | | |
| 19日 | 购入 | 1 500 | 11.5 | 17 250 | | | | 2 000 | | |
| 26日 | 销售 | | | | 1 000 | | | 1 000 | | |
| | 合计 | 2 500 | | 28 250 | 2 700 | | 29 370 | 1 000 | 10.88 | 10 880 |

其中：

加权平均单价 =（12 000 + 28 250）/（1 200 + 2 500）= 10.88（元）

本期商品销售成本 = 2 700 × 10.88 = 29 370（元）

期末库存商品金额 = 1 000 × 10.88 = 10 880（元）

阳光公司采用加权平均法计算商品销售成本，商品明细账资料如下表：

| 9月 | 摘要 | 收入 | | | 发出 | | | 结存 | | |
|---|---|---|---|---|---|---|---|---|---|---|
| | | 数量 | 单价 | 金额 | 数量 | 单价 | 金额 | 数量 | 单价 | 金额 |
| 1日 | 月初结存 | | | | | | | 1 200 | 10 | 12 000 |
| 4日 | 销售 | | | | 900 | 10 | 9 000 | 300 | 10 | 3 000 |
| 8日 | 购入 | 1 000 | 11 | 11 000 | | | | 1 300 | 10.77 | 14 000 |
| 12日 | 销售 | | | | 800 | 10.77 | 8 616 | 500 | 10.77 | 5 385 |
| 19日 | 购入 | 1 500 | 11.5 | 17 250 | | | | 2 000 | 11.32 | 22 635 |
| 26日 | 销售 | | | | 1 000 | 11.32 | 11 320 | 1 000 | 11.32 | 11 315 |
| 合计 | | 2 500 | | 28 250 | 2 700 | | 28 936 | 1 000 | 11.5 | 11 500 |

## 二、商品零售企业销售成本

商品零售企业，在实际工作中一般采用售价金额核算方式进行购销成本的核算。售价金额核算法又称“拨货计价、实物负责制”，是一种售价记账与实物负责相结合的核算制度。

**小提示：**

售价金额核算法的主要内容和特点：

1. 主要内容：（1）建立实物负责制；（2）售价记账，金额控制；（3）设置“商品进销差价”账户；（4）加强物价管理；（5）健全商品盘点制度。

2. 特点：（1）优点：可以简化核算手续，减少工作量。有利于提高零售商品经营工作效率和服务质量。（2）缺点：只记金额，不记数量，库存商品账不能提供数量指标来控制商品进、销、存情况，一旦发生差错，难以查明原因。

### （一）商品销售成本的结转

企业商品销售后，按含税商品售价反映商品销售收入，借记“银行存款”等科目，贷记“主营业务收入”科目，并按含税售价结转商品销售成本，借记“主营业务成本”科目，贷记“库存商品”科目；当计算出销项税时，将含税销售收入调整为不含税销售收入，借记“主营业务收入”科目，贷记“应缴税费”科目。

在实际工作中，平时先把已销商品成本按售价转入“主营业务成本”科目，平时的“主营业务成本”科目包括了已销商品进价成本和已实现的商品进销差价（商品进销差价包括不含税售价与不含税进价之间的差额及应向购买者收取的增值税）两部分内容。为了正确计算财务成果，每月末应将本月已实现的商品进销差价从售价记录的商品销售成本中

转出，以求得已销商品的实际进价成本。因此必须确定已销商品进销差价。

### （二）商品进销差价的结转

已销商品进销差价的计算方法主要有两种：差价率法和实际差价法。

1. *差价率法*

差价率又分为综合差价率和分类（分柜组）差价率，计算范围不同但方法一样。按一定方法计算已销商品进销差价后，应将以售价记录的商品销售成本调整为进价成本。

（1）综合差价率。是指按企业全部商品的销售及库存比例计算的差价率。通过计算已销商品应分摊的进销差价将“商品销售成本”科目的期末余额调整为本期已销商品的实际成本，“商品进销差价”科目的期末余额则是期末库存商品应分摊的进销差价。

采用综合差价率计算法确定商品的销售成本，计算手续比较简便，但只适用于商品种类较少，各种商品的进销差价比较接近的企业。其计算公式如下：

$$综合差价率=\frac{月末“商品进销差价”科目余额（分摊前）}{月末“库存商品”科目余额+月末“受托代销商品”科目余额+本期“主营业务收入”科目贷方发生额}$$

**【例6-7】**　某零售商店8月末的“库存商品”总账余额为573 000元、“受托代销商品”总账余额为190 000元、“商品进销差价”总账余额（分摊前）为161 440元，8月份“主营业务收入”科目的贷方发生额为246 000元。则：

$$综合差价率=\frac{161\ 440}{573\ 000+190\ 000+246\ 000}=16\%$$

8月份已销商品

应分摊的进销差价 $=246\ 000\times16\%=39\ 360$（元）

应根据以上计算结果作如下分录：

借：商品进销差价　　39 360

　　贷：主营业务成本　　39 360

（2）分类（或柜组）差价率计算法。分类（柜组）差价率是指按企业各类商品或各营业柜组的销售及库存比例计算的差价率。在这种计算方式下，“库存商品”、“商品进销差价”、“商品销售收入”、“受托代销商品”等账户均应按商品大类（柜组）设置明细账。

计算公式与综合差价率法相类似，只是分子、分母的账户均应分不同的柜组设置计算。

采用分类（柜组）差价率计算法确定商品的销售成本，其计算结果能够较准确地反映实际情况，在实际工作中应重点应用此种方法。

**小操作：**

某零售商店8月末的“库存商品”、“受托代销商品”、“商品进销差价”、“商品销售收入”各明细账户的金额如下表所示：

零售商店部分账户金额表

| 营业柜组 | 月末“库存商品”账户余额 | 月末“受托代销商品”账户余额 | 月末“商品进销差价”账户余额 | 本月“主营业务收入”贷方发生额 |
|---|---|---|---|---|
| 日用品柜 | 134 000 | —— | 25 260 | 76 500 |
| 化妆品柜 | 107 750 | 44 800 | 39 288 | 93 000 |
| 食品柜 | 163 250 | —— | 29 865 | 108 250 |
| 合　计 | 405 000 | 44 800 | 94 413 | 277 750 |

【要求】计算各柜组的进销差价率及应分摊的进销差价

2. 实际差价法

实际差价法是根据期末结存商品盘点的实际差价，倒求已销商品进销差价的方法。这种方法必须对库存商品进行实地盘点，逐一计算各商品的含税进价，并计算结存商品进销差价，然后倒挤已销商品进销差价。采用这种方法手续比较复杂，一般只限于年终结算时采用。

实际差价法其计算公式如下：

期末商品进销差价 = 期末库存商品售价金额 − 期末库存商品进价金额

已销商品进销差价 = 结账前进销差价账户余额 − 期末商品进销差价

**小提示：**

零售商品在储存过程中发生损耗、调价、削价等情况，不进行账务处理，月末体现在商品销售成本内。

# 任务二　建筑施工企业成本核算

案例资料：某施工企业签订了一项总金额为580万元的固定造价合同，为某单位建造职工宿舍楼，最初预计的工程总成本为550万元，工程完工进度按照累计实际发生的工程成本占工程预计总成本的比例确定，工程已于2014年4月开工，至2008年底累计实际发生成本154万元，预计完成合同尚需发生成本396万元。结算合同成本174万元，实际收到价款170万元。该施工企业如何确认并计量当年的收入和成本？如何进行账务处理？如果到2014年年底，由于材料价格上涨等因素，预计总成本已为6 000 000元，企业又该如何确认并计量2014年的收入和成本？

# 子任务一　建筑施工企业成本项目

## 一、建筑施工企业成本计算设置的成本项目

1. 材料费：指施工过程中耗用的构成工程实体的原材料、辅助材料、构配件、零件、半成品的费用和周转材料的摊销及租赁费用。

2. 人工费：指企业从事建筑安装工程施工人员的工资、奖金、职工福利费、工资性质的津贴、劳动保护费等。

3. 机械使用费：指施工过程中使用自有施工机械所发生的机械使用费和租用外单位施工机械的租赁费，以及施工机械安装、拆卸和进出场费。

4. 其他直接费：包括施工过程中发生的材料二次搬运费、临时设施摊销费、生产工具用具使用费、检验试验费、工程定位复测费、工程点交费、场地清理费等。

5. 间接费用：指企业各施工单位（如工程处、施工队、工区等）为组织和管理施工生产活动所发生的各项支出，包括施工单位管理人员工资、奖金、职工福利费、行政管理用固定资产折旧费及修理费、物料消耗、低值易耗品摊销、取暖费、水电费、办公费、差旅费、财产保险费、检验试验费、工程保修费、劳动保护费、排污费及其他费用。

## 二、建筑施工企业成本核算的账户设置

为了全面地反映和监督各项施工费用的发生情况，施工企业一般应设置“工程施工”、“辅助生产”、“机械作业”、“工程结算成本”等成本类账户。

1. “工程施工”账户：本账户用以核算企业进行建筑工程发生的合同成本和合同毛利。在施工过程中所发生的人工费、材料费、机械使用费、其他直接费以及应分摊的间接费用，应记入本账户的借方，结转已完工程实际成本时应记入本账户的贷方，余额表示“未完施工”的实际成本。本账户设置“合同成本”和“合同毛利”两个二级明细科目，某些企业也增加一个明细账户“间接费用”。“工程施工——合同成本”明细账见表6－3。

2. “辅助生产”账户：本账户用以核算企业非独立核算的辅助生产部门为工程施工、产品生产、机械作业、专项工程提供产品或劳务所发生的各项费用。本账户的借方登记辅助生产部门为提供产品或劳务所发生的各项费用，贷方登记已结转的产品或劳务的实际成本，期末余额表示在产品或未完作业的实际成本。

3. “机械作业”账户：本账户用以核算企业及其内部独立核算的施工单位、机械站和运输队使用自有施工机械和运输设备进行机械作业（包括机械化施工和运输作业等）所发生的各项费用。本账户的借方登记实际发生的机械作业支出，贷方登记分配计入各受益对象的机械作业支出，期末应无余额。可按施工机械或运输设备的种类进行明细核算。

4. “工程结算”账户：本账户用以核算企业已办理工程价款结算的已完工程实际成

本。本账户的借方登记从“工程施工”账户转入的已完工程实际成本，贷方登记已向客户开出工程价款结算账单办理结算的款项，工程完工后该账户应无余额。

**表 6-3　工程施工成本明细账**

施工单位：

| 摘　要 | 工程实际成本 | | | | | |
|---|---|---|---|---|---|---|
| | 材料费 | 人工费 | 机械使用费 | 其他直接费 | 间接费用 | 合计 |
| 1-5 月累计 | | | | | | |
| 耗主要材料 | 114 240 | | | | | 114 240 |
| 耗结构件 | 138 350 | | | | | 138 350 |
| 耗其他材料 | 14 160 | | | | | 14 160 |
| 耗周转材料 | 7 130 | | | | | 7 130 |
| 分配工资 | | 45 560 | | | | 45 560 |
| 分机械用费 | | | 15 200 | | | 15 200 |
| 分配水电费 | | | | 3 960 | | 3 960 |
| 分配间接费 | | | | | 22 218 | 22 218 |
| 合　计 | 273 880 | 45 560 | 15 200 | 3 960 | 22 218 | 360 818 |

## 三、施工企业工程成本核算的一般程序

1. 将本期发生的施工费用，按其发生地点和经济用途分别分配和归集到有关的施工费用账户。

2. 将归集在“工程施工——间接费用”账户的费用，按照一定的分配标准分配计入有关的工程成本。

3. 将归集在“辅助生产”账户中的费用，按各受益对象进行分配并转入“工程施工”、“机械作业”和“管理费用”等账户。

4. 将归集在“机械作业”账户中的费用，按各受益对象进行分配并转入“工程施工”等账户。

5. 期末，将已计算确定的已完工程实际成本从“工程施工”账户转入“工程结算”账户。

# 子任务二　建筑施工企业成本核算

## 一、建筑施工企业成本的归集和分配

### （一）材料费的归集与分配

工程成本中的材料费，是指建安工程直接耗用的构成工程实体和有助于工程形成的各

种主要材料，结构件等的成本以及工程使用周转料具应计的摊销价值。在实际工程中，对材料的日常核算既可采用实际成本计价，又可采用计划成本计价。目前，由于建筑材料的市场价格变化较大，对于绝大部分中小施工企业来说，比较适宜按照实际成本进行材料核算。在实际工作中，对于发出材料实际成本的确定，通常采用“先进先出法”、“加权平均法”、“移动加权平均法”、“个别计价法”等方法。发生材料收发业务时，有关部门和人员必须根据不同情况分别填制“领料单”、“定额领料单”和“大堆材料耗用单”等领料凭证。每月月终，财会部门应根据审核无误的“领料单”、“定额领料单”、“退料单”、“大堆材料耗用计算表”、“周转材料摊销计算表”等原始凭证编制工程施工材料费分配表”，按各成本计算对象汇总计算所耗用的各类材料的实际成本。实务中操作方法：

（1）能点清数量和分清材料对象的，直接用于工程的材料，直接计入各成本对象。

（2）能点清数量、集中配料或统一下料的材料，在领料凭证上注明“工程集中配料”字样，月末根据用料情况，结合材料消耗定额，编制“集中配料耗用分配表”，在各成本对象之间分配。

（3）不能点清数量也很难立即分清用料对象的大堆材料，几个单位工程共同使用，根据月初结存数和本月进料数倒轧本月实际用量，结合材料消耗定额，编制大堆材料耗用计算单，据以计入各成本计算对象。

（4）已办理领料手续但没有全部耗用的材料，应在期末填制退料单，据以冲减本期材料费。

（5）周转材料应根据各个工程成本计算对象在用的数量，按照规定的方法摊销。

### （二）人工费的归集和分配

施工企业工程成本中的人工费用包括直接从事建筑安装工程施工工人计时工资、计件工资、工资性津贴及补贴、奖金和职工福利费。

采用计时工资时，对于无法直接计入有关对象的人工费，一般应以实用工日数为标准进行分配。其计算公式如下：

$$建筑安装工人日平均工资=\frac{建筑安装工人工资总额}{实际耗用工日总数}$$

某受益对象应分配的工资=建筑安装工人日平均工资×该受益对象实际耗用工日数

在工程成本计算中，采用计件工资时，应根据“施工任务单”和有关的工资结算凭证，直接将人工费计入有关的成本计算对象。

财会部门根据各施工队、项目管理部等单位的“施工任务单”、“用工记录”以及“工资结算汇总单”等资料，编制工资费用分配表进行分配。

### （三）机械使用费的归集与分配

施工企业工程成本中的机械使用费包括工程施工过程中使用自有施工机械发生的机械

使用费和租用外单位施工机械发生的租赁费以及施工机械的安装、拆卸和进出场费。

在发生机械使用费时，应设置“机械作业明细账”，来归集发生的使用费。期末，可以根据各成本计算对象使用的机械台班数、作业量数，编制“机械使用费分配表”，将机械使用费分配给各个成本计算对象。

**小提示：**

由于企业使用的施工机械包括租赁的和自有的两种，因此对于机械使用费的核算也相应区别为租用机械使用费的核算和自有机械使用费的核算。

### （四）其他直接费的归集与分配

工程成本中的其他直接费，是指不包括在上述人工费、材料费、机械使用费等项目中的现场施工直接耗用的水、电、风、气等费用以及因场地狭小等特殊情况而发生的材料二次搬运费等。凡是能分清成本对象的，直接计入各受益工程成本计算对象下的“其他直接费用”成本项目中。如果是几个工程共同发生的，不能直接确定成本计算对象的，可以先行汇总在“其他直接费用”明细账中，月末分配计入各成本计算对象。

### （五）间接费用的归集与分配

在建筑施工企业中，间接费用属于共同费用，难以分清受益对象，应在“工程施工”账户下面设置“间接费用”明细账以进行有关费用的核算。为了详细地反映间接费用的发生情况，通常还应设立多栏式的“间接费用明细账”，按各费用项目分设专栏进行登记。

作为一项共同性费用，间接费用通常同时与若干工程有关。因此，该项费用在发生时无法直接计入某个对象，而必须采用一定的方法在有关对象之间进行分配。在分配间接费时，必须遵循一个基本原则，即间接费的分配标准必须与建筑安装工程管理费定额的计算基础保持一致。在实际工作中，管理费定额的计算基础有两种，即“直接费”和“人工费”。由于各类工程的成本结构存在着一定的差别，因此企业在确定各类建筑安装工程的管理费定额时，必须分别选择适当的标准。土建工程一般以工程成本的直接费用为分配标准。安装工程以人工费用为分配标准。为了使实际成本与预算成本的口径保持可比性，所以在分配间接费时也必须相应地采用这些标准。

### （六）与工程施工相关的借款费用

施工企业为了建造资产，有时因资金周转等原因向银行借入款项，发生借款费用。在工程施工期间发生的借款费用，符合资本化条件的，应计入合同成本。合同完成后发生的借款费用，应计入当期损益，不再计入合同成本。

### （七）零星收益

与施工有关的零星收益，是指在施工过程中取得的，应冲减合同成本的非经常性的收

益，例如，完成合同后处置残余物资取得的收益，由于工程领用材料时已将领用材料的价值直接计入了工程成本，因此，处置这些残余物资取得的收益应冲减合同成本。

### （八）不计入工程成本的各项费用

下列各项费用属于期间费用，应在发生时计入当期损益。

（1）企业行政管理部门为组织和管理生产经营活动所发生的管理费用。

（2）施工企业在工程施工期间发生的，不符合资本化条件的借款费用。

（3）为订立合同而发生的有关费用。例如，为订立合同而发生的差旅费，投标费等。

## 二、月末已完工程实际成本的计算

建筑安装工程的施工周期较长，因此在实际工作中一般不能等到整个工程竣工以后才计算其成本，而必须按月（或按季）及时地计算已完工程的成本。由于建筑安装施工是一个连续不断的过程，因而施工企业的成本计算期与生产周期往往不一致。在报告期末，在施工现场一般既有“已完工程”指已经完成预算定额所规定的全部工序的分部分项工程。又有“未完施工”指虽已投入工料进行施工，但尚未完成预算定额所规定的全部工序的分部分项工程。在这种情况下，按成本计算对象所归集的施工费用还必须在这两者之间进行一次再分配。

已完工程实际成本一般按下列公式计算：

本期已完工程实际成本 = 期初未完施工成本 + 本期施工费用 − 期末未完施工成本

未完工程成本的计算：

通常由统计人员月末到施工现场实地丈量盘点未完工程实物量，并按其完成施工的程度折合为已完工程数量，根据预算单价计算未完工程成本。期末未完工程一般不负担管理费用，如果未完工程施工量很小或期初与期末数量相差不大，可以不计算未完工程成本。

月末，财会部门应将已完工程实际成本进行结转，借记“工程结算”账户，贷记“工程施工”。

**小提示：**

各月发生的施工成本，平时不予结转，一直保留在“工程施工——合同成本”科目中，工程完工后，将“工程施工——合同成本”科目余额与“工程结算”科目对冲借记“工程结算”科目，贷记“工程施工”科目。

**【例 6－8】**　某建筑工程公司的第一工程处目前有甲、乙两项工程。201×年 10 月份的相关情况如下。

（1）材料费用分配表如下表所示：

| 工程成本核算对象 | 主要材料 | | | | | | 水泥预制件 | | 其他材料 | |
|---|---|---|---|---|---|---|---|---|---|---|
| | 钢　材 | | 水　泥 | | 小　计 | | | | | |
| | 计划成本 | 成本差异8% | 计划成本 | 成本差异2% | 计划成本 | 成本差异 | 计划成本 | 成本差异1% | 计划成本 | 成本差异-3% |
| 甲工程 | 300 000 | 24 000 | 120 000 | 2 400 | 420 000 | 26 400 | 600 000 | 6 000 | 14 000 | -420 |
| 乙工程 | 160 000 | 12 800 | 60 000 | 1 200 | 220 000 | 14 000 | 180 000 | 1 800 | 8 000 | -240 |
| 合计 | 460 000 | 36 800 | 180 000 | 3 600 | 640 000 | 40 400 | 780 000 | 7 800 | 22 000 | -660 |

（2）第一工程处发生计时工资180 000元，其中甲工程耗用4 500工时，乙工程耗用3 000工时。

（3）按施工机械的实际台时分配机械使用费。第一工程处的一台吊车和一台挖土机分别对甲、乙两工程实施了机械作业。当月吊车的机械使用费为54 720元，甲工程使用吊车144小时，乙工程使用吊车84小时。当月挖土机的机械使用费为97 510元，甲工程使用挖土机160小时，乙工程使用挖土机238小时。

（4）公司运输队本月发生各种费用共计330 400元。本月运输队共提供30 975吨公里的运输服务，其中为甲项目提供10 800吨公里的运输服务，为乙项目提供6 750吨公里的运输服务。

（5）第一工程处本月发生其他直接费用27 200元，其中分配给甲工程15 000元，分配给乙工程12 200元。

（6）按各工程的直接成本实际数分配间接费用。第一工程处本月发生间接费用56 000元。

（7）甲工程包含A、B两个分项工程。甲工程月初未完工程成本为553 600元。A工程在本月全部完工，B工程完工60%，B工程的预算造价为600 000元。乙工程为本月新开工工程，尚未完工。

201×年10月，第一工程处编制如下会计分录：

（1）甲工程耗用的材料计划成本=420 000+600 000+14 000=1 034 000（元）

甲工程耗用材料的成本差异=26 400+6 000-420=31 980（元）

乙工程耗用的材料计划成本=220 000+180 000+8 000=408 000（元）

乙工程耗用材料的成本差异=14 000+1 800-240=15 560（元）

借：工程施工——合同成本——甲工程（直接材料）　　1 034 000

　　　　　　——合同成本——乙工程（直接材料）　　408 000

　贷：原材料——主要材料　　640 000

　　　　　　——结构件　　780 000

　　　　　　——其他材料　　22 000

借：工程施工——合同成本——甲工程（直接材料）　　31 980

——合同成本——乙工程（直接材料） 15 560

贷：材料成本差异——主要材料 40 400

——结构件 7 800

——其他材料 -660

（2）甲工程分摊人工费：$180\ 000 \times \frac{4\ 500}{4\ 500 + 3\ 000} = 108\ 000$

乙工程分摊人工费：$180\ 000 \times \frac{3\ 000}{4\ 500 + 3\ 000} = 72\ 000$

借：工程施工——合同成本——甲工程（直接人工） 108 000

——合同成本——乙工程（直接人工） 72 000

贷：应付职工薪酬 180 000

（3）甲工程分摊吊车费用：$54\ 720 \times \frac{144}{144 + 84} = 34\ 560$

乙工程分摊吊车费用：$54\ 720 \times \frac{84}{144 + 84} = 20\ 160$

甲工程分摊挖土机费用：$97\ 510 \times \frac{160}{160 + 238} = 39\ 200$

乙工程分摊挖土机费用：$97\ 510 \times \frac{238}{160 + 238} = 58\ 310$

甲工程分摊机械使用费 = 34 560 + 39 200 = 73 760（元）

乙工程分摊机械使用费 = 20 160 + 58 310 = 78 470（元）

借：工程施工——合同成本——甲工程（机械使用费） 73 760

——合同成本——乙工程（机械使用费） 78 470

贷：机械作业——吊车 54 720

——挖土机 97510

（4）甲工程分配的运输费用 $= 10\ 800 \times \frac{330\ 400}{30\ 975} = 115\ 200$

乙工程分配的运输费用 $= 6\ 750 \times \frac{330\ 400}{30\ 975} = 72\ 000$

借：工程施工——合同成本——甲工程（辅助生产费用） 115 200

——合同成本——乙工程（辅助生产费用） 72 000

贷：辅助生产 197 200

（5）借：工程施工——合同成本——甲工程（其他直接费用） 15 000

——合同成本——乙工程（其他直接费用） 12 200

贷：工程施工——合同成本——其他直接费用 27 200

（6）甲工程当月直接成本 = 1 034 000 + 31 980 + 108 000 + 73 760 + 115 200 + 15 000 = 1 377 940（元）

乙工程当月直接成本 =408 000 +15 560 +72 000 +78 470 +72 000 +12 200 =658 230（元）

甲工程分配的间接费用 $=56\ 000\times\frac{1\ 377\ 940}{1\ 377\ 940+658\ 230}=37\ 896.95$

乙工程分配的间接费用 $=56\ 000\times\frac{658\ 230}{1\ 377\ 940+658\ 230}=18\ 103.05$

借：工程施工——合同成本——甲工程（间接费用）　　37 896.95
　　　　　——合同成本——乙工程（间接费用）　　18 103.05
　贷：制造费用　　56 000

（7）甲工程中未完工程成本 =600 000 ×60% =360 000（元）

甲工程中已完工程成本 =553 600 +1 377 940 +37 896.95 −360 000 =1 609 436.95（元）

借：工程结算　　1 609 436.95
　贷：工程施工——合同成本——甲工程　　1 609 436.95

本月只需要计算结转甲工程已经完工的实际成本，而对于乙工程由于本月未完工，则本月不需要结转，等到完工月份在进行已完工成本成本计算。

## 知识链接 6—3

### 施工企业的特点和成本核算特点

#### 一、施工企业的特点

施工企业是指从事建筑安装工程施工的企业，建筑工程包括很多内容，各种房屋如厂房，民宅；各种管道如石油，天然气，管道的铺设工程；设备基础如工作台的砌筑；工程地质勘探，平整土地，拆除旧建筑物；矿井开凿，露天矿开拓；水利工程，防空工程等其他特殊工程。不同于一般的工业企业，它具有以下几个特点：

1. 生产的流动性。一般的工商业产品都是在固定的工厂、车间内进行生产，产品是流动的。而施工企业产品是固定的，人员和机械设备等是流动的：施工机构随着建筑物或构筑物坐落位置变化而整个地转移生产地点。

2. 产品的形式多样。建筑物因其所处的自然条件和用途的不同，工程的结构、造型和材料亦不同，施工方法必将随之变化，很难实现标准化。

3. 施工技术复杂。建筑施工常需要根据建筑结构情况进行多工种配合作业，多单位（土石方、土建、吊装、安装、运输等）交叉配合施工，所用的物资和设备种类繁多，因而施工组织和施工技术管理的要求较高。

4. 施工周期长。建筑产品的体积庞大、生产周期长，施工多在露天和高处进行，常常受到自然气候条件的影响。

5. 机械化程度较高。建筑施工机械化程度已大大提高，但仍要依靠大量的手工操作。

### 二、施工企业成本核算的特点

施工企业虽然也是围绕新会计准则执行，但是由于企业生产经营特点与其他企业生产经营的特点有所不同，所以建筑施工企业的成本核算有其自身特点。

1. 施工企业成本核算对象是各项施工工程。一般应以每一独立编制施工图预算的单位工程作为成本计算对象。凡是可以直接计入某项工程的生产费用应直接计入该项工程成本；凡是不能直接计入某项工程并应由各项工程共同负担的费用，则先按照发生地点进行归集，然后按照一定的标准，定期分配计入有关工程成本。

2. 施工企业当月发生的费用不一定全部计入当月工程成本。施工企业的施工活动，各月份不均衡，为了合理负担工程成本，对于某些相对固定的费用，往往按全年工程数量平均分配。

3. 施工企业的成品不同于一般工业企业的产成品。施工企业的成品是指在技术上达到一定成熟阶段的施工工程，或是已完成工程核算总额中规定的一定组成部分的工程。当这一部分工程完工之后，便可进行工程成本的核算和价款的结算，而不是等到全部工程竣工后才进行。尤其是规模大、工期长的工程，这种做法可以加速施工企业流动资金的周转。

## 任务三　物流企业成本核算

物流是指为了满足客户的需要，物品从供应地向接受地的实体流动过程。根据实际需要，将运输、储存、装卸、搬运、包装、流通加工、配送、信息处理等基本功能实施有机结合。物流涉及商品的运输、仓储、包装、搬运装卸、流通加工，以及相关的物流信息等环节。物流活动的具体内容包括以下几个方面：用户服务、需求预测、定单处理、配送、存货控制、运输、仓库管理、工厂和仓库的布局与选址、搬运装卸、采购、包装、情报信息。物流企业的生产经营成本又称为物流成本，它有广义和狭义之分。广义的物流成本是指生产、流通、消费全过程的物品实体和价值变化而发生的全部费用；狭义的物流成本是指由于物品移动而产生的运输、仓储、装卸、配送等费用；本任务主要介绍狭义的物流成本。

### 子任务一　物流企业成本内容

#### 一、物流成本的内容

1. 运输成本

物流企业的运输成本包括：

①人工费用。如工资、福利费、奖金、津贴和补贴等。

②营运费用。如营运车辆的燃料费、轮胎费、营运车辆的折旧费、营运车辆的维修费、租赁费、车辆牌照检查费、车辆清理费、养路费、过路费、保险费、公路运输管理费等。

③其他费用。如差旅费、事故损失、相关税金等。

2. 仓储成本

仓储成本是物流总成本的一个重要组成部分，物流成本的高低常常取决于仓储管理成本的大小。仓储成本主要包括：

①人工费用。如工资、福利费、奖金、津贴和补贴等。

②营运费用。仓储货物所消耗的材料费、仓储工具等低值易耗品的摊销费、动力及照明费、仓储设备的折旧费、修理费、劳动保护费、事故损失、保险费等。

③其他费用。如差旅费、仓储业务费等。

3. 装卸成本

物流企业的装卸成本包括：

①人工费用。如工资、福利费、奖金、津贴和补贴等。

②营运费用。如装卸机械的燃料费、装卸机械轮胎费、动力及照明费、低值易耗品摊销、装卸机械的折旧费、修理费、外付装卸费、劳动保护费、事故损失、保险费等。

③其他费用。如差旅费、装卸业务费等。

4. 配送成本

配送成本包括配送运输费用、分拣费用、配装费用。若物流企业还承担流通加工业务，配送成本还应包括流通加工费用。

①配送运输费用。如车辆费用（驾驶员及助手的工资及福利费、燃料、轮胎、修理费、折旧费、车船使用税）、其他业务费用。

②分拣费用。如分拣人工费用（分拣工作的作业人员及有关人员工资、奖金、补贴等）、分拣设备费用（分拣机械设备的折旧费用及修理费用）。

③配装费用。如配装材料费用（木材、纸、自然纤维和合成纤维、塑料等配装材料费）、配装辅助费用（包装标记、标志的印刷，拴挂物等费用）、配装人员费用（包装工人及有关人员的工资、奖金、补贴等费用）。

## 二、期间费用的内容

物流企业的期间费用是指本期发生的、不能直接归属于某个特定物流成本而直接计入当期损益的费用。它是物流企业当期发生费用中的重要组成部分，是保证企业各项物流业务顺利进行所必须开支的费用。期间费用按发生的环节不同，可分为管理费用、财务费用和销售费用。

## 知识链接 6—4

物流企业生产经营的主要特点：

1. 与工业企业相比，物流企业的生产经营具有如下特点：

2. 物流企业的生产经营只是使劳动对象发生位置的改变，并不改变劳动对象的属性和形态，不创造新的物质产品。

3. 在运输生产过程中只消耗劳动手段，不消耗劳动对象。

4. 运输生产和消费同时进行。

5. 运输生产过程具有流动性、分散性。

6. 各种运输方式之间的替代性和协作性比较强。

7. 运输生产中所需固定资产比重大，流动资产比重小。

# 子任务二　物流企业运输成本核算

物流企业经营运输业务时，应以签订运输合同的形式实行运输，因运输的方式不同，其成本归集方式也不同，下面以汽车运输方式来阐明运输成本的核算。

**小提示：**

1. 运输成本计算对象、成本计算单位和成本计算期

①成本计算对象：通常以不同燃料和不同厂牌的营运车辆所提供的运输服务作为成本计算对象。以特种大型车、集装箱车、零担车、冷藏车、油罐车从事运输服务的物流企业，还应以不同类型、不同用途车辆所提供的运输服务作为单独的成本计算对象。

②成本计算单位：以汽车运输工作量的计量单位为依据。货物运输工作量的计量单位为吨公里，实际工作中通常以千吨公里为成本计算单位。集装箱车辆的成本计算单位为千标准箱公里。

③成本计算期：按月、季、半年和年计算成本。跨月运输时以行车路单签发日期所归属月份计算其成本。

2. 物流企业应根据“主营业务成本——运输支出”明细账所归集的运输成本和当月实际完成运输周转量，计算单位运输成本。

## 一、直接材料费用的归集和分配

### （一）燃料费用的归集和分配

物流企业各种车辆耗用的燃料，应在月末根据领料单进行汇总，编制燃料耗用汇总表，以便对燃料费用进行归集和分配。确定各月燃料实际耗用数的方法有满油箱制和实地盘存制两种。满油箱制下，在月初、月末油箱加满的前提下，车辆当月加油的数量即为当

月燃料的实际耗用数。实地盘存制下，车辆当月燃料的实际耗用数等于月初车存数加本月领用数减月末车存数。

**【例6－9】** 某物流公司201×年1月燃料汇总表显示：本公司第一车队耗用柴油63 000元，第二车队耗用柴油89 000元，行政管理部门耗用柴油6 000元。月末公司根据有关凭证，编制会计分录如下：

借：主营业务成本——第一车队　　63 000

　　　　　　　——第二车队　　89 000

　　管理费用　　6 000

　　贷：原材料——燃料　　158 000

### （二）轮胎费用的归集和分配

物流企业各种车辆领用的轮胎外胎、内胎和垫带，应在月末根据领料单进行汇总，编制轮胎领用汇总表，以便于对轮胎费用的归集和分配。如果对外胎采用一次性摊销法，在领用时记入相关成本费用账户；如果对外胎采用按行程摊提法，应根据外胎行驶里程记录和外胎里程摊提率，编制外胎摊提费用计算表。

## 二、直接人工费的归集和分配

物流企业的人工费由工资费用和职工福利费两部分组成。直接人工主要指车辆司机和助手的职工薪酬费用。有固定车辆的司机和助手的工资，根据工资汇总表直接列入各成本计算对象的明细账户。没有固定车辆的司机和助手的工资、后备司机和助手的工资，按一定的标准分配记入各成本计算对象的明细账户，一般分配标准有营运货物吨位和营运车日两种。发生运输车辆司机的工资费用和福利费，直接借记“主营业务成本”账户，贷记“应付职工薪酬”账户。

## 三、其他费用的归集和分配

### （一）折旧费用的归集和分配

物流企业的营运车辆的损耗程度与其行驶里程关系密切，为了正确核算物流企业的运输成本，一般对营运车辆通常采用工作量法计提折旧。如果外胎按行驶里程摊提，计算折旧时，应从车辆原值中扣减外胎价值。

计提营运车辆的折旧，应在月末编制固定资产折旧费用计算表，并按其用途进行分配。

**小操作：**

快运物流公司201×年8月31日提取本月折旧费，其中：第一车队营运车辆折旧费为24 500元，第二车队营运车辆旧费为20 000元，行政管理部门公务车旧费为500元，要求根据有关凭证做出相应会计处理。

### （二）养路费的归集和分配

营运车辆养路费按车辆载重吨位计收，公务车按车辆计收。缴纳养路费时，根据缴款凭证直接计入各成本计算对象的成本及有关费用。借记“主营业务成本”账户，贷记“银行存款”账户。

### （三）修理费用的归集和分配

物流企业为了使各种车辆正常运行，需要经常对其进行维修和保养，并定期进行大修理。营运车辆日常的维修和保养由车队自行进行，并直接在“主营业务成本”账户归集修理费用；营运车辆的大修理一般由修理车间进行（或对外修理），其修理费可先在“销售费用”中归集，期末通过分配转入“主营业务成本”账户。

### （四）车辆保险费的归集和分配

物流企业每年应向保险公司进行投保，以便各种车辆在遭受洪水、火灾、雷击和意外事故等损失时，可以从保险公司取得补偿，以减轻企业的损失。缴纳车辆保险费时，借记“主营业务成本”、“管理费用”等账户，贷记“银行存款”账户。

### （五）事故损失费用归集和分配

事故发生时，借记“主营业务成本”账户，贷记“银行存款”账户。

月末，物流企业根据“主营业务成本”各明细账户所归集的运输成本和实际完成的运输量编制汽车运输成本计算表，来反映本企业的运输总成本和单位成本。

### （六）营运间接费用的归集和分配

物流企业在营运过程中发生的不能直接计入成本计算对象的各种间接费用，发生时记入“营运间接费用”科目的借方，期末从贷方分配转入各成本计算对象，结转后无余额。营运间接费用的分配标准有直接费用或营运车日等。

## 子任务三　物流企业仓储成本核算

由于仓储业务是堆存货物，因此仓储成本习惯上也称为堆存成本。仓储成本项目一般包括两项：

1. 堆存直接费用：仓库因仓储、保管货物而发生的直接费用。

2. 营运间接费用：仓储业务和装卸业务密不可分，企业的仓储装卸营运部或分公司为管理和组织仓储和装卸的营运生产所发生的管理费用和业务费用属于营运间接费用。

**小提示：**

仓储成本计算对象、成本计算单位和成本计算期

①成本计算对象：各种类型的仓库。

②成本计算单位：以货物堆存量的计量单位为依据。货物堆存量通常用堆存吨来表示，也能以堆存平方米来表示。

③成本计算期：按月、季、半年和年计算成本。

## 一、堆存直接费用的归集

物流企业仓储货物所发生的堆存直接费用，应根据“工资及职工福利费分配表”、“耗用材料汇总表”、“固定资产折旧费用计算表”及各种发票、单据等，直接列入所属仓库或库区的成本。借记“主营业务成本——堆存支出”账户，贷记“应付职工薪酬”、“原材料”、“累计折旧”、“银行存款”等相关的账户。

**【例6-11】** 某物流公司201×年5月份发放的工资总额中，简易仓库仓储作业人员工资为20 000元，立体仓库仓储作业人员工资为35 000元，5月份仓库设备折旧额，简易仓库为39 800元，立体仓库为74 600元。

①分配本月份仓储作业人员工资，编制会计分录如下：

借：主营业务成本——堆存支出——简易仓库——工资　　20 000
　　　　　　　　——堆存支出——立体仓库——工资　　35 000
　贷：应付职工薪酬　　55 000

②按仓储作业人员工资总额的14%，计提本月份职工福利费，编制会计分录如下：

借：主营业务成本——堆存支出——简易仓库——职工福利费　　2 800
　　　　　　　　——堆存支出——立体仓库——职工福利费　　4 900
　贷：应付职工薪酬　　7 700

③按仓库设备各月折旧额计提本月份折旧费，编制会计分录如下：

借：主营业务成本——堆存支出——简易仓库——折旧费　　39 800
　　　　　　　　——堆存支出——立体仓库——折旧费　　74 600
　贷：累计折旧　　114 400

## 二、营运间接费用的归集和分配

物流企业的营运间接费用应按营运部或分公司设置明细分类账，归集营运部或分公司发生的营运间接费用，期末按营运部或分公司的堆存直接费用和装卸直接费用的比例进行分配。

## 三、仓储（堆存）成本的计算

仓储业务应负担的堆存直接费用和营运间接费用构成了堆存总成本。堆存总成本除以

货物堆存量即为堆存单位成本。

物流企业月末应根据“主营业务成本——堆存支出”明细账所归集的堆存成本和该月实际完成的堆存量编制“堆存成本计算表”，以反映堆存总成本和单位成本。

## 四、仓储（堆存）成本的核算

物流企业仓储货物所发生的人员工资、仓储货物所消耗的材料费、仓储工具等低值易耗品的摊销费、仓储设备的折旧费等费用，应根据“工资及福利费分配表”、“耗用材料汇总表”、“固定资产折旧计算表”及各种发票、单据等，直接计入所属仓库的成本，借记“主营业务成本”账户，贷记“应付职工薪酬”、“原材料”、“累计折旧”、“银行存款”等相关账户。

月末，物流企业根据“主营业务成本”各明细账户所归集的仓储（堆存）成本和实际完成的仓储（堆存）量编制仓储（堆存）成本计算表，来反映本企业的仓储（堆存）总成本和单位成本。

## 知识链接6—5

### 物流仓储及仓储成本

**一、物流仓储的概念**

仓储：改变货物时间状态的活动，克服消费与生产时间上的差异。物流仓储与库存、储备的区别：

1. 库存：库存概念比较大，还包括了制造中的在产品库存以及运输过程中的库存。

2. 储备：根据国防安全、社会稳定的需要，对战略性物资实行储备而产生的一种仓储。主要进行储备的物资主要有：粮食、油料、能源、有色金属、淡水等。

库存和储备的区别：

（1）库存的地理位置广泛；

（2）储备是有目的、能动的行为，库存则有可能不是有目的的，甚至是盲目和被动的。

**二、仓储成本的构成**

1. 材料费
2. 人工费
3. 管理费
4. 物业管理费
5. 营业外费用

## 子任务四　物流企业装卸成本核算

物流企业以运输业务或仓储业务为主的，在经营装卸业务时，可以机械作业和人工作业分别作为成本核算对象，核算其成本。以机械作业为主，人工作业为辅的作业活动，可不单独核算人工装卸成本，以人工作业为主，机械作业为辅的作业活动，也可以不单独核算机械装卸成本。

**小提示：**

装卸成本计算对象、成本计算单位和成本计算期

①成本计算对象：以运输业务或仓储业务为主的物流企业，可以机械作业和人工作业分别作为成本计算对象；以港口业务为主的物流企业，可以装卸作业的主要货种作为成本计算对象。

②成本计算单位：以货物装卸量的计量单位为依据，通常用装卸吨表示。

③成本计算期：按月、季、半年和年计算成本。

## 一、装卸成本项目

物流企业的装卸成本项目，一般可分为以下四类七项，其中前三项均为直接费用项目。

### （一）直接人工

这是指支付给装卸机械司机、助手和装卸工人的工资以及按其工资总额和规定比例计提的职工福利费。

### （二）直接材料

1. 燃料和动力。这是指装卸机械在运行和操作过程中，所耗用的燃料（如汽油、柴油）、动力（如电力、蒸气）费用。

2. 轮胎。指装卸机械领用的外胎、内胎、垫带以及外胎翻新费和零星修补费。

### （三）其他直接费用

1. 保养修理费。这是指为装卸机械和装卸工具进行保养、大修、小修所发生的料、工、费，以及装卸机械在运行和操作过程所耗用的机油、润滑油的费用。为装卸机械保修所领用的周转总成的费用，也包括在本项目内。

2. 折旧费。这是指按规定计提的装卸机械折旧费。

3. 其他费用。这是指不属于以上各项目的与装卸业务直接有关的工具费、劳动保护费、外付装卸费（指支付给外单位装卸工人的装卸费用）、事故损失（指在装卸作业过程中，因装卸队责任造成的应由本期装卸成本负担的事故损失，包括货物破损等货损货差损失、损坏车辆设备所支付的修理费，以及外单位人员人身伤亡事故所支付的各种费用）等。

### （四）营运间接费用

这是指各装卸队为组织与管理装卸业务而发生的管理费用和业务费用。

## 二、装卸直接费用的归集

物流企业装卸费用通过“主营业务成本——装卸支出”账户进行归集与分配。该账户按成本计算对象设置明细账，并按成本项目进行明细核算。装卸货物时所发生的人工费用、装卸机械的燃料费、装卸机械轮胎费、低值易耗品摊销、装卸机械的折旧费、修理费等费用，应根据“工资及福利费分配表”、“耗用材料汇总表”、“固定资产折旧计算表”及各种发票、单据等，直接计入所属装卸队的成本，借记“主营业务成本”账户，贷记“应付职工薪酬”、“原材料”、“累计折旧”、“银行存款”等相关账户。

## 三、营运间接费用的归集和分配

由于物流企业的装卸作业与仓储作业、运输作业常常相互衔接，关系密切，因此，物流企业往往由营运部或分公司来统一组织和管理这些业务的生产经营活动，这就要求营运间接费用按营运部或分公司进行归集，期末按这些业务的直接费用的比例进行分配。

**【例 6－12】**　某物流公司 201×年 7 月 30 日，“营运间接费用——仓储装卸营运部”明细账户余额为 14 672 元，该月装卸一队发生装卸直接费用 89 000 元，装卸二队发生装卸直接费用 173 000 元，分配两个装卸队各应负担的营运间接费用如下：

分配率＝14 672÷（89 000＋173 000）＝0.056

装卸一队应负担的营运间接费用＝89 000×0.056＝4 984 元

装卸二队应负担的营运间接费用＝173 000×0.056＝9 688 元

根据分配的结果．编制会计分录如下：

借：主营业务成本——装卸支出——装卸一队　　4 984
　　　　　　　　——装卸支出——装卸二队　　9 688
　贷：营运间接费用——仓储装卸营运部　　14 672

## 四、装卸成本的计算

装卸业务应负担的装卸直接费用和营运间接费用构成了装卸总成本。装卸总成本除以货物装卸量即为装卸单位成本。

月末，物流企业根据“主营业务成本”各明细账户所归集的装卸成本和实际完成的装卸量编制装卸成本计算表，来反映本企业的装卸总成本和单位成本。

# 子任务五　物流企业配送成本核算

配送业务是指物流企业根据客户的要求，对货物进行储存、拣选、包装、组配等作业，并按时将组配的货物以最合理的方式送交收货人的服务。是一种特殊的综合的活动形式，集装卸、储存、包装、运输等活动于一身。

**小提示：**

配送成本计算对象、成本计算单位和成本计算期：

①成本计算对象：各个环节有各自的成本计算对象：货物保管环节是仓库，分拣及配货环节是货物，配送发运环节是货运车辆。

②成本计算单位：各个环节有各自的成本计算单位：货物保管环节是堆存量，用千吨天表示；分拣配货环节是分拣配货量，用千吨或千件表示；配装环节是配装量，用千吨表示；运送环节是货物周转量，用千吨公里表示。

③成本计算期：按月、季、半年和年计算成本。

## 一、配送成本的构成

根据配送流程及配送环节，配送成本实际上是含配送运输费用、分拣费用、配装及流通加工费用等全过程。其成本应由以下费用构成：

### （一）配送运输费用

配送运输费用主要包括以下方面：

1. 车辆费用。车辆费用指从事配送运输生产而发生的各项费用。具体包括驾驶员及助手等工资及福利费、燃料、轮胎、修理费、折旧费、养路费、车船使用税等项目。

2. 营运间接费用。这是指营运过程中发生的不能直接计人各成本计算对象的站、队经费。包括站、队人员的工资及福利费、办公费、水电费、折旧费等内容，但不包括管理费用。

### （二）分拣费用

1. 分拣人工费用。这是指从事分拣工作的作业人员及有关人员工资、奖金、补贴等费用的总和。

2. 分拣设备费用。这是指分拣机械设备的折旧费用及修理费用。

### （三）配装费用

1. 配装材料费用。常见的配装材料有木材、纸、自然纤维和合成纤维、塑料等。这些包装材料功能不同，成本相差很大。

2. 配装辅助费用。除上述费用外，还有一些辅助性费用，如包装标记、标志的印刷，拴挂物费用等的支出。

3. 配装人工费用。这是指从事包装工作的工人及有关人员的工资、奖金、补贴等费用总和。

#### （四）流通加工费用

1. 流通加工设备费用。流通加工设备因流通加工形式不同而不同，购置这些设备所支出的费用，以流通加工费用的形式转移到被加工产品中去。

2. 流通加工材料费用。这是指在流通加工过程中，投人到加工过程中的一些材料消耗所需要的费用。

3. 在流通加工过程中从事加工活动的管理人员、工人及有关人员工资、奖金等费用的总和。

实际应用中，应该根据配送的具体流程归集成本，不同的配送模式，其成本构成差异较大。相同的配送模式下，由于配送物品的性质不同，其成本构成差异也很大。

### 二、配送成本的核算

#### （一）配送直接费用的归集

物流企业配送货物所发生的配送直接费用，应根据“工资及福利费分配表”、“耗用材料汇总表”、“固定资产折旧计算表”及各种发票、单据等，直接计入各个环节的成本，借记“主营业务成本——配送支出——堆存费用”、“主营业务成本——配送运输费用”、“主营业务成本——分拣费用”、“主营业务成本——配装费用”账户，贷记“应付职工薪酬”、“原材料”、“累计折旧”、“银行存款”等相关账户。

#### （二）配送营运间接费用的归集与分配

物流企业配送业务各个环节的营运间接费用，先在组织和管理这些业务的营运部或分公司的明细账中归集。期末再将归集的营运间接费用按堆存、分拣及配货、配装和运输四项业务直接费用的比例进行分配，分配方法和核算与前述的相同，在此不再重复。

**小操作：**

某物流公司1月份发生经济业务如下：

（1）分配仓储作业人员的工资，其中：普通仓库为22 000元，立体仓库为38 000元。

（2）普通仓库耗用材料2 340元，立体仓库3 680元。

（3）普通仓库耗用动力电2 200元，立体仓库耗用动力电4 100元。

（4）计提本月固定资产折旧，普通仓库30 000元，立体仓库60 000元。

要求：根据经济业务，编制会计分录。

## 任务四　房地产开发企业成本核算

案例资料：长江股份有限公司是一家电子生产企业，在电子行业是一家知名企业，经营业绩的前景非常看好。现在企业准备扩展经营业务，即欲从事房地产开发业务，公司财务部为了加强这个行业的成本核算，决定制定相关业务的成本核算制度。但由于房地产行业有其自身业务特点，决定了成本核算也有其特殊地方。比如专业性很强，从购买土地、开发建设到市场销售及售后服务，涉及面广，操作过程相当复杂，并且房地产又具有投资大、风险高的特征，因此，制定出既能满足需要，又能保证操作规范，还要考虑管理上要求的成本核算制度并非易事。如果该制度由你来制定，你能胜任吗？

## 子任务一　房地产开发企业成本核算特点及账户设置

### 一、房地产开发企业成本核算特点

房地产开发企业是指从事土地、房屋建设的开发、销售、出租等生产经营活动的企业。它向社会提供的是房屋、土地等不动产形式的产品。

#### （一）成本核算对象

房地产开发企业的成本核算对象，是指企业在进行成本核算时，为归集和分配费用而确定的费用承担者。合理确定成本核算对象，是正确组织开发产品成本核算的重要条件。

房地产开发企业的成本核算对象应根据开发项目的地点、用途、结构、装修、层高、施工队伍等因素加以确定。

（1）一般的房屋或土地开发项目，应以每一独立编制的设计概算，或每一独立的施工图预算所列的单项工程作为一个成本核算对象。

（2）同一开发地点、结构类型相同的群体开发项目，如果开、竣工时间相近，又由同一施工队伍施工，可以合并为一个成本核算对象。

（3）对规模较大、工期较长的开发项目，可以结合经济责任制的要求，按开发项目的一定区域或部位划分成本核算对象。

成本核算对象应在开发产品开工之前确定，一经确定就不得随意改变。

#### （二）成本核算期

开发产品的成本核算期，一般以开发产品的开发周期为准。

### 二、房地产开发产品的成本项目

房地产开发产品成本是指房地产开发企业在开发过程中发生的各项费用支出。开发产品成本包括以下六个成本项目：

1. 土地征用及拆迁补偿费

土地征用及拆迁补偿费指房地产开发企业按照城市建设总体规划进行土地开发而发生

的各项费用。包括土地征用费、耕地占用费、劳动力安置费及有关地上、地下附着物拆迁补偿的净支出（即扣除拆迁旧建筑物回收的残值收入）以及安置动迁用房支出等。

2. 前期工程费

前期工程费即开发项目在前期工程阶段发生的各项费用，包括规划、设计、项目可行性研究、水文、地质、勘察、测绘以及“七通一平”等支出。

3. 建筑安装工程费

建筑安装工程费指开发项目在开发过程中发生的各种建筑工程费用，包括企业以出包方式支付给承包单位的建筑安装工程费和以自营方式发生的各种建筑安装工程费。

4. 基础设施费

基础设施费指开发项目在开发过程中发生的各项基础性设施支出，包括开发小区内道路、供水、供电、供气、排污、排洪、通信、照明、环卫和绿化等工程发生的支出。

5. 公共配套设施费

公共配套设施费指不能有偿转让的开发小区内公共配套设施发生的支出，包括居委会、派出所、幼儿园、消防、水塔以及公共厕所等设施的支出。在确定公共配套设施支出的内容时应注意两点：一个是公共配套设施必须限定在开发小区内，另一个是公共配套设置的范围必须是不能有偿转让的公共配套设置。

6. 开发间接费用

开发间接费用指房地产开发企业在开发现场组织管理开发项目建设而发生的职工薪酬、修理费、折旧费、办公费、水电费、劳动保护费以及周转房摊销等。

## 三、成本核算账户设置

为核算企业在土地、房屋、配套设施、代建工程开发过程中发生的各项费用，需设置“开发成本”和“开发间接费用”账户作为成本类账户。

1. “开发成本”账户

“开发成本”账户反映企业发生的土地征用及拆迁补偿费、前期工程费、基础设施费、建筑安装费等直接费用。本账户应按开发成本的种类，如“土地开发”、“房屋开发”、“配套设施开发”和“代建工程开发”等设置明细账。期末借方余额反映企业在建开发项目的实际成本。

2. “开发间接费用”账户

“开发间接费用”账户用来核算房地产开发企业内部独立核算单位及开发现场管理机构，为开发产品而发生的各项间接费用。开发间接费用应该按照适当分配标准，将其分配计入各项开发产品成本，期末无余额。本账户应按企业内部不同的单位、部门设置明细账。

## 子任务二 房地产开发企业开发间接费用的核算

### 一、开发间接费用的构成内容

开发间接费用是指房地产开发企业内部独立核算单位及开发现场管理机构，为开发产品而发生的各项间接费用，即在开发现场设置部门组织管理开发产品而发生的，以及不能直接计入各项开发产品成本的各项费用。由于这些费用往往是多项开发产品共同发生的，因而无法将它直接计入某项开发产品成本，而应将其先记入“开发间接费用”账户，然后按适当分配标准，将其分配计入各项开发产品成本。企业行政管理部门（总部）为组织和管理开发经营活动而发生的管理费用，应作为期间费用，记入“管理费用”账户核算。为了分析各项开发间接费用的增减变动原因，进一步节约费用支出，“开发间接费用”账户应设置以下明细项目进行明细核算：

（1）工资，是指房地产开发企业现场管理部门行政、技术、经济、服务等人员的工资、奖金和津贴。

（2）福利费，是指房地产开发企业现场管理部门行政、技术、经济、服务等人员发生的各项福利费支出。

（3）折旧费，是指房地产开发企业现场管理部门使用的属于固定资产的房屋、设备、仪器等提取的折旧费。

（4）修理费，是指房地产开发企业现场管理部门使用属于固定资产的房屋、设备、仪器等发生的修理费。

（5）办公费，是指房地产开发企业现场管理部门使用办公用的文具、纸张、印刷、邮电、书报、会议、差旅交通等费用。

（6）水电费，是指房地产开发企业现场管理部门耗用的水电费。

（7）劳动保护费，是指用于房地产开发企业现场管理部门的劳动保护用品的购置、摊销和修理费。

（8）周转房摊销，是指不能确定为某项开发项目安置拆迁居民周转使用的房屋计提的摊销费。

（9）利息支出，是指房地产开发企业为开发房地产借入资金所发生的不能直接计入某项开发成本的利息支出及相关的手续费，但应冲减使用前暂存银行而发生的利息收入。开发产品完工以后的借款利息，应作为财务费用，计入当期损益。

（10）其他费用，是指上列各项费用以外的其他间接开发费用支出。

从上述开发间接费用的明细项目中，可以看出它与土地征用及拆迁补偿费、建筑安装工程费等直接费用不同，它属于相对固定的费用，其费用总额并不随着开发产品量的增减成比例的变动。但就单位开发产品分摊的费用来说，则随着开发产品量的变动而成反比例的变动。

## 二、开发间接费用的归集和分配

### （一）开发间接费用的归集

开发间接费用的归集，是在“开发间接费用”账户中进行的。房地产开发企业发生的各项开发间接费用，应借记“开发间接费用”账户，贷记“应付职工薪酬”、“累计折旧”、“长期待摊费用”、“银行存款”、周转房摊销”等账户。

如果房地产开发企业不设置现场管理部门而由企业定期或不定期地派人到现场组织开发活动，其所发生的费用，除周转房摊销外，其他开发间接费可计入企业的管理费用。

**【例6－13】**　某房地产开发企业下设开发现场管理部门，该部门201×年10月发生各项费用合计59 640元，其中：工资16 800元，福利费2 352元，折旧费21 000元，修理费7 350元，办公费4 410元，水电费2 478元，劳动保护费5 250元。修理费、办公费、水电费和劳动保护费已用银行存款支付。该企业安置拆迁居民周转使用的房屋计提摊销费22 050元。另为开发房地产专项借款本月利息支出4 200元，及发生的其他间接费用合计1 470元，已用银行存款支付。

该企业本月开发间接费用归集的会计分录如下：

| | | |
|---|---|---|
| 借：开发间接费用 | 87 360 | |
| 　　贷：应付职工薪酬——工资 | | 16 800 |
| 　　　　　　　　　——福利费 | | 2 352 |
| 　　　　累计折旧 | | 21 000 |
| 　　　　银行存款 | | 25 158 |
| 　　　　周转房——周转房摊销 | | 22 050 |

### （二）开发间接费用的分配

每月终了，企业应对开发间接费用进行分配，并计入有关开发产品的成本。企业可根据开发经营特点自行确定开发间接费用的分配办法。不论土地开发、房屋开发、配套设施开发和代建工程，均应分配开发间接费用。为了简化核算手续并防止重复分配，对应计入房屋开发成本的自用土地和不能有偿转让的配套设施的开发成本，可不分配开发间接费用，这部分开发产品应负担的开发间接费用，可直接分配计入有关房屋开发成本。也就是说，房地产开发企业发生的开发间接费用，可以仅对有关开发房屋、商品性土地、能有偿转让配套设施及代建工程进行分配。

开发间接费用明细账所归集的费用，应于月末分配计入各开发成本项目。如果房地产开发企业本月只从事一个开发项目的建设，则可将开发间接费用总额直接结转到该开发项目的开发成本明细账。如果本月从事两个或两个以上开发项目的建设，则应按一定的标准分配计入各开发项目的开发成本，并结转到相应的开发成本明细账。

## 知识链接 6—5

### 开发间接费用的分配方法

按采用的分配标准不同，开发间接费用可按预算间接费比例法和直接费比例法进行分配。

（1）预算间接费比例法

预算间接费比例法是将实际发生的开发间接费用，按各开发项目预算开发间接费用的比例进行分配的一种方法。其计算公式如下：

分配率 = 本月实际发生的开发间接费用 ÷ 本月各开发项目预算（计划）开发间接费用总和

某项开发项目应负担的开发间接费用 = 该开发项目预算（计划）开发间接费用 × 分配率

采用这种分配方法，要求开发企业有较为健全的开发成本预算。

（2）直接费比例法

直接费比例法是将实际发生的开发间接费用，按各开发项目直接费用的比例进行分配的一种方法。其计算公式如下：

分配率 = 本月实际发生的开发间接费用 ÷ 本月各开发项目直接费用总和

某项开发项目应负担的开发间接费用 = 该开发项目直接费用 × 分配率

【例】某房地产开发企业在 201×年 10 月共发生开发间接费用 87 360 元。应分配开发间接费用的各开发产品实际发生的直接费用共计 1 040 000 元，其中：A 商品房 100 000 元，B 商品房 240 000 元，出租房 150 000 元，周转房 140 000 元，大型配套设施（商店）160 000 元以及商品性土地 250 000 元。

根据资料，可以编制开发间接费用分配表，如下表所示。

**开发间接费用分配表**

金额单位：元

| 开发项目 | 直接费 | 分配开发间接费用 |
|---|---|---|
| A 商品房 | 100 000 | 8 400 |
| B 商品房 | 240 000 | 20 160 |
| 出租房 | 150 000 | 12 600 |
| 周转房 | 140 000 | 11 760 |
| 大型配套设施（商店） | 160 000 | 13 440 |
| 商品性土地 | 250 000 | 21 000 |
| 合计 | 1 040 000 | 87 360 |

按直接费比例法分配开发间接费如下：

分配率 = 87 360 ÷ 1 040 000 = 0.084

A 商品房应分配的开发间接费 = 100 000 × 0.084 = 8 400（元）

B 商品房应分配的开发间接费 = 240 000 × 0.084 = 20 160（元）

出租房应分配的开发间接费 = 150 000 × 0.084 = 12 600（元）

周转房应分配的开发间接费 = 140 000 × 0.084 = 11 760（元）

商店应分配的开发间接费 = 160 000 × 0.084 = 13 440（元）

商品性土地应分配的开发间接费 = 250 000 × 0.084 = 21 000（元）

根据分配结果，作会计分录如下：

借：开发成本——房屋开发成本（A 商品房）　8 400
　　　　　　——房屋开发成本（B 商品房）　20 160
　　　　　　——房屋开发成本（出租房）　12 600
　　　　　　——房屋开发成本（周转房）　11 760
　　　　　　——配套设施开发成本（商店）　13 440
　　　　　　——土地开发成本（商品性土地）　21 000
　贷：开发间接费用　87 360

## 子任务三　房地产开发企业开发成本核算

房地产开发产品成本，按经济用途可分为四类：土地开发成本、房屋开发成本、配套设施开发成本、代建工程开发成本。

### 一、土地开发成本计算

土地开发是房地产开发的主要内容之一，其开发产品是建设场地。

土地开发成本是指企业因开发土地而发生的各项直接费用和间接费用。发生的直接费用直接计入成本核算对象。发生的间接费用因为涉及两个或两个以上成本核算对象，因此，待场地完工之后，再按一定标准在各成本核算对象之间进行分配。分配标准通常以直接费用为基础。下面举一简例说明。

**【例 6 - 14】**　某房地产开发公司开发甲、乙两地，开发面积分别为 400 平方米和 600 平方米。开发期发生土地征用及拆迁费 8 000 万元，其中甲地 3 000 万元，乙地 5 000 万元；发生规划设计费 5 万元，其中甲地 2 万元，乙地 3 万元；发生基础设施费 40 万元，其中甲地 10 万元，乙地 30 万元；另外，甲、乙两地共发生间接费用 160.9 万元。间接费用以直接费用为基础分配。其分配结果如下表 6 - 5 所示。

**表 6－5　间接费用分配表**

201×年×月　　　　金额单位：万元

| 成本核算对象 | 直接费用 | 分配率 | 分配金额 |
| --- | --- | --- | --- |
| 甲地 | 3 012 | | 60. 24 |
| 乙地 | 5 033 | | 100. 66 |
| 合计 | 8 045 | 0. 02 | 160. 9 |

土地开发成本核算过程如下表 6－6 所示：

**表 6－6　土地开发成本核算表**

201×年×月　　　　金额单位：万元

| 成本核算对象 | 直接费用 | | | | | | 间接费 | 合计 |
| --- | --- | --- | --- | --- | --- | --- | --- | --- |
| | 土地征用费 | 前期工程费 | 建安工程费 | 基础设施费 | 公共配套设施费 | 小计 | | |
| 甲地 | 3 000 | 2 | —— | 10 | —— | 3 012 | 60. 24 | 3 072. 24 |
| 乙地 | 5 000 | 3 | —— | 30 | —— | 5 033 | 100. 66 | 5 133. 66 |
| 合计 | 8 000 | 5 | | | | 8 045 | 160. 90 | 8 205. 90 |

## 二、房屋开发成本计算

房屋的开发建设是房地产开发企业经营的又一主要内容。房屋开发的用途可归纳为四类，即：为销售而开发的商品房；为安置拆迁居民而开发的周转房；为出租而开发的经营房；为受托而开发的代建房。

以上四类房屋除周转房不是企业对外销售的商品产品外，其余三类房屋都是企业的商品产品，尽管它们用途各异，但开发建设的特点和费用支出的内容以及费用性质却大致相同。其计算方法与土地开发成本计算相同。

## 三、配套设施开发成本计算

配套设施开发是指企业根据城市建设规划要求，或项目建设设计规划的要求，为满足居住需要，与开发项目配套的各种服务性设施的建设。配套设施分为两大类：一类是非营业性公共配套设施，如居委会、派出所、幼儿园、水塔、公厕等。这类非营业性设施所发生的支出应计入开发项目成本。另一类是小区内配套设施项目，其中不能或不准备有偿转让的，其支出计入开发项目的成本；凡准备有偿转让的配套设施，其配套设施支出应单独计算其成本，以便计算有偿转让配套设施的盈亏。

配套设施一般与商品房等开发产品在同一地点，并按照同一设计规划要求同时开发建设。对配套设施开发成本的归集，应根据不同情况，采用相应的方法计入各成本项目。

企业对于已经开发完成的配套设施工程，应根据其种类、性质和用途不同，采取相应的方法进行成本结转。

### 四、代建工程开发成本的计算

代建工程开发是指房地产开发企业受托代为开发建设的工程或中标承建的开发工程。代建的商品性建设场地和房屋，其成本计算方法与土地开发成本计算方法相同。

> **小思考：**
> 房地产开发企业开发的商品房的成本里是否含建筑环节的“营业税”？

## 任务五　农业企业成本核算

## 子任务一　农业企业成本核算的认知

### 一、生物资产与农产品

生物资产是指有生命的动物或植物，包括种植业和养殖业两大类的产品，种植业又包括农业产品和林业产品两类，而养殖业包括畜牧业产品和渔业产品两类。

狭义的农业生产对象是指有生命的植物。农业生产最根本的特点是将植物的自然再生产过程与人类的经济再生产过程结合在一起，生产出人类赖以生存的粮食、油料、蔬菜等基本生活资料。

农产品在收获之前附着于生物资产，从收获时开始离开生物资产这一母体。与农产品相关的生物资产主要包括消耗性生物资产和生产性生物资产。消耗性生物资产是指为出售而持有的、或在将来收获为农产品的生物资产，包括生长中的大田作物、蔬菜、用材林以及存栏代售的牲畜等，通常是一次性产出农产品，在收获农产品后该资产就不复存在。生产性生物资产是指为产出农产品、提供劳务或出租等目的而持有的生物资产，包括经济林、薪炭林、产畜、役畜等。这类资产通常能够在生产经营中长期、反复使用，在产出农产品后该资产仍然保留，并可以在未来期间继续产出农产品。生产性生物资产通常要生长到一定阶段才开始具备生产能力。根据其是否具备生产能力，可以将生物资产划分为未成熟和成熟两类。

这里主要以种植业的农业产品为例来说明其成本费用的归集与计算。

### 二、农业生产的成本计算对象和成本计算期

1. 成本计算对象：为了适应成本管理要求和简化核算手续，在进行农业产品成本计

算时，企业首先要区分主要作物与次要作物。对主要作物以每种作物作为成本计算对象，对次要作物可以每类作物作为成本计算对象。对不同收获期的同一种作物必须分别核算。

2. 成本核算期：农业企业一般一年计算一次成本，以适应农业企业的生产周期较长、收获期比较集中、在年度中各项费用的发生不均匀等生产特点。

## 三、农作物的成本项目与费用界限

### （一）农作物的成本项目

农作物发生的生产费用按其经济用途可以划分为下列各成本项目：

1. 直接材料，指在农业生产中直接耗用的自产或外购的种子、种苗、肥料、农药等。

2. 直接人工：指直接从事农业生产的人员的工资、福利费、社会保险费、住房公积金等各种职工薪酬费用。

3. 其他直接费用：指除直接材料、直接人工以外的其他直接支出，包括机械作业费、灌溉费、田间运输费等。

4. 间接费用：指分配计入农产品成本的间接费用，包括为组织管理生产所发生的生产单位管理人员的工资福利费、折旧费、水电费、办公费等。

5. 往年费用：指多年生作物投产前发生的按规定的摊销方法计算并摊入本年产品成本的费用。

### （二）农作物的费用界限

农作物收获的具体情况不同，其成本费用的终止点的确定也不相同。成本计算时应区分不同的农产品确定。

1. 粮豆的成本，算至入仓、入库或能够销售为止。从仓囤出库和场上交售发生的包装费、运杂费等，做销售费用处理，不计入粮豆的成本。

2. 不入库、入窖的鲜活产品的成本，算至销售为止；入库、入窖的鲜活产品的成本，算至入库、入窖为止。

3. 棉花的成本，算至加工成皮棉为止。打包上交过程中发生的包装费、运杂费等，做销售费用处理，不计入棉花的成本。

4. 纤维作物、香料作物、人参、啤酒花等的成本，算至纤维等初级产品加工完成为止。

5. 年底尚未脱粒的作物成本，应当包括预提脱粒费用。下年度实际发生的脱粒费用的差额，由下年度同一作物负担。

## 子任务二　农作物成本的归集和分配

### 一、属于消耗性生物资产的农作物成本归集和分配

为这类农作物生产所发生的一切费用在“消耗性生物资产”科目的借方归集。收获的农产品成本从“消耗性生物资产”科目的贷方转到“农产品”科目的借方。

**【例6－15】**　201×年3月，某农业企业播种60公顷小麦和40公顷玉米。共播种小麦种子6 000公斤，每公斤价格4元。共播种玉米种子1 200公斤，每公斤价格50元。使用一台拖拉机翻耕土地，拖拉机原值80 500元，预计净残值500元，按工作量法计提折旧，预计可翻耕土地8 000公顷。租用小麦播种机的租金为300元，租用玉米播种机的租金为360元。为播种小麦的工人支付工资800元，为播种玉米的工人支付工资600元。

201×年7月，收获小麦时“消耗性生物资产——小麦”科目的借方金额为35 500元，获得的副产品——麦秸的价值为4 500元。

201×年3月编制的相关会计分录如下：

（1）小麦种子金额＝4×6 000＝24 000（元）

玉米种子金额＝50×1 200＝60 000（元）

借：消耗性生物资产——小麦　　24 000

　　贷：原材料　　24 000

借：消耗性生物资产——玉米　　60 000

　　贷：原材料　　60 000

（2）翻耕1公顷土地的拖拉机折旧额＝（80 500－500）÷8 000＝10（元）

小麦分摊的拖拉机折旧额＝10×60＝600（元）

玉米分摊的拖拉机折旧额＝10×40＝400（元）

借：消耗性生物资产——小麦　　600

　　消耗性生物资产——玉米　　400

　　贷：累计折旧　　1 000

（3）支付小麦播种机和玉米播种机的租金＝300＋360＝660（元）

借：消耗性生物资产——小麦　　300

　　消耗性生物资产——玉米　　360

　　贷：银行存款　　660

（4）支付工人工资＝800＋600＝1400（元）

借：消耗性生物资产——小麦　　800

　　消耗性生物资产——玉米　　600

贷：应付职工薪酬　　1 400

201×年7月编制的相关分录为：

借：农产品——小麦　　31 000

　　农产品——麦秸　　4 500

　　贷：消耗性生物资产——小麦　　35 500

## 二、属于生产性生物资产的农作物成本归集和分配

这类作物在达到预定的生产经营目的、能够连续生产农产品之前，所发生的成本应在“未成熟生产性生物资产”科目的借方归集。

当该类作物达到预定的生产经营目的、能够连续生产农产品时，其成本从“未成熟生产性生物资产”科目的贷方转入“成熟生产性生物资产”的借方。成熟生产性生物资产每年应计提折旧，借记“农业生产成本”科目，贷记“生产性生物资产累计折旧”科目。

在成熟生产性生物资产连续生产农产品期间，为该农作物所发生的生产费用，记入“农业生产成本”科目的借方。农产品收获过程中发生的费用，也记入“农业生产成本”科目的借方。

收获的农产品实际成本，从“农业生产成本”科目的贷方转入“农产品”科目的借方。

**农业生产成本明细账**　　总页

作物或作物组名称：　　字第　页

<table>
<tr><th colspan="2">年</th><th rowspan="3">凭证号数</th><th rowspan="3">摘要</th><th colspan="10">借　方</th><th colspan="2">贷　方</th></tr>
<tr><th rowspan="2">月</th><th rowspan="2">日</th><th colspan="5">直接材料</th><th rowspan="2">直接工资</th><th rowspan="2">其他直接</th><th rowspan="2">制造费用</th><th rowspan="2">往年费用</th><th rowspan="2">合计</th><th rowspan="2">数量</th><th rowspan="2">金额</th></tr>
<tr><th>种子和种苗</th><th>肥料</th><th>农药</th><th>…</th><th>合计</th></tr>
<tr><td></td><td></td><td></td><td></td><td></td><td></td><td></td><td></td><td></td><td></td><td></td><td></td><td></td><td></td><td></td><td></td></tr>
<tr><td></td><td></td><td></td><td></td><td></td><td></td><td></td><td></td><td></td><td></td><td></td><td></td><td></td><td></td><td></td><td></td></tr>
<tr><td></td><td></td><td></td><td></td><td></td><td></td><td></td><td></td><td></td><td></td><td></td><td></td><td></td><td></td><td></td><td></td></tr>
</table>

# 子任务三　农产品成本的计算

## 一、当年生大田作物的农产品成本计算

当年生大田作物是指作物生长期不超过一年的农作物，一般是当年播种、当年收获，也有少部分作物跨年度收获。该部分农产品属于消耗性生物资产，其成本计算包括单位面积成本和单位产量成本。

$$单位面积成本=\frac{该作物生产费用总额}{该作物的播种面积}$$

$$某作物的主产品单位产量成本=\frac{该作物生产费用总额-副产品价值}{该作物的主产品量}$$

农作物在完成生产过程时，一般可以产出主产品和副产品两种产品，必须将生产费用在两种产品之间进行分配。分配方法有：

估价法：对副产品按市场价格估价，以此作为副产品成本，生产费用扣除副产品价值就得到主产品成本。

比率法：先求出生产费用实际额与计划额之比，再分别以主产品和副产品的计划成本乘以这一比率，就可计算出主产品和副产品的实际成本。

**【例6-16】**　上【例6-15】中的农业企业201×年收获小麦25 000千克，麦秸30 000千克。当年实际生产费用总额35 500元。麦秸的市场价格为每千克0.15元。计算小麦的单位成本。

$$每千克小麦的成本=\frac{35\ 500-0.15\times 30\ 000}{25\ 000}=1.24（元）$$

## 二、多年生作物的农产品成本计算

多年生作物是指人参、甘蔗、剑麻、胡椒等生长期很长的经济作物，这种作物有两种情况，一是连续培育几年、一次收获产品的作物，如人参；而是连续培育几年、多次收获产品的作物，如胡椒。前者属于消耗性生物资产，后者属于生产性生物资产。由于收获次数不同，其成本计算方法也不同。

1. 一次性收获的多年生作物，应按各年累计的生产费用计算农产品成本。

$$\begin{aligned}&一次性收获的多年生作物主产品单位产量成本\\&=\frac{往年费用+本年累计生产费用-副产品价值}{主产品产量}\end{aligned}$$

2. 多次收获的多年生作物，应按生产性生物资产在本年计提的折旧额和投产后本年发生的全部生产费用计算农产品成本。

$$\begin{aligned}&多次性收获的多年生作物主产品单位产量成本\\&=\frac{往年费用本年摊销额+本年累计生产费用-副产品价值}{本年主产品产量}\end{aligned}$$

## 三、蔬菜的成本计算

1. 露地蔬菜栽培的成本计算

大面积栽培的大宗、主要的蔬菜，可分别计算各种蔬菜的成本。按照蔬菜的品种和规定的成本项目归集生产费用；用各种蔬菜的总成本除以各自的实际产量，得到各种蔬菜的单位产量成本。

栽培面积不大的或次要的蔬菜，可以分类合并计算。按照蔬菜类别设置明细账，分类归集生产费用，采用计划成本比率法分别计算各种蔬菜的总成本，进而计算单位产量成本。

$$计划成本分配率=\frac{该类蔬菜实际总成本}{该类蔬菜计划总成本}$$

该类蔬菜中某种蔬菜的总成本 = 该种蔬菜的计划成本 × 计划成本分配率

**【例 6 - 17】** 某农业企业 201 × 年收获了下列各种蔬菜：茄子 10 000 千克，每千克计划成本 0.72 元；白菜 20 000 千克，每千克计划成本 0.2 元；胡萝卜 18 000 千克，每千克计划成本 0.25 元。当年三种蔬菜的实际生产费用总额为 22 041 元。用计划成本分配率计算茄子、白菜和胡萝卜的实际单位成本。

茄子的计划成本 = 0.72 × 10 000 = 7 200（元）

白菜的计划成本 = 0.2 × 20 000 = 12 000（元）

胡萝卜的计划成本 = 0.25 × 18 000 = 4 500（元）

计划成本总额 = 7 200 + 12 000 + 4 500 = 23 700（元）

$$计划成本分配率=\frac{22\ 041}{23\ 700}\times 100\%=93\%$$

$$每千克茄子的实际成本=\frac{7\ 200\times 93\%}{10\ 000}=0.67（元）$$

$$每千克白菜的实际成本=\frac{12\ 000\times 93\%}{20\ 000}=0.56（元）$$

$$每千克胡萝卜的实际成本=\frac{4\ 500\times 93\%}{18\ 000}-0.23（元）$$

2. 保护地蔬菜栽培的成本计算

保护地蔬菜栽培就是利用温床和温室等防寒设备进行育苗和种植蔬菜。其成本指标，除蔬菜每千克成本外，还有温床格日（一个温床格用一天为一个温床格日）成本和温室平方米日（温室中一平方米面积占用一天为一个温室平方米日）成本。

能明确区分是某种蔬菜费用的，直接计入该种蔬菜的成本。若干种蔬菜的共同性费用，如保温用的材料、燃料、辅助材料等，应按温床格日数或温床平方米日数进行分配。

$$\begin{aligned}&某种温床蔬菜应分配的某项共同性费用\\&=\frac{该项共同性费用总额}{温床全年使用的温床格日数}\times 该种蔬菜占温床格日数\end{aligned}$$

$$\begin{aligned}&某种温床蔬菜应分配的某项共同性费用\\&=\frac{该项共同性费用总额}{温室全年使用的温室平方米日数}\times 该种蔬菜占温室平方米日数\end{aligned}$$

当发生的生产费用合并核算时，可按每温床格日成本和每温室平方米日成本来计算各

种温床或温室蔬菜的成本。

**【例6－18】** 某农业企业的温室栽培西红柿和水萝卜两种蔬菜。西红柿占地200平方米，生长期40天，收获10 000千克。水萝卜占地300平方米，生长期50天，收获50 000千克。生产费用总额为23 000元。计算西红柿和水萝卜的单位成本。

$$每温室平方米日成本=\frac{23\ 000}{200\times 40+300\times 50}=1\ (元)$$

$$每千克西红柿的成本=\frac{1\times 200\times 40}{10\ 000}=0.8\ (元)$$

$$每千克水萝卜的成本=\frac{1\times 300\times 50}{50\ 000}=0.3\ (元)$$

## 知识链接6—6

### 其他农产品成本计算

**一、林业产品成本的计算**

林业产品生产一般的是指经济林木的生产，不包括用材林生产。其生产过程一般要经过苗圃育苗、幼树培育和成林管理三个阶段。

林业生产费用是指林业产品生产过程中发生全部费用，包括人工栽培各种林业产品的生产费用，如苗圃育苗费用、经济林成林后生产林业产品的费用等。为了归集林业生产费用和计算林业产品成本，应设置“生产成本”账户，并按成本计算对象和成本项目进行明细核算。其成本项目和农业产品生产成本明细账类同，但应包括林木折旧费在内。

经济林木在幼树成林后，按规定转为固定资产管理。此后采摘果品、收割胶水等发生的生产费用，均为培育林业产品的生产成本。经济林木的产品成本，包括当年的抚育费用和停采、停割期间的费用。停采、停割期间的费用，本年度内产品产出以前发生的部分，计入产品成本，产品产出以后发生的部分一般作为在产品结转至下年。计入林业产品的生产费用，橡胶应计算至加工成胶片，茶叶应计算至加工至商品茶。没有加工设备的，橡胶可计算至鲜胶乳，茶叶可算至鲜叶。

成本计算期一般是一年算一次。

经济林木单位产品成本计算公式：

$$经济林木单位产品成本=\frac{该种经济林木本年全部抚育费+停采停割期间费用-副产品价值}{该种经济林木产品年总产量}$$

各种果树的生产费用，如果采取合并核算时，可按各种果品计划成本或产值的比例分配费用，分别计算各种果品成本。同一果品由于大小和质量有差异，在出售前还要按一定标准分级。因此，果品的总成本还要按计划成本或产值的比例在各级果品间分配。

## 二、畜牧业产品成本

畜牧业生产是指对猪、牛、羊、鸡、鸭、鹅灯管畜禽产品的生产。对畜牧业产品进行成本核算，首先要确定成本计算对象，可实行分群核算，也可以实行混群核算。实行分群核算可以按照不同类畜禽的不同畜龄，划分为若干群，按群归集生产费用，分群计算畜禽产品成本。实行分群核算，以各种畜禽的群别作为成本计算对象。如养猪业可以分为基本猪群、2—4 个月的幼猪、4 个月以上的幼畜和育肥猪等作为成本计算对象。混群核算是只按畜禽种类划分，不按畜禽的畜龄分群，其生产费用的归集和计算都按畜禽种类进行。

畜牧业生产费用是指企业饲养和放牧各种幼畜发生的全部费用，包括产畜禽、幼畜禽和育肥畜禽的生产费用。企业为了归集畜牧业生产费用，计算畜牧业产品成本，应设置“生产成本”账户，并按照成本计算对象（分群核算按照各种畜禽中的不同畜龄组，混群核算按每种畜禽）设置生产成本明细账，在明细账中按规定设置成本项目。“生产成本”账户的借方归集畜牧业生产中所发生的一切费用，贷方转出畜牧业产品的实际成本，期末借方余额，表示结转下期的在产品成本。畜牧业生产费用归集与分配方法，以及畜牧业生产成本明细账的格式类似于农业产品的核算。

畜牧业产品的成本项目：

1. 直接材料，是指饲养中耗用的精饲料、粗饲料、动物饲料和矿物饲料等饲料费用，以及粉碎和蒸煮饲料、孵化增温等耗用的燃料和动力。

2. 直接人工，是指直接从事畜牧业生产人员的工资、福利费以及按工资总额计提并交纳的社会保险费、住房公积金等。

3. 其他直接费，是指专用设备折旧费、产畜折旧费、畜禽医疗费等。

4. 制造费用，是指分配计入产品成本的制造费用，包括生产单位管理人员工资、福利费、社保费、水电费、办公费、修理费等。

畜牧业产品的成本计算。确定基本猪群主产品的总成本后，再按照一定的计算方法分别计算出仔猪出生时的活重和出生后两个月内的增重，确定的仔猪的活重单位（千克）成本和增重单位（千克）成本。

出生的仔猪成本均按活重计算。仔猪出生至满两个月断奶时的成本，以及期末结存未断奶仔猪的成本，也以当时的活重和活重单位计算，仔猪出生活重和出生后两个月内增重的单位（千克）成本计算公式为：

$$\text{仔猪出生活重和两个月内增重的单位（千克）成本}=\frac{\text{基本猪群全部饲养养费用}-\text{副产品价值}}{\text{出生活重}+\text{出生后两个月内的增重}}$$

$$\text{仔猪的活重单位（千克）成本}=\frac{\text{期初结存两月内仔猪成本}+\text{基本猪群饲养费用}-\text{副产品价值}}{\text{期末存栏活重}+\text{期内离群活重（不含死畜）}}$$

计算出仔猪活重单位成本以后，即可分别计算出断奶仔猪和期末结存未断奶仔猪的总成本，以及每头仔猪的总成本及每头仔猪的平均成本。计算公式为：

断奶仔猪（或未断奶仔猪）的总成本 = 断奶仔猪（或未断奶仔猪）的总活重 × 仔猪活重单位（千克）成本

$$每头断奶仔猪（或未断奶仔猪）成本 = \frac{断奶仔猪（或未断奶仔猪）的总成本}{断奶仔猪（或未断奶仔猪）头数}$$

幼猪、育肥猪的产品成本计算：

畜龄在 2 个月以上、4 个月以下的猪为幼猪；畜龄在 4 个月以上的猪为育肥猪。

幼猪和育肥猪的主要产品是增加的重量，其副产品是指厩肥、猪鬃以及猪的残值。

幼猪和育肥猪的增重成本和活重成本计算公式如下：

$$幼猪（育肥猪）增重的单位（千克）成本 = \frac{该群猪的全部饲养费用 - 副产品价值}{该猪群的增加重量}$$

幼猪（育肥猪）群增加的重量 = 该群期末存栏活重 + 本期离群活重（含死猪重量）- 期初结存、期内购进和转入活重

幼猪（育肥猪）活重的单位（千克）成本

$$= \frac{期初结存成本 + 转入购入价值 + 本期该群全部饲养费用 - 副产品价值}{该猪群期末存栏活重 + 本期离群活重(不含死猪重量)}$$

**三、渔业产品成本**

渔业生产是指从事水产品养殖和捕捞作业的生产。

1. 渔业生产费用的核算

渔业生产费用是指企业在渔业产品生产过程中发生的全部费用，包括水生动物和植物的育苗、养殖和天然捕捞的生产费用。为了归集渔业生产费用和计算渔业产品成本，要设置“生产成本”账户，并按照成本对象（如鱼苗、成鱼品种或类别）设置明细分类账户，确定成本项目进行明细核算。

2. 渔业产品的成本项目

渔业产品的成本项目一般花费为直接材料、直接人工、其他直接费和制造费用。

直接材料主要是饲养中耗用的鱼种、育苗、饲料等费用；直接人工是直接从事渔业生产人员的工资、福利费及计提并缴纳的各种社会保险费、住房公积金等；其他直接费主要是专用设备折旧费、鱼病防治费等；制造费用主要是生产部门在组织和管理渔业生产中发生的其他费用。

3. 渔业产品成本计算：

鱼苗成本的计算

鱼苗又称鱼花，是孵化不久的幼鱼，可以人工繁殖，也可以从江河中捕捞。一般采用估计或通过抽样清查方法推算总数，其结果只能做到大致准确。鱼苗成本计算的对象就是鱼苗，通常以万尾为成本计算单位。其成本计算公式为：

$$每万尾鱼苗成本 = \frac{育苗期全部生产费用}{育成鱼苗万尾数}$$

## 项目小结

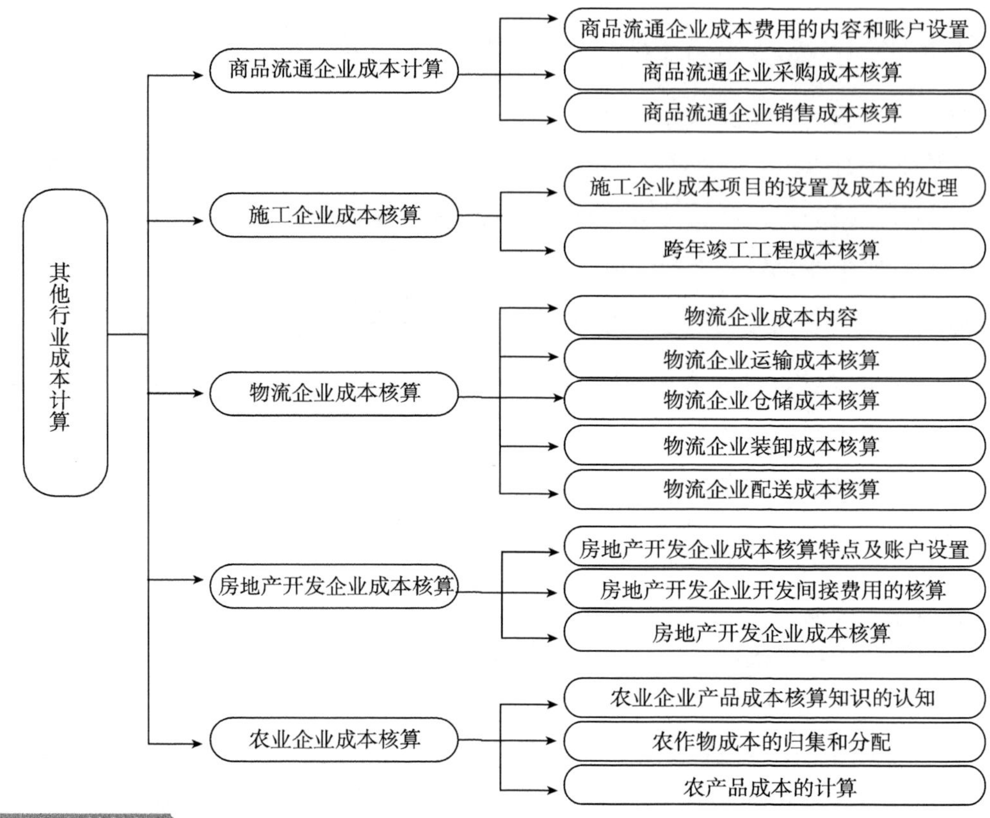


## 职业能力训练

### 一、单项选择题

1. 房地产开发企业的成本核算期是（　　）。

A. 开发产品的周期　　B. 一个月

C. 一年　　D. 两年

2. 房地产企业发生的土地征用及拆迁补偿费应通过（　　）账户核算。

A. 开发成本　　B. 开发间接费用

C. 管理费用　　D. 开发费用

3. 商品流通企业鲜活农产品的采购成本适用（　　）。

A. 进价金额核算　　B. 售价金额核算

C. 分批实际进价法　　D. 加权平均单价法

4. 建筑施工企业为了反映企业在工程施工中发生的各项费用支出，应设置的账户是（　　）。

A. 机械费用　　B. 销售费用

C. 辅助费用　　D. 工程施工

5. 建筑施工企业下列各项费用，应在发生时计入当期损益的是（　　）。

A. 与施工有关的零星收益

B. 与工程施工相关的借款费用

C. 施工企业在工程施工期间发生的机械使用费

D. 为订立合同而发生的有关费用

6. 物流企业发生车辆司机的工资和福利费用时，应借记（　　）账户，贷记“应付职工薪酬”。

A. 运输成本　　B. 主营业务成本

C. 劳务成本　　D. 生产成本

7. 多年生农作物和一年生农作物的成本项目相比较，主要增加了（　　）项目。

A. 直接人工　　B. 直接材料

C. 其他直接费用　　D. 往年费用

8. 商品流通企业在商品采购过程中，不属于采购成本的有（　　）。

A. 购买价款　　B. 进货费用

C. 可抵扣的增值税　　D. 不能抵扣的增值税

9. 下列属于建筑施工企业“工程施工”账户登记内容的有（　　）。

A. 订立建筑合同的投标费　　B. 工程完工后的借款费用

C. 零星受益　　D. 行政部门的管理费

10. 下列不属于农产品的有（　　）。

A. 农业企业的畜牧业产品　　B. 农业企业生产经济林

C. 农业企业的渔业产品　　D. 农业企业生产的小型农具

**二、多项选择题**

1. 物流企业的成本主要包括（　　）。

A. 运输成本　　B. 仓储成本

C. 装卸成本　　D. 配送成本

2. 下列属于建筑施工企业成本类账户的有（　　）。

A. 工程施工　　B. 合同成本

C. 机械作业　　D. 专项成本

3. 与工业企业相比，下列说法正确的有（　　）。

A. 建筑施工该企业的生产具有流动性

B. 物流企业的生产运输和消费时同时进行的

C. 农作物的成本一般是按年计算的

D. 商品流通企业的资金运动是“货币——商品——货币”

4. 下列属于批发企业商品销售成本计算方法的有（　　）。

A. 先进先出法　　B. 全月一次加权平均法

C. 商品进销差价率法　　D. 毛利率法

5. 房地产开发企业成本核算的账户有（　　）。

A. 开发成本　　B. 开发间接费用

C. 银行存款　　D. 库存现金

6. 下列属于农作物成本项目的有（　　）。

A. 直接材料　　B. 直接人工

C. 制造费用　　D. 往年费用

7. 房地产开发企业在成本核算上设置的成本项目有（　　）等。

A. 土地征用及拆迁补偿费　　B. 前期工程费

C. 建筑安装费　　D. 基础设置费

8. 商品零售企业采购成本的核算方法有（　　）。

A. 进价金额核算　　B. 售价金额核算

C. 个别计价法　　D. 毛利率法

9. 已销商品进销差价的计算方法主要有（　　）。

A. 差价率法　　B. 实际差价法

C. 顺算法　　D. 倒算法

10. 建筑施工企业的工程成本分为（　　）。

A. 直接材料　　B. 直接成本

C. 间接成本　　D. 间接费用

**三、判断题**

1. 房地产企业开发产品的成本核算期，一般以开发产品的开发周期为准。(　　)

2. 采用毛利率法计算商品销售成本，应结合其他计算方法进行调整。(　　)

3. 实际差价法一般在年终决算时采用。(　　)

4. 施工企业当月发生的费用全部计入当月工程成本。(　　)

5. 施工工程的结果能够可靠估计的，采用完工百分比法确认工程成本。(　　)

**四、实务题**

1. 某商品流通企业去年第一季度末商品实际销售毛利率为30%，第二季度初结存商品金额50万元，本季购进总额300万元，六月末结存商品200件，最后一次进货单价600元，该企业4月份销售商品100万元，5月销售商品110万元，6月销售商品120万元。

要求：用毛利率法计算4月份和5月份的销售成本，用最后进价法计算6月份的销售成本。

2. 某零售企业百货组月末结账前“商品进销差价”账户贷方余额为20 000元，月末

“库存商品”账户借方余额为36 000元，本月“主营业务成本”账户借方发生额合计为158 000元。

要求：根据以上资料计算百货组已销商品进销差价，并编制相关会计分录。

3. 某物流企业有甲、乙两个车队。2008年10月份的相关情况如下：

（1）企业对燃料耗用数采用盘存制计算。甲、乙两车队月初车存汽油分别为900升和1 100升，当月分别领用汽油10 000升和5 000升，月末车存汽油分别为600升和500升。汽油的计划成本为每升3.2元，成本差异率为2%。

（2）企业对轮胎采用一次摊销法。甲、乙两车队当月各领用外胎3个和1个，每个外胎的成本为800元。

（3）甲车队司机和助手的工资为30 000元，乙车队司机和助手的工资为18 000元。两个车队机动司机和助手的工资为7 000元。福利费按工资总额的14%提取。甲车队当月营运货物900千吨公里，乙车队当月营运货物500千吨公里。

（4）企业缴纳养路费110 000元，其中甲车队70 000元，乙车队40 000元。

（5）甲车队计提车辆折旧费80 000元，乙车队计提车辆折旧费50 000元。

（6）甲车队发生洗车费、过桥过路费等杂费3 200元，乙车队发生杂费2 200元。

（7）企业发生营运间接费用26 000元。